中国律师实训经典

Trial TECHNIQUES

国家社科基金项目“律师法实施问题研究”成果
国家“2011计划”司法文明协同创新中心研究成果

# 律师事务所的有效知识管理

[美]马修·帕森斯（Matthew Parsons） 著

王进喜 译

EFFECTIVE KNOWLEDGE MANAGEMENT FOR LAW FIRMS

中国人民大学出版社

·北京·

献给我的妻子 Kathy，我那迷人的孩子们；
也是为了纪念 Penelope Wines。

# 译　序

毫无疑问，知识管理是律师事务所管理的重要内容。近些年来，知识管理成为律师行业的热门话题，关于知识管理的小型研讨会、短文、公众号层出不穷。然而，对于知识管理是什么、知识管理能够带来什么、如何避免陷入唯技术主义的误区等问题，广大律师却不甚了解。这在很大程度上妨害了知识管理效用的有效发挥，也在一定程度上说明关于律师事务所知识管理的基础知识和技术迫切需要普及。随着我国大型律师事务所的涌现，知识管理问题日益突出，谁能够在知识管理上更胜一筹，谁就更可能站在行业发展的制高点上。

本书作者具有参与律师事务所知识管理的一手经验，因此对律师事务所知识管理的迫切性和效用有切身的体会。作者从个人知识战略、人际知识战略和非人际知识战略角度，讨论了建设律师事务所知识管理行动计划的要领。本书行文简洁，图文并茂，实践性突出。相信读者在有着愉快的阅读体验的同时，也必然能够有智慧上的收获。

本译著是国家社科基金项目“律师法实施问题研究”成果和国家“2011 计划”司法文明协同创新中心研究成果。本书的翻译还得到了2016 年度中华全国律师协会重点研究课题“律师管理体制比较研究”及中国法学会委托项目“完善律师执业保障与律师管理体制机制研究”的支持，在此谨致谢忱。

王进喜

2017 年 5 月 5 日

# 致　谢

培养关于知识的智慧，是一项很困难的工作。如果没有与各种优秀分子的互动和他们的慷慨，这对于我而言仍然会遥不可及。在我的职业生活中，在创作这本书时，这些优秀分子帮助了我。

我的职业生涯曾涉及法律执业活动、商业经验和法律管理，在每个领域，都有人用其语言和行动留下了价值无可估量的印记。

我在 Mallesons Stephen Jaques 律师事务所执业时非常愉快，就此我想感谢 David Friedlander，如果没有他，我就不会加入该律师事务所并学到那么多。Greg Golding，其不拘一格的才华和知识行为使我扩大了我的知识模式，以包容他的特点；还有 Christopher Fox，其在复杂诉讼和微妙的法律问题上的无与伦比的彻底性和清晰性，为我树立了学习的榜样。

就我的商业经验知识而言，我想感谢 Chubb 公司的 Jim Dixon，他是一个博学的人，一个旧世界的真正的南方绅士，他讲了许多故事，在我们分开后还令人经久难忘。

就我在 Mallesons 参与管理和知识管理的岁月，我想感谢几个优秀分子。我想感谢 Tony D' Aloisio，他是 Mallesons 长期的、非常成功的首席执行合伙人，感谢有机会能和他一起密切工作，感谢他给我的挑战和机会，感谢有机会在职业服务事务所管理背景下培养我的战略思维技能。Stephen Reid——Mallesons 的辅助服务的领导人——多年来忍受着头衔的变化，但是总是保持着全心全意的尊重和善意，重要的是总是能从他这里获得正确的数字。Martin Telfer 在律师事务所技术重建和重新定位的关键期间，担任 Mallesons 的技术和信息行政主管。我想感谢他的见解和协作，以及他在形成一个可以感受到的日渐增长的环境和平台方面作出的贡献。最后，我想感谢 Di Skurray，她在设计和简约性方面教给我很多，而这个活动给她带来了持久的挫折感。

Mallesons 还给我提供了建设一支由最有才华的人组成的团队的机会。与他们一起工作充满了工作乐趣。这些人包括 Angus Thompson、Derek Hamill、Richard Parsons、Kerryn Metcalfe、Elizabeth Mayfield、Stephen Wihongi、Rupert Hanson、Ron Wilson、Udo Weiss、Kate Eginton、Sue Green、Lianne Forster Knight、Tricia Webb 以及盖世无双的 Ben Swindale。愿我们再有交集。

对于 Cleveland 的众达律师事务所的人们，包括 Terry Crum、Brian Gillam 和 Bill Gaskill，我想感谢他们在全球化和美国法律制度方面提供的无价课程。

就像我的职业生涯一样，本书的写作和出版也是慷慨协作的结果。我想感谢 Stephen Ferguson、Eric Lesser、John Hokkanen 和 Neil Cameron，他们友善地审阅了手稿，提供了富有思想和具有挑战性的反馈意见。最后我想感谢我的妻子 Kathy 和孩子 Elizabeth、Annabelle 和 Rebekah，感谢他们在数月的充满阅读、写作、画图、咆哮、胡言乱语的创作过程中的忍耐和支持。

# 目　录

# 导 言

信息和知识是我们这个时代最具有竞争力的武器。知识比自然资源、大型工厂或者充裕的资金更重要、更强大。

——Thomas Stewart

20 世纪后半叶见证了组织的性质的深邃转变，人们越来越认识到知识作为唯一的具有可持续竞争优势的形式的重要性。其他传统的生产因素，土地、劳动力和资本，在必要情况下可以临时或者永久获得。即使是技术创新——这曾经是专有的、昂贵的设备的场域——提供的策略优势也顶多是短暂的，因为竞争者会快速转向使用便宜的工业化标准的软件和计算机以适应创新。

工业、制造业和金融产品的知识和技术要素在急剧增长。产品的价值越来越取决于产品中所嵌入的知识活动，而不是装配和出售的物品的价值。例如，软件具有很低的物理成本，这就是承载它的磁盘和销售它的包装盒。软件的价值不在于所装配的物理要素，而是程序员、研究、开发、设计人员所带来的巨大的智力成本。即使是简陋的洗碗机，控制机器的芯片和计算机也要比制造它的钢材更有价值，在我的博世牌（Bosch）洗碗机中的计算机被闪电击穿时，我沮丧地发现了这一点。

随着商品和服务中的智力和知识要素越来越重要，获得、培养、开发和管理组织内的人的智力就获得了非常高的优先地位。质量更好、富有效率的智力过程，将带来更好的决策，更短的循环周期，并通过更高的劳动生产率降低了成本。

为了帮助组织从工业企业转变为以知识为基础的企业，在 20 世纪 80 年代和 90 年代，一系列管理概念得以出现，包括：

- Peter Senge 的“学习型组织”①
- 讨论了“智力资本”，并用“智力资本”量度解释公司在市场资本总额和账面价值

① Peter Senge, *The Fifth Discipline*: *The Art and Science of the Learning Organization* (New York: Currency Doubleday, 1990).

之间的差额②

● 出现了“知识管理”这一新兴学科

1997年，Thomas Davenport 和 Laurence Prusak 在其也许是最为有名（最为有用）的知识管理著作中，凝练出了他们的核心信息：“一个公司的唯一可持续优势，来自它在整体上知道什么，它如何能够有效地运用它所知道的，它如何能够轻而易举地获得和使用新的知识。”③

律师事务所一直是纯粹的知识行业，总是知道这样的事实，即它们的可持续优势是其律师和律师事务所的专门知识，而不是任何生产物理因素。与知识经济对工业行业的转型的影响不同的是，“知识经济”并没有重塑律师事务所对智力活动的依赖程度：它一直是有着这样的高度依赖。律师的产品的价值，一直是由其所销售的“产品”的智力而不是物理要素所主导的。

确实，律师生产的一直仅仅是两个有形产品：文件和说话时间（在他们说话的时候）。律师被要求生产记录建议的文件，在协议当事人之间分配风险的文件，代表委托人向管制机构提出的文件，以及发动争端或者程序或者就此进行辩护的文件。律师还说话，在会议、电话、视频会议中或者在法院及裁判庭口头提供建议和代理。

律师所出售的这两个产品的物理价值，与其中所包含和体现的智力活动和专门知识的价值相比，一直是微不足道的。文件的物理成本曾经就是纸张和邮票。现在，对于电子文件而言，用电子邮件进行传输的成本几乎是零。就说话时间而言，面对面的讨论并没有物理成本，对于并不是面对面的交流而言，仅仅是电信网络中承载和传输信号的越来越低的成本。

律师事务所的资产负债表一直反映的是知识密集型行业的情况。就像一个大型国际化律师事务所的主席最近所说的那样，“我们的资产在晚上就回家了”。律师事务所的资产负债表通常记载的，仅仅是四个主要的资产类别。第一个是应收账款，即应收且未付的账单的价值。第二个资产类别是正在进行的工作，即花在委托人事务上但是还没有开具账单的时间的价值。第三类是现金。第四类也就是最后一类，是图书馆中正在逐渐递减的书籍的价值。

像大多数职业服务事务所一样，律师事务所所有的很少。它们租赁场所，租赁技术，租赁人员。如果律师事务所在证券交易所上市，它们的价值将是其物理资产的账面价值的许多倍。对其他职业服务行业而言也是如此，它们的价值是由智力资产而不是由物理资产所决定的。毕马威会计师事务所（KPMG）的咨询业务，按照2000年浮动值，收入是31亿美元，净有形资产是2亿美元，市值约21亿美元。这种收益增值率更像是微软而不是通用的收益增值率。

作为实际上的知识行业，律师事务所一直在汇集和管理智力资源，并就使用这些资源向委托人收费。曾几何时，法律服务是按照写下的字的数量收费的，对此有人说这为律师使用冗长和复杂的语言的倾向种下了文化上的种子。20世纪上半叶，随着越来越多地使用计算机进行记录，6分钟的计时单位和小时费率成为衡量法律服务成本和律师事务所收

---

② See Leif Edvinsson and Michael S. Malone, *Intellectual Capital: Realizing Your Company's True Value by Finding Its Hidden Roots* (New York: HarperBusiness, 1997), and Karl Erik Sveiby, *The New Organizational Wealth: Managing and Measuring Knowledge-Based Assets* (San Francisco: Berrett-Koehler, 1997).

③ Thomas Davenport and Laurence Prusak, *Working Knowledge: How Organizations Manage What They Know* (Boston: Harvard Business School Press, 1997), xv.

人的主要方法。

这并不是说律师事务所没有灵活地探索使用固定收费协议，以风险为据的奖励，风险代理费，甚至在 20 世纪最后五年网络热时可用股权代替收费。然而，从全世界看，律师事务所计算收入的主要方法，在今天仍然是小时费率收费方法。

与律师事务所不同的是，并不按照小时费率就其服务收费的组织，能够从组织性学习、知识管理和科技方面获得收入增长和成本削减。这些进行转型的组织能够：

- 通过更好的创新、改进客户定位、提高服务质量、缩短产品开发周期增加收入
- 在知识的驱动下提高雇员的劳动生产率、在从开具发票到呼叫中心的每件事情中，运用富含知识的技术取代人力成本因素，以此降低成本

尽管转型的组织可以得到这些好处，但并不是它们以科技和知识管理之名启动的所有计划都产生了有利的底线结果。许多数据库建立了，内部网铺开了，网站建立了，门户网站设立了，其良好意愿就是获得这些益处。Karl Eric Sveiby——智力资本运动之父——估计，将知识和信息混为一谈，已经造成管理者将数以十亿计的美元投入信息技术项目中，而没有产生什么结果。

然而对于律师事务所而言，知识工作者劳动生产率的提高表面看来减少了收入，因而降低了财务绩效。就像 Thomas Davenport 所说的那样：

律师通常按照时间收费。因此，如果他们因为知识管理而在一个小时内的工作会更具成效，这会发生什么？如果具有竞争力的律师事务所采用了这些知识管理方法，它们可能全都会被迫将节省的钱递给其委托人，因而降低律师自己的收入。谈论“按价值收费”好倒是好，但是计算第 47 次使用委托人信函的内容所具有的价值并不容易，委托人也看不到这一点。就像许多信息技术创新一样，知识管理可能有利于提高个人的劳动生产率，但是不利于产业经济。④

驱动知识管理的同样的因素——具体而言就是科技和全球化——也对律师所在的律师事务所的规模和知识环境产生了深远的影响。自从“知识管理”这一术语进入了管理词典后，律师可能实际上就在知识上变得不那么自信了。

在纯真时代，不止是 20 年前，律师事务所是很小的，雇员不足 200 人，这被许多人认为是保证组织内非正式交流的质量的界限。⑤ 律师事务所通常坐落在一个主要的地点，并不像今天的大型律师事务所那样在全国和全世界散布开来。

在纯真时代，律师们对于知道其行业知识的来源很是自信。他知道在哪里能找到判例书，这是他在法学院第一次遇到的东西。他知道在图书馆的哪里能够找到教科书。他知道在哪个文件柜中能找到律师事务所以前作出的重要建议。他知道在哪里能找到律师事务所的律师所制作的可供使用的表格和先例。

今天，通过跨国合并，律师事务所要大得多，并且越来越大。英国的律师事务所一马当先，通过跨国合并活动建成了非常大的、高质量的、跨司法辖区的商业律师事务所。就像下表所表明的那样，主要的律师事务所现在的律师都超过 2 000 名，从而在全球的覆盖范围越来越大。

---

④ Thomas Davenport, “Better Late Than Never,” *CIO Magazine*, April 1, 2000, http://www.cio.com/archive/040100_law.html (accessed December 18, 2002).

⑤ 领先的创新者 IDEO 有意将其办公室规模控制的很小，在彼此间隔几个街区的 7 个小办公室内有 160 名人员。See Thomas Kelley, *The Art of Innovation* (London: HarperCollins Business, 2001), 123.

表 1　　大型律师事务所的律师数量（2002 年）

| 律师事务所 | 律师的数量 |
|---|---|
| Clifford Chance | 3 600 |
| Baker & McKenzie | 3 000 |
| Linklaters | 2 505 |
| Freshfields Bruckhaus Deringer | 2 314 |
| Skadden，Arps，Slate，Meagher & Flom | 1 441 |

来源：律师事务所网站和出版物，2002 年 12 月。

20 世纪 90 年代，个人计算机第一次摆上了律师的办公桌，许多律师事务所不久就会庆祝其律师使用个人计算机 10 周年。在那 10 年中，法律信息急剧增长，常常是多个来源有着同样的内容。律师现在面对信息的暴风骤雨——光盘中的信息、网站的信息、图书馆书籍中的信息——会变得不知所措，到底哪个是正确的？图书馆馆员抱怨说，新的毕业生患上了电盲——如果年轻律师不能在互联网上找到资源，对他而言，该资源就不存在。特殊兴趣的网站和电子邮件列表铺天盖地出现了，一些律师现在一天将从他们参加的职业电子邮件列表中收到上百封的电子邮件。与以往相比，文件的形成更快、更大，也更复杂。

与这一信息爆炸同时发生的是，更有效率的管理越来越关注的是收费小时数，减少了非正式知识获得和传播的机会。许多“空闲”时间被以劳动生产率和利润率的名义占用了。

“知识经济”的到来、铺天盖地的选择、内容的爆炸、对法律服务的速度要求越来越高，不仅对律师没有帮助，还实际上导致律师更乏“知识”。有人已经患上了新的职业病——信息焦虑和注意力缺损。⑥ 信息的生产和传播已经变得如此低廉和容易，以至于涌入的信息已经大于一个人处理这些信息的能力了。

问一下任何一个有着 15 年经验的律师与 15 年前相比，如何“控制”其在当今觉察到的职业知识和信息。在就同样的问题问一个有着 5 年经验的律师。你会吃惊地发现回答是一样的。法律和职业信息的量，以及该信息公布和传播机制及其界面上持续发生的变革，给那些甚至是最优秀的图书馆馆员也带来了挑战，而他们并没有面对收费小时目标。现在，律师常常依赖于新取得资格的律师的研究技能，希望他们能够熟悉最新的工具。

在 2001 年年度报告中，国际律师事务所 Freshfields Bruckhaus Deringer 谈到了其智力资本计划：

随着律师事务所的成功和成长，以及同事们越来越分散——有时甚至是在同一个办公空间内——就会产生这样一种趋势：因为对有价值的信息的分隔，造成了智力迟钝，从而给律师事务所造成了损失。

科技为克服某些这样的困难提供了机会。但是我们很清醒地认识到，如果我们未能管理好我们的科技，它将成为另外一个问题。电子邮件、内部网、视频会议和类似的工具使得我们能够共享诀窍。如果我们不能明智地使用它们的话，它们也可能使我们迷失在数据中。这就是为什么我们不仅大力投资于高质量的信息科技系统和人员，而且大力投资于越来越庞大的知识管理专业人员队伍。⑦

---

⑥ See Richard Saul Wurman, *Information Anxiety 2* (Indianapolis, Ind.: Que, 2001), and Thomas Davenport and John Beck, *The Attention Economy: Understanding the New Currency of Business* (Boston: Harvard Business School Press, 2001).

⑦ Freshfields Bruckhaus Deringer, *Annual Report* 2001: *Reporting the Future* (London, 2001), http://www.freshfields.com/publications/pdfs/ANNUALREPORT.pdf.

在律师事务所的知识战略中，知识管理与信息过载之间的平衡是一个关键但是常常被忽视的因素。

我写作本书的目标是，从商业角度分析律师事务所应当如何用知识战略提高其律师事务所的绩效，帮助律师事务所避免将资金投入不会产生什么结果的知识管理冒险活动中。

这里提出的关键问题是：

● 我们能够从知识管理的起源、历史、教训和思想领导力中学到什么，从而能够帮助管理合伙人、管理委员会和知识管理合伙人为其律师事务所找到并执行创造价值的知识管理方法？

● 什么样的商业和经济基础应当成为知识管理行动计划的主题？

● 在律师事务所，如何贯彻有凝聚力的知识战略，才能解决计时收费的劳动生产率悖论？

● 律师事务所如何应对其法律和非法律知识需求？律师事务所应当在哪些方面进行投入，为什么？

我坐在窗前，看着住宅附近的原始海滩上海浪席卷，思考着这些问题。我思考了我们的知识管理经验，律师事务所的经济，委托人当前和未来的需求，律师事务所的科技，会计师事务所和咨询公司提升品牌的知识管理行动计划。

> 获得智慧的第一步是怀疑，获得智慧的最后一步是接受一切。
>
> ——Georg Christoph Lichtenberg
>
> 为了获得知识，人们必须学习；但是为了获得智慧，人们必须观察。
>
> ——Marilyn vos Savant

当我们很繁忙的时候，我们常常没有时间进行观察，进行反思性学习和思考，从而建设我们自己的知识。

在“给我们一些闲暇”中，Thomas Davenport 提醒我们，就人类和知识工作而言，闲暇时间很重要。⑧ 在知识管理和科技行动计划中，“劳动生产率”和“商品化”方法的危险之一，就是占用人类活动中的闲暇时间，这实际上会降低知识工作的质量。Davenport 警告说，“除非你很仔细，否则你会在使用科技提高的雇员的效率的同时，损害劳动生产率”。

下面就是我的闲暇时间的结果，这是一家大型律师事务所的成功的、久经沙场的负责诀窍的主管第一次有足够的思考时间来建构律师事务所成功和持久的知识管理的新的心智模式。闲暇时间也能使我得以思考在过去 20 年中——在这 20 年中，知识经济愈演愈烈——法律执业活动和法律信息上的差异，以及反思我作为非诉讼并购律师和诀窍主管的执业活动。

## 本书的结构

**第一部分：理解场域**

第一部分的四章，就律师事务所知识管理的范围提供了概览。这些章节讨论了知识管理的含义、知识管理的历史、律师事务所的商业驱动力，以及律师作为知识工作者实际上

⑧ Thomas Davenport, “Cut Us Some Slack,” *Darwin Magazine*, March 2001, http://www.darwinmag.com/read/030101/inside.html (accessed December 18, 2002).

是如何工作的。

理解场域是策划和执行成功的知识战略的首要条件。

**第二部分：精心筹划，策马扬帆**

第二部分接着勾勒了在律师事务所内协同发展和贯彻有效的知识战略的方法，回答了这样的关键问题：律师事务所在形成知识战略时，知识战略是什么样子，要遵循什么样的过程。

方法论部分分别讨论了律师事务所知识战略的三个维度：个人的、人际的和非人际的或者数字化知识战略。认识到任何知识管理行动计划都将涉及行为和过程的变革，其成功也取决于这一点，第二部分在探讨具体行动的细节之前，讨论了文化和变革管理的关键事项。这样，第二部分的各章概括了协同发展和贯彻知识管理战略的方法，提供了简要材料帮助你完成这一探索之旅，并就项目和行动计划提供了根据战略维度及其经济影响而汇编的思想。

**第三部分：关于你的个人、人际和非人际知识战略的建议**

第三部分对你的律师事务所的知识战略提供了具体建议和指引，讨论了知识战略的三个维度。尽管律师事务所知识战略的具体关注点取决于其市场地位、成熟度和工作类型，这一部分的三章为律师事务所的合伙人和律师在考虑协同发展知识战略时提供了一系列的思想。

**附录：用于构建你的隐性知识的资源**

附录包含了一系列其他资源，我希望你会发现这些资源在你理解知识管理时是有用的。

我使用的精选网站：列举的是关于知识管理、法律科技和职业服务问题的主要互联网站点，这些是我所使用的网站。

需要知晓的软件和工具：总结了用于律师事务所知识管理的更为常见和较罕为人知的软件平台和编辑工具。

你应当知道的术语：可见于职业服务管理、科技和知识管理的各种术语，律师事务所的知识管理领导者需要知道这些。

原则、神话和错误：大师们的清单：这是来自大师们的至理名言，采用了十强名单或者原则的形式。就这些清单中的每个条目，都提供了互联网上的参考资料，你应当访问、打印、阅读和反思这些参考资料。

## 核心信息

本书的核心信息是，每个律师事务所已经有了管理其知识的战略（无论是显性的还是隐性的），审查并再聚焦该战略，将改进底线绩效，帮助避免不产生效益的知识投入，吸引和留住委托人与律师。

律师事务所知识战略的一个关键核心的组成部分是，如何解决信息过载和信息焦虑，而不是夸大问题。通往信息地狱的道路，常常是由善意的知识意图所铺就的。

通过使用在第二部分列举的方法，律师事务所能够大大地提高其知识战略的有效性；提高其律师的质量、凝聚力和专业性；减少耗费在非收费事务上的职业时间；建构词汇和以价值为据的框架评估与知识有关的投资和行动计划。

# 第一部分

## 理解场域：知识管理、律师事务所和律师

# 1

# 据说律师事务所并无知识管理

没有乌托邦的世界地图，根本不值得一瞥，因为它遗漏了人性一直居住的国家。

——Oscar Wilde

律师事务所和律师一直在“进行”知识工作和知识管理，自从律师行业开始出现就是如此。

在每项建议中，在每项交易中，在同事分享某个意见或者批评某个想法的每个电话中，在每个培训课程中，在每个业务团队会议中，在每个与工作有关的休息室谈话中，律师都在建设和分享知识。

然而，尽管法律行业有进行知识工作的长期传统，法律行业顾问，特别是法律行业的技术顾问，几乎普遍表达了对律师事务所知识管理现状的担心。Charles Christian——法律技术作家和出版商——表达了其“长期担心，即许多律师事务所对知识管理项目仍然是相对无知”。① Neil Cameron——英国重要的法律技术专家——认为，“律师事务所开发一个无所不包的知识管理系统正当其时”②。Richard Susskind 教授——世界有名的重要法律科技作者和未来学家——承认，大多数律师事务所的知识管理计划很不幸，未能产生看得见、摸得着的价值。③ Susskind 担心有这样的巨大危险，即人们越来越对知识管理冷嘲热讽，这会导致整个概念被视为没有价值的陈词滥调而被抛弃。

尽管法律技术顾问们有这样的看法，但律师事务所似乎正在拥抱知识管理。2002 年，《管理合伙人》（*Managing Partner*）杂志和《智能感知技术》（*Perceptive Technology*）对大型和小型律师事务所进行了调查，该调查表明，70%的律师事务所已经采取了知识管理行动计划，预计 84%的律师事务所在一年内会有知识管理行动计划。④

因此，律师事务所远不是对知识管理不感兴趣。律师事务所在以知识管理之

① Charles Christian，“London Insider Looking for Insights，” *Law Technology News*，July 30，2001，http://www.law.com/jsp/statearchive.jsp? type=Article&oldid=ZZZRN3TXLPC (accessed December 18，2002).

② Neil Cameron，“Knowledge Seeking，” *Legal IT*，November 10，2001，http://www.legalit.net/ViewItem.asp? id=6151 (accessed December 18，2002).

③ Kieran Flatt，“A Time of Revelations，” *Legal IT*，November 29，2001，http://www.legalit.net/ViewItem.asp? id=6866 (accessed December 18，2002).

④ Perceptive Technology and Managing Partner，*KM Report* 2002 (London，2002). Available：http://www.whiteplainsconsulting.com/ KM survey 2002 (LR).pdf.

名进行重大投入。对于律师事务所而言，知识管理行动并不是唾手可得，这要求大量的时间、专心致志的辅助人员，以及科技和贯彻成本。

那么，为什么律师事务所——典型的知识行业——被认为对知识管理相对无知，却几乎普遍在着手采取昂贵的知识管理行动？为什么不是因为其企业家精神或者进行研究和发展工作而与众不同，而是因为其追求每个合伙人利润这一相对短期的目标而与众不同的律师事务所在作出巨大投入，而不是在做其本职工作？

你的律师事务所为什么要管理知识？你阅读本书，有可能是因为你在你的律师事务所已经有了知识管理行动计划，或者正在考虑采取这样的行动计划。

> 所有的成长取决于活动。如果没有活动，就没有有形的或者思想上的发展，而活动意味着工作。
>
> ——Calvin Coolidge

把这些话记在心中，现在暂停一下，写下你为什么要采取——或者正在考虑采取——知识管理行动计划。列举出理由。

真的。

我的律师事务所要就知识管理活动进行投入的五个首要理由是：

1.

2.

3.

4.

5.

根据我的经验，律师事务所就知识管理行动计划进行投入，出于各种原因，尽管在大多数情况下，律师事务所本身并没有就这些原因加以明确表达，甚至参与该项目的人也常常没有对此加以明确表达。此外，给出的大多数理由与律师事务所战略或者商业和经济成功并没有什么显而易见的关系。

律师事务所启动知识管理行动计划的常见原因包括：

- 对管理学杂志和商业出版商关于知识管理的文章作出回应
- 回应会计师事务所的知识管理行动计划
- 出于这样的基本信念：知识对于保证提供给委托人的服务质量而言很重要
- 出于这样的信念：科技将能够使律师事务所将知识产品化并销售，从而带来额外的收入和利润来源

## 对管理学杂志和文章的回应

对于某些律师事务所而言，知识管理确实很时髦，让律师事务所管理委员会孜孜以求，为科技委员会提供了有趣的项目。

在过去十几年里，雪片似的知识管理会议、书籍、行业与高大上的商业杂志中的文章，提供了众多呈给管理合伙人的材料，并且这些材料总是贴着这样的便利贴：“我们在就此做什么???”在便利贴下面，文章或者会议手册将几乎总是使用知识管理宗教般的箴言，列举了来自竞争者和律师事务所委托人的知识管理案例研究。

这些战争号令要求管理层作出回应。由于对于律师事务所而言，知识是那样一个“必需品”概念，很少有管理合伙人会对其他合伙人说一切都在掌控之中，不需要对此加以关注——“这种知识经济和知识管理东西很快就会云消雾散”。面对便利贴提出的疑问，更可能的回应是启动行动计划，或者至少是知识管理战略审查活动。

## 对会计师的回应

对某些律师事务所而言，发动知识管理行动计划，在一定程度上是一种防御反应，这是因为担心会计师事务所采用的科技和程序会使它们处于不利地位。

会计师事务所有着重要的、被广泛报道、受到赞扬的知识管理行动。它们用自己的系统方法进行知识管理已有时日。一些律师事务所担心会计师们可能会运用他们的知识管理方法使他们自己在其已经浮现的法律执业活动中成为身手更为灵活的竞争者。最近 Andersen 的倒闭多少削弱了这一驱动的力度。

2001 年，Ernst & Young 连续第四年被评为世界前 20 名最佳知识型企业（MAKE）之一。年度 MAKE 调查是由全球财富 500 强的高级管理人员、首席知识官和重要的知识管理从业者所组成的专家小组完成的。⑤ 获得 2001 年 MAKE 奖的，包括各种就职于非法律职业服务事务所：McKinsey & Co.（9），Andersen（11），Ernst & Young（12），KPMG（13），以及 Accenture（16）。⑥

会计师事务所和咨询公司已经在并且继续在它们的知识管理活动中进行重大投入。McKinsey & Co. 的目标是每年将其收入的 10%投入知识管理中⑦，毕马威会计师事务所的目标是将其年度收入的 1%投入知识管理中⑧，Ernst & Young 在其知识管理行动中已经投入的人力超过了 200 人。

这些投入的规模、对会计师和咨询公司的知识管理项目给予的掌声和关注，使一些律师事务所受到了刺激，担心落于人后。

## 关于知识很重要的基本信念

其他律师事务所启动知识管理行动计划，是因为它们在直觉上知道知识管理很重要。

尽管一些律师事务所仓促行事，以确保不会落后于它们的竞争者，其他律师事务所（特别是更大的律师事务所）将知识管理视为提供委托人期待的合作性和

---

⑤ MAKE 调查是 Teleos（teleos. com）与 KNOW Network（Teleos 的全资行动计划）一道进行的。

⑥ Rory L. Chase，*Most Admired Knowledge Enterprises*（Teleos，2001）. Available：http://www. know ledgebusiness. com/uploads/2001 _ MAKE _ Summary. pdf.

⑦ Thomas Davenport，*Some Principles of Knowledge Management*（Graduate School of Business，University of Texas at Austin，1996）. Available：http:// www. bus. utexas. edu/kman/kmprin. htm（accessed December 18，2002）.

⑧ George Ledwith，KPMG Press Release，*KPMG Launches Kworld，a New Knowledge Management System，As Part of Its Ambitious Globalization Strategy*（Boston，May 26，1999）.

质量一贯的服务的必要条件，其合伙人和律师所要求的工作环境和支持。在一定程度上，委托人的期待在驱动这些律师事务所：委托人关于服务速度、质量的一贯性和运用科技提高服务效率的服务期待越来越高。

## 产品化和销售能力

最后，对知识管理的兴趣来自其他正在寻求新的收入和利润来源的律师事务所的促动。

知识管理对于律师事务所的诱惑之一，是有机会将法律信息纳入软件产品，出售给多个购买者。采用这种方式，律师事务所逃出了收费小时数的束缚，能够就按照价值出售的产品收取费用，而不是按照花费在委托人事务上的小时数收取费用。在在线产品市场中，最活跃的律师事务所是有着 Blue Flag 的 Linklaters⑨、有着 Nextlaw 的 Clifford Chance⑩、有着虚拟咨询者的 Mallesons Stephen Jaques⑪、Blake Dawson Waldron⑫ 和 Davis Polk。⑬

对某些律师事务所而言，“睡着觉就挣钱”这等美事，足以促使它们将资源投入探索知识管理中。正确进行知识管理常常被视为将内部诀窍产品化，从而出售给委托人的前奏。

## 难题

但是，如果律师“进行”知识管理，他们怎么会“相对无知”？

尽管律师和律师事务所“进行”知识管理，知识战略很少是显性的、很少被制定为文件，并且很少与挣钱的硬问题有关。律师和律师事务所每天都在创造和使用知识，已经这么做了许多年，这当然是在知识管理出现之前，群组软件和大量网络（互联网、内部网和外部网）出现之前。实际上每个律师事务所每天从早到晚都在创造知识和管理知识……源源不断的知识。

确实，律师的知识战略可能不是文件化的或者显性的（即使对于律师本人而言）——它可能是个人经历、阅读和交流的幸福或者不幸福体验。同样确定的是，律师事务所的知识战略可能不是文件化的或者显性的。此外，它可能不是那么精致、典雅。在最简单的层面上，它存在于律师事务所雇用新律师的标准、购买书籍、资助出席会议、召开业务团队会议和提供各种表格和先例的活动中。

法律职业本身就是一个知识产业，有着创造、编纂和传播知识的既定做法。案例报告做法已经形成多年，为法律职业提供了高质量的量身定做的知识。最重要的案件公布在官方的案例汇编中，并由杰出的出庭律师和其他律师们作出了摘

⑨ See blueflag. com and linklaters. com.

⑩ See cliffordchance. com.

⑪ See mallesons. com.

⑫ See bdw. com. au.

⑬ See davispolk. com.

要。关键是质量而不是数量。律师们——通常是该领域内的主要从业者——以活页形式出版和更新重要的书籍。摘要和百科全书得以出版，为法律问题提供了情境。此外，还有重要判例、立法、文章和其他知识与学习材料作为参考。

显然，律师事务所和律师有知识战略，即使它们不是很明确。那么，为什么要说律师被认为在知识管理方面“相对无知”呢？

为了对律师事务所公平起见，可以说大多数组织（甚至是那些被赞扬有着成功知识管理的组织）在知识管理方面都是相对无知的。这一结果，在一定程度上首先是因为就什么是知识管理完全没有普遍接受的定义。

就知识管理的定义而言，甚至没有有着凝聚力的学派彼此争夺领导权。事实上：

● 法律是一个纯粹的知识行业，且收入主要是基于收费小时数。

● 对于律师事务所而言，知识战略并不容易，特别是就计时收费这一劳动生产率难题而言。

● 大多数律师就其个人知识管理有着隐性方法，这来自个人经验和职业习惯。大多数律师事务所的知识管理方案并没有延伸到帮助律师进行个人知识管理。

● 许多律师事务所并没有就其商业目标制定书面或者明确的知识战略。

● 许多律师事务所挣扎于整合不佳的信息管理战略和系统，特别是就事务的分类和利润率评估而言。大多数律师事务所还没有数字化资产管理战略，以此勾勒出业务管理系统、文件管理系统以及其他各种律师事务所数字化资产的信息架构。

● 许多律师事务所，像许多其他组织一样，受到软件供应商“知识管理＝信息技术”观点的诱惑，认为知识管理“解决方案”可以买到，不需要改变其律师和管理的过程和行为，就能够对知识进行管理。这一对科技的关注，使律师事务所对非技术性知识战略，包括有效的业务团队会议、兴趣小组、内部和外部网络、有形交流和对学习的个人责任视而不见。

● 知识战略，就像除了特定的知识管理行动计划或者产品之外的事情一样，在许多律师事务所内并没有得到讨论。进行了信息审计，创设了内部网、先例和信息库（“infobanks”），然而，律师事务所的律师或者管理层并没有讨论什么是知识，以及如何考虑个人或者组织的知识战略。因此，就知识战略是什么，或者什么样的战略对于律师事务所而言是适当的，在组织内并无一致意见。

● 许多律师事务所并没有进行成功的知识管理的文化基础，这不仅仅要有“知识分享”文化或者就科技解决方案进行投入。

● 在某些律师事务所，与具体业务有关的知识管理行动计划常常是喜欢科技的合伙人和律师的零星兴趣和活动所促成的，在两年内其贡献率、使用率和质量会因为无人关心而骤然下降。

● 在许多律师事务所，就法律教育、非法律教育、知识管理和图书馆，具有不同的管理结构和战略。

# 2

# 知识管理是做什么的?

一页的历史胜过一册的逻辑。

——Oliver Wendell Holmes

"知识管理"的管理学概念起源于美国管理学作者 Peter Drucker 的著述。他于 1988 年在《新组织的来临》("The Coming of the New Organization")一文中描述了知识工作者，提出假设说，此后 20 年，大型企业将是"以知识为据的"①。如果 Drucker 是正确的，未来的典型大型企业将是"以知识为据的"，则对该知识和这些知识工作者的管理，就变成了成功的组织的重要能力。运用该组织的知识和能力创造新的知识，提供了获得竞争优势的机会。

这样，"知识管理"一词进入了商业词汇，此后几本关键著作出版，其中包括 Ikujiro Nonaka 和 Hirotaka Takeuchi 1995 年的《知识创造型公司》(*The Knowledge Creating Company*)；Dorothy Leonard 1997 年的《知识之泉》(*Wellsprings of Knowledge*)②，以及 Davenport 和 Prusak 1997 年的《营运知识》(*Working Knowledge*)。《营运知识》是律师事务所参与知识管理的每个人的必读书。知识管理领域重要的写作和出版活动可见表 2.1。很重要的是，关于知识管理的核心学术成果并不是庞大的遥不可及。

Drucker 指出，就大型、地域分散的组织的知识管理而言，关键的使能者(enabler)将是对技术的明智和适当的运用。③ 技术将在联结人们、存储信息和知识并提供查阅、为知识工作者提供工具方面发挥作用。

**表 2.1　　知识管理文献中的里程碑**

| 年度 | 书名/文章名 | 作者 |
| --- | --- | --- |
| 1988 | "The Coming of the New Organization" | Drucker |
| 1991 | "Brainpower" | Stewart |
| 1993 | 第一次明确致力于知识管理的会议，Boston | |

① Peter Drucker, "The Coming of the New Organization," *Harvard Business Review* (January-February 1988), 45-53.

② See Ikujiro Nonaka and Hirotaka Takeuchi, *The Knowledge－Creating Company* (New York: Oxford University Press, 1995), and Dorothy Leonard, *Wellsprings of Knowledge: Building and Sustaining the Sources of Innovation* (Boston: Harvard Business School Press, 1988).

③ Drucker, "The Coming of the New Organization".

续前表

| 年度 | 书名/文章名 | 作者 |
|---|---|---|
| 1995 | *The Knowledge-Creating Company* | Nonaka and Takeuchi |
| 1995 | *Wellsprings of Knowledge* | Leonard |
| 1997 | *The New Organizational Wealth* | Sveiby |
| 1997 | *Intellectual Capital* | Stewart |
| 1997 | *Intellectual Capital* | Edvinsson and Malone |
| 1998 | *Working Knowledge* | Davenport and Prusak |
| 2000 | *Enabling Knowledge Creation* | Von Krogh，Ichijo，and Nonaka |
| 2000 | *The Knowing-Doing Gap* | Pfeffer and sutton |
| 2001 | *The Wealth of Knowledge* | Stewart |

在 20 世纪 90 年代中期的科技大繁荣中，软件和科技产业成了知识管理的新盟主。对软件产业而言，知识管理相当于销售机会，这带来的是大量供应商赞助的令人眼花缭乱的会议。Lotus Notes 稳稳地获得了会计师事务所和许多保险商的青睐，被视为“立等可用”的知识平台。软件产品被重新包装为“知识管理解决方案”。律师已经使用了 10 年的枯燥的文件管理系统，被重新改造为迷人的知识管理解决方案。主要咨询公司提供了大量咨询服务，为热切的公司提供了组织性知识管理服务和解决方案。

1996 年 4 月，Brook Manville（McKinsey & Co. 的知识管理主管）和 Nathaniel Foote（McKinsey 的知识和业务发展主管）在《快速公司》中写道：“我们已经进入了知识经济。突然之间知识变得很热手。关于知识的会议风行起来。在我们就知识不亦乐乎、忘乎所以之前，应当停下来好好辨识一些工作原理。”④

Manville 和 Foote 所说的原理如下：

**以知识为据的战略开始于战略，而不是知识。**

如果没有服务客户和击败竞争者这些旧式的目标，新形式的智力资本是没有意义的。如果一个公司并无任何基础，则公司所有的学习、信息技术或者知识数据库都不过是昂贵的消遣。

**以知识为据的战略不是战略，除非你能够将它们与传统的绩效测量方法联系在一起。**

硬道理是，如果知识不能与可测量的绩效改进——包括底线改进——联系在一起，则知识革命就将是短命的，理所当然是这样。

以知识为据的战略的关键，不是要去拯救世界；它是要去挣钱。它是给精明的人的。

**实行以知识为据的战略，不是要去管理知识；它是要去用知识培养人们。**

④ Brook Manville and Nathaniel Foote，“Strategy As If Knowledge Mattered，” *Fast Company*，April 1996，http://www.fastcompany.com/online/02/stratsec.html (accessed December 18，2002).

窍门就是用“软”——释放出封锁在人们的经验中的知识——与“硬”进行平衡。各个公司常常忽视或者贬低这种“隐性知识”。相反，大多数公司有精心制作的系统抓取和共享它们的“显性知识”——手册、数据库和雇员手册中所呈现的东西。这种知识从不会转换为获胜的战略。如果数据库并不包含雇员实际知道的事项，这又有什么用处呢？

**组织在利用知识时，是通过进行协作的人的网络进行的，而不是通过相互连接的技术网络进行的。**

尽管媒体一直在大肆宣传群组软件和“90 年代的互联性”，计算机技术并不是真正的故事。信息技术的坟场到处都是遵循高预算做法的公司，“满怀梦想的”首席信息官们这样或者那样在服务器上进行了投入，或者架设了新的电子邮件系统，仅仅是发现人们仍然不想去合作分享和开发新的知识。互联性开始于人们想要互联。此后，工具和技术才能够进行这种互联。

**人际网络是通过组织性“拉动”而不是集中的信息“推送”利用知识的。**

Manville 和 Foote 解释说：“推动知识发展和共享的引擎，是工人解决商业问题的需要；力量来自需求方而不是供给方……以知识为据的战略的成功的实质是，公司有能力激起每个雇员的雄心壮志。正是这些人的贡献和持续发展，成为绩效改善的生命力。”⑤

尽管 Manville 和 Foote 提出了警告，知识管理的这个阶段通常被人们记忆为充满了莽撞的欲望，即要去抓取人们头脑中的信息，并加以分类，使之可近用，抓取并将该信息转变为组织的有形资产。20 世纪 90 年代的知识管理几乎就是软件供应商——和会议组织者——赞助的改革运动，以将隐性知识转换为显性知识。在这一期间，知识管理意味着抓取隐性和显性知识，通过某些技术解决方案使人们可以近用这些知识。

2001 年 4 月，在《达尔文杂志》“好心什么时候会办成坏事”这一标题下面，Eric Berkman 撰文总结了进展情况：“知识管理是一个可靠的概念，就是遇到了错误的公司。准确地说就是软件公司。”⑥ Berkman 说，到了 20 世纪 90 年代后期，知识管理行动计划——特别是以技术为中心的知识管理行动计划——的早期采用者，都遇到了麻烦，一个代价高昂的麻烦。在大多数情况下，高级行政管理人员，常常是首席执行官，阅读了就知识工作者和知识经济进一步发展了 Drucker 的论题的文章后，激情澎湃。知识管理作为一个概念，承诺了更短的周期，提高的劳动生产率，更好的创新，更快和更好的决策，更好的协作，防止离职的工人泄露知识，以及建构一种新的财富，有谁不想要购买一个能够办理所有这些事情的系统呢？

在 20 世纪 90 年代，启动的许多知识管理计划，除了“管理知识”外，没有其他商业目标。这些计划几乎普遍以技术为核心，不论选择的工具是昂贵的、专用的 Lotus Notes、内部网、文件管理系统，还是其他数据库和资源库。行动计划的领导者通常肩负信息技术职能，负责建设知识管理“系统”，认为这些系统能够将假定的好处带给组织——在对知识进行管理的情况下，就会有数不清的好处。

---

⑤ Manville and Foote, “Strategy As if Knowledge Mattered”.

⑥ Eric Berkman, “When Bad Things Happen to Good Ideas,” *Darwin Magazine*, April 2001, http://www.darwinmag.com/read/040101/badthings.html (accessed December 18, 2002).

所有这种活动和投资的发生，并没有关于知识管理定义的一致意见。所有这种活动和投资的发生，并没有阐明的商业目标。所有这种活动和投资的发生，都认为会得到一个更好的世界。

大型数据库的建设也是出于良好的意愿：许多信息和许多文件存储在其中。在 20 世纪 90 年代，这些计划的领导者的咒语和祈祷是：

如果我们建设了它，就会水到渠成，不是吗？

如果我们建设了它，我们将会有知识管理，不是吗？

如果我们的知识得到了管理，我们的明天将更好，不是吗？

那么这些项目到底做得如何呢？

在《新的组织性财富：管理和测量以知识为据的财产》中，Karl Erik Sveiby 称，知识和信息的混淆，已经造成管理者将数以十亿计的美元投入信息技术这一冒险事业中，却没有产生什么结果。

需要再说一遍：将数以十亿计的美元投入信息技术这一冒险事业中，却没有产生什么结果。出于良好愿望，数以十亿计的美元的投入，是为了将信息抓取进资源库，但是常常没有产生什么结果。

但是成功的故事又是如何呢？仔细看看广受传颂的成功知识管理的故事是一个有趣的活动，这些故事常常在文献中被反复述说。捡起任何一本书——所引用的成功故事常常是一样的——同样的主人公、同样的故事。成功故事认为之所以成功，是因为创设了知识管理系统（或者解决方案），或者它们之所以被视为是成功故事，是因为为组织带来了高超的财务绩效？

瑞典保险商 Skandia 常常被引为知识管理领导者；2001 年最佳知识型企业大奖（Most Admired Knowledge Enterprise）获得者，它在最佳知识型企业大奖中排名全球第八，这是借力于其行政副总裁 Leif Edvinsson 及其团队的工作。Skandia 已经多年获得最佳知识型企业大奖，1998 年，Edvinsson 被英国头脑信托基金会誉为年度头脑。Skandia 作为一个组织，是否受益于其知识管理行动计划？与其竞争者相比，其劳动生产率是否更高？创新是否更多？Skandia 是公认的知识管理的成功者和创始者，但是知识管理的成功是否等于商业成功呢？

Paul Strassman——曾为五角大楼、施乐和 Kraft 运营信息技术的前首席信息官——分析了 Skandia 的经济绩效，以弄清楚这一公认的知识管理领导者是否因其经常被赞扬的行动计划而受益。⑦ Strassman 发现，测算市值和账面价值的差额，Skandia 从 1996 年在 113 家类似公司中排名第 38 位，到在 1999 年排名第 10 位。然而，根据每个雇员的利润——这将说明知识管理活动在劳动生产率方面形成的收益——Strassman 得出的结论是，“在最近的任何时候，［Skandia］所产生的结果都不能与其 20 名重要的竞争者的每个雇员的利润中的位数相比”。他接着说道：“我认为 Skandia 在证券市场上在提升其股票价格方面做得很成功。该公司就其作为智力资本运动的先驱所开展的宣传活动，服务于我让你们来加以判断的目的。”

对于关注利润，却对提升其股票价格没有兴趣的律师事务所而言，这并不是一个好故事。

---

⑦ Paul Strassman, “Intelligence in Question,” *Knowledge Management Magazine*, October 2000, http://files.strassmann.com/pubs/km/2000-10.php (accessed December 18, 2002).

Strassman 在暗示，Skandia 的知识管理行动计划的品牌影响力要大于对其劳动生产率和利润的影响。这一品牌影响力对于会计师事务所和咨询公司而言是很重要和很有用的，它们常常吹嘘其知识管理活动，以及其投资的规模和忠信度，而不是这些活动的影响和结果。

Ernst & Young 的招聘广告特别强调其在知识管理方面的卓越声望：

**为你的职业生涯创造价值**

在 Ernst & Young，我们给你提供的不仅仅是一份工作。加入我们，就是加入了世界上最重要的职业服务公司之一，它在 132 个国家设有办事处，在全世界有 84 000 名员工，在爱尔兰的人数超过 650 人……

Ernst & Young 被独立评判为为大型职业服务公司确立标准的公司。我们被认为在知识管理领域领先于我们的竞争者 3 年～5 年，是最大的跨国职业服务公司中发展最快者之一。我们的出色成长意味着晋升和发展的机会也是出色的。我们为毕业生和有经验的专业人员都提供机会。⑧

许多受到颂扬的知识管理成功故事，依据的是有关供应商和知识管理行动的领导者的看法，而不是从行动计划的受益者或者提供和继续提供资金的高级管理层角度来看的。

这并不是说有着知识管理维度的具体计划并没有为组织产生重大价值。Christine Rollo 和悉尼科技大学商学系 Thomas Clarke 教授在 2001 年研究了知识管理的国际性最佳做法，并出版了一本有 40 个已经产生商业价值的知识管理案例研究的书籍。⑨ 知识管理文献中经常被公布为成功故事的某些情况，可见于表 2.2。

所有这些带来的信息是，在阅读知识管理“成功”故事时，律师事务所需要很强的辨别能力，必须保持警惕，不要被有趣的技术故事搞得意乱情迷，这不可能在律师事务所的经济模式中带来成功。

## 21 世纪的知识管理

读完这一简史，那么知识管理的意思是什么？当律师事务所思考知识管理战略时，这涉及哪些内容？重要的知识管理作者用各种知识管理的定义迎接千禧年。

Verna Allee——Integral Performance Group 总裁，被《知识管理》杂志称为知识管理领域的六大人物之一——说道：“知识管理意味着要有这样的过程，即创造、维持、运用、分享和更新知识，以改进组织的绩效并创造价值。”⑩

⑧ See http://www.ey.com/GLOBAL/content.nsf/Ireland/careers_student_overview (accessed December 18, 2002).

⑨ Christine Rollo and Thomas Clarke, *International Best Practice—Case Studies in Knowledge Management* (Sydney: Standards Australia, 2001). Available: http://www.knowledge.standards.com.au/KM/NEWS/2001-07-11CASEST/NEWS2001-07-11CASEST.HTM (accessed December 18, 2002). Further case studies are also available at Meta KM's Web site at http://www.metakm.com/links.php? op=viewlink&cid=1.

⑩ Verna Allee Web site, http://www.vernaallee.com/primary pages/Knowledge Management.html (accessed December 18, 2002).

表 2.2 知识管理文献中经常引用的成功故事

| 公司 | 所引述的成功经验 |
|---|---|
| British Petroleum | 使用虚拟团队和视频会议，更快地解决了关键的运营问题 |
| Buckman Laboratories | 新型特种化工产品收入增长了10%，新产品销售增长达50%；对客户需求回应更快 |
| Chaparral Steel | 业内领先的小钢铁厂先进技术和创新 |
| Dow Chemical | 通过专利许可和其他开发利用其专利的方式，以及积极管理其专利布局，创造了超过1.25亿美元的收入 |
| Hewlett-Packard | 通过共享在公司已经存在但是其发展团队并不知道的专门知识，加快了新产品进入市场的速度 |
| Hoffmann-La Roche | 减少了获得规制机关新型药物批文的成本和时间 |
| Kaiser Permanente | 减少了开办新的女性健康诊所的时间 |
| Pfizer | 发明了万艾可（在测试作为治疗心绞痛的药物的万艾可时，护士记录了一个不寻常的副作用——临床医生在对结果进行元数据分析时发现了这一趋势，失败的心脏病药物变成了阳痿治疗药物） |
| Skandia | 将新的合资企业的开办时间减少为7个月，而与之相比行业内的平均时间是7年 |
| Texas Instruments | 通过在13个工厂间比较和传递最佳做法，增加了产能，节约了15亿美元 |

来源：Rollo and Clarke，International Best Practice：Case Studies in Knowledge Manegement and http://www.skyrme.com/insights/22km.htm.

Karl Erik Sveiby——Sveiby知识联合公司的作者和负责人——认为知识管理定义中有两种不同的导向：

## 信息技术导向

知识管理＝信息管理。知识＝信息系统中可以识别和处理的目标。现在这一导向很新，在信息技术新发展的助力下，发展很快。

## 人员导向

知识管理＝人员管理。知识＝过程，是动态技能、诀窍等构成的持续变动的复杂组合。这一导向很陈旧，发展得也不是很快。⑪

Thomas Davenport——《营运知识》的共同作者和Accenture Institute战略变革主管——说道："知识管理意味着改进知识工作过程。"⑫

Bill Gates——微软的创始人——说道："知识管理是化简为繁。你是在管理

⑪ Karl Eric Sveiby Web site，http://www.sveiby.com.au (accessed December 18，2002).

⑫ Davenport，*Some Principles of Knowledge Management*.

数据、文件和人员。”⑬

Yogesh Malhorta 博士——锡拉丘兹大学 BRINT 研究所创始主席和首席知识建筑师——说道：“面对越来越呈现断续性的环境变化，知识管理解决的是组织的适应、生存和能力这些关键问题……在本质上，它所体现的是这样的组织过程，即寻求将信息技术的数据和信息处理能力与人的创造和创新能力进行协同组合。”⑭

美国生产力和质量中心说道：“通过创造使人们能够找到并使用企业的集体知识的背景、基础设施和学习循环，使隐性和显性知识付诸行动的有意识战略。”⑮

TFPL——在公司信息市场提供专业咨询和其他服务的重要国际性组织——说道：

> 知识管理是一个不幸的术语——知识驻扎在人的脑海中，管理它是不可能的或者不可取的。你能够做的，知识管理背后的概念所涉及的，是要创造并保持这样的环境，即鼓励人们创新、分享、学习和使用知识，以服务于组织和在组织中工作的人。你能够调动知识。
>
> 知识管理：创造并随后管理这样的环境，即为了组织及其利益相关者之利益，鼓励创造、分享、学习和组织知识。⑯
>
> 我个人关于知识管理的定义是这样的：“知识管理是一群人维护和改进其个人和集体可用知识进行竞争、提高绩效和创新并降低风险的行为和过程。”

显然，从上面提出的知识管理的定义可以看出，知识管理并不是关于信息技术的。

然而，在一定程度上由渴望出售其技术产品和服务的许多会议和供应商所造成的流行观点是，知识管理就是关于信息技术的，利用信息技术“解决方案”就能收获所信奉的知识管理的好处。在 2001 年《管理合伙人》就律师事务所知识管理进行的调查中，77%的受访者认为信息技术是行动计划成功的关键因素。⑰ International Data Corporation——一个关注技术的研究群体——估计，2002 年，知识管理软件和服务是一个 60 亿美元的产业。⑱

在“知识管理是否等于信息技术”中，Carol Hildebrand——CIO Enterprise 杂志的高级编辑——写道：“就过去十年中所有的商业趋势而言，也许没有一个趋势与技术的密切联系能超过知识管理，软件再工程可能是个例外……知识管理处于危险中，因为它被视为与技术如此紧密地交织在一起，以至于其真正的关键成功因素将会被掩盖在了服务器、软件和管线的令人愉悦的嗡嗡声中。由于供应

---

⑬ Bill Gates and Collins Hemingway, *Business @ the Speed of Thought: Using a Digital Nervous System* (New York: Warner Books, 2000), 289.

⑭ See km. brint. com.

⑮ APQC Web site, http://www. apqc. org/portal/apqc/site/content? docid = 109703 (accessed December 18, 2002).

⑯ See tfpl. com, tfpl. com/areas_of_ expertise /knowledge_management/knowledge_management. html, and tfpl. com/areas_of_专门知识/knowledge_management/KM_skills_research/Mobilising_Knowledge. pdf.

⑰ Perceptive Technology and Managing Partner, *KM Report* 2001 (London, 2001).

⑱ Thomas Stewart, “The Case against Knowledge Management,” *Business* 2.0, February 2002, http://www. business2. com/articles/mag/0, 1640, 36747, FF. html (accessed December 18, 2002).

商把它们的文件管理、数据库或者群组软件产品贴上了‘知识管理解决方案’的标签，执行官们会就把软件错当成解决方案而获得谅解。根本不是这么回事。”⑲

历史已经显而易见地表明，知识管理是关于人的行为和互动的，而不是关于存储和服务器的。

有史以来就有知识管理活动，这当然早于 Drucker 在 1988 年进行的分析。尽管许多人认为 Drucker 预示着以知识为据的企业的开始，以及知识管理的开始，但是这并不是事实。Drucker 所预示的是向更强调知识的转变，而不是说其商业模式已经是以知识为关注焦点的经济组织还没有知识管理。

口述历史、洞穴中的画作、行业工会、学徒、书籍的写作、关于程序的著作、底层抽屉中有用信息的汇集，我们都已经在利用所有这些行为和过程努力构建和分享知识，以实现个人和集体的更大绩效。

在整个法律执业活动中，人们看到知识管理的发生并没有具体的“知识管理”行动计划。案例报告就是知识管理。文章和期刊是知识管理。教科书、活页服务、在线数据库和业务团队会议——所有这些事情都自然发生了，并没有“知识管理战略”这只“看得见的手”。

也许知识管理在适用于律师事务所时是一个关于促进、测量和保管工作的学科。作为一个关于促进工作的学科，其任务是与系统内的自然知识管理相比，促进更大程度、更有效的知识管理。它将资金和精力集中投入，以实现绩效改进，即增加个人和集体可用知识，使其高于没有促进和帮助情况下的水平。它是关于促进更高水平的可用专门知识的。

当然，信息技术常常发挥着作用，如果没有技术的帮助，就做不了什么现代知识工作，但是对于成功而言，技术是一个必要而不是充分条件。成功的知识管理将几乎总是得力于技术——所面临的挑战要有可靠的、支持性的技术，而不是死神的操控之手。

植物就像知识一样，在没有人的干预下，在田野中成长和交叉授粉。如果再正确施肥和进行虫害控制，选择进行种植的肥沃土壤，收获就会更多。没有人施肥植物也将成长，但是形成更大的产量是不大可能的。知识管理作为促进措施，就是促进正确施肥、虫害控制，选择正确的人（人力资本），促进可用知识的增加，提高组织绩效的学科。

我们继续这个关于农业的比喻。施肥和虫害控制并非没有成本。农民将确定收获的价值是否会超过施肥和虫害控制的成本。农民将进行成本—效益核算，将选择一种有效的组合方式。除非有利可图，否则就不会购买肥料并施肥，就不会进行虫害控制。知识管理也是一样，作为一个学科，要通过施肥和虫害控制，促进可用知识的增加，以提高组织绩效。知识管理并非没有成本，确实，从人力和资本角度看，它通常是很昂贵的活动。

没有理由说知识管理投资不应当像其他组织的行动计划或者投资那样接受同样的分析。为了有知识管理而进行知识管理，顶多是单凭信仰进行的冒险，在最坏情况下则完全是在浪费时间和精力。知识管理作为一种信仰，是非常昂贵的宗教。农民并不会冒着危险把昂贵的肥料或者昂贵的虫害控制剂投入到庄稼上，这

---

⑲ Carol Hildebrand，“Does KM=IT，” *CIO Enterprise*，September 15，1999，http：//www. cio. com/archive/enterprise/091599 _ ic. html (accessed December 18，2002).

是因为相信其收成肯定会更好，而这么做的唯一理由是他已经购买并且施用了化肥和虫害控制剂。

因此，律师事务所也是一样，如果不了解律师事务所的利润驱动力，不了解知识管理行动计划如何可以提高该绩效，就不应当把钱扔到知识管理上。

# 3

# 律师事务所的商业和经济

律师就像是犀牛：皮厚，短视，总是准备冲上去(charge)。

——David Mellor

那么，知识管理如何适用于律师事务所？

我们现在知道：

● 知识管理并不是关于信息技术或者信息技术解决方案的。

● 知识管理是一种行为和过程，一群人通过这些行为和过程保持和增加他们的个人和集体可用知识，以进行竞争、提高绩效和减少风险。

● 为了有知识管理而进行知识管理是毫无意义的，必须有组织的绩效回报支持有关活动和投入。

为了讨论知识管理如何能有效地适用于律师事务所，我们需要理解律师事务所的商业和经济模式。为了理解这些事情，我们需要听取两个相当不同但是相互补充的观点。

首先，我们需要听听常常被中伤为善于计算的人——律师事务所内的会计人员——的看法。从会计人员这里，我们将学到重要的课程，即从量化角度看，是什么在驱动律师事务所的经济结果的。如果没有这种量化的理解，就不可能成功地理解律师事务所内的知识管理。其次，我们需要听听管理合伙人的意见，他们是法律服务行业的首席执行官。从管理合伙人这里，我们将就建设并管理一个由为委托人提供优秀服务的优秀律师组成的有凝聚力的律师事务所、品牌和市场声望及就法律既作为一种商业也作为一种职业如何平衡，获得一个不同、更定性的看法。

这两个角度将有助于我们理解律师事务所的可持续绩效的驱动者和问题，以及知识管理行动在实现可持续绩效方面发挥的作用。

因此，我们首先见一见财务主管，他四十多岁，精明强干，戴着眼镜，衣着潇洒，很高兴能够为我们提供指导。

## 财务主管

各位好，首先我想说，很高兴你就什么在驱动律师事务所的绩效提问。这是我认识的参与律师事务所知识管理的人第一次问及钱的问题，这问的不是如何花钱，也不是就预算的规模进行抱怨。

作为一种商业，律师事务所通常根据所谓的“每个股权合伙人的利润”衡量成功与否。每个股权合伙人的利润（Profit per equity partner）——这通常被简称为 PPEP——是年度利润除以企业中的股权合伙人的数量之所得。例如，如果收入是 1 亿美元，成本（例如薪金、租金、技术成本等）是 6 000 万美元，有 40 名股权合伙人，则 PPEP 将是 100 万美元，即用 4 000 万美元的利润除以股权合伙人的数量。我们的企业是合伙，因而不向合伙人支付薪水，因为他们不是企业的雇员，这样合伙人的成本并没有包括在 6 000 万美元的成本中。在表 3.1 中，你会看到在这个例子中 PPEP 是如何计算的。

PPEP 这一量度与美国（《美国律师》公布的年度“美国法律 100 强”）和英格兰（律师发布的“律师 100 强”）的排名榜中使用的量度是一致的。

**表 3.1　　PPEP 计算**

| 例子、例子、再例子：2002—2003 年度财务绩效 | |
|---|---|
| 收入（来自委托人的律师费） | 1 亿美元 |
| 减去 | |
| 耗费（律师、租金、信息技术等） | 6 000 万美元 |
| 利润 | 4 000 万美元 |
| 股权合伙人数量 | 40 |
| 每个股权合伙人利润 | 100 万美元 |

大多数律师事务所的内部报表系统，在律师事务所的各种层面上都要测量 PPEP。在通常情况下，律师事务所测量整个律师事务所、每个办事处、每个专门知识领域或者业务团队的 PPEP。对于那些更小的组群而言，我们的财务部门计算他们的账单，分配诸如薪金、租金、信息技术等的成本，然后把该组群的利润除以该组群中的股权合伙人的数量。

对于任何律师事务所而言，各种业务团队的财务绩效总是不同的，这样一些业务团队的 PPEP 高于律师事务所的结果，一些业务团队的 PPEP 低于律师事务所的结果。例如，就前面的例子中的假想律师事务所而言，如果两个办事处有着同样的规模和结构，一个办事处的 PPEP 可能是 1 100 万美元，另一个办事处的 PPEP 可能是 900 万美元。这样律师事务所的平均 PPEP 结果就是 1 000 万美元。

我从某处找到了一个这样的排行榜的摘录。表 3.2 和表 3.3 说明的是美国和英国大型律师事务所的排名结果，你可以看到这些数字。律师事务所管理层很看重 PPEP 和这些排名榜。

PPEP 的概念来自职业服务专家 David Maister 的著作。在《职业服务公司管理》（*Managing the Professional Services Firm*）中，Maister 说，对于律师事务所而言，有两种方法计算 PPEP。① 这两种方法产生的结果是一样的，但是第二种方法区分了造就 PPEP 的商业因素，这样你就能确定什么样的商业因素在驱动利润结果。在第二种方法中，有四个变量，其乘积就是 PPEP。Maister 将这四个变量叫做 PPEP 利润驱动者。

① David Maister, *Managing the Professional Services Firm* (Boston: Free Press, 1997).

表 3.2　美国大型律师事务所的 PPEP 结果（2002 年）

| 排名 | 律师事务所 | PPEP（百万美元） |
|---|---|---|
| 1 | Wachtell，Lipton，Rosen，and Katz | 3.2 |
| 2 | Cravath，Swaine and Moore | 2.1 |
| 3 | Cahill Gordon and Reindel | 1.8 |
| 4 | Davis Polk and Wardwell | 1.8 |
| 5 | Simpson Thacher and Bartlett | 1.8 |
| 6 | Paul，Weiss | 1.7 |
| 7 | Sullivan and Cromwell | 1.7 |
| 8 | Milbank，Tweed，Hadley，and McCloy | 1.6 |
| 9 | Skadden，Arps，Slate，Meagher，and Flom | 1.6 |
| 10 | Kirkland and Ellis | 1.5 |

来源：Reprinted with permission from the July 2002 issue of the *American Lawyer*. 2002 NLP IP Company. All rights reserved.

表 3.3　英国大型律师事务所的 PPEP 结果（2002 年）

| 排名 | 律师事务所 | PPEP（英镑） |
|---|---|---|
| 1 | Slaughter and May | 920 000 |
| 2 | Allen and Overy | 735 000 |
| 3 | Macfarlanes | 720 000 |
| 4 | Freshfields Bruckhaus Deringer | 715 000 |
| 5 | Clifford Chance | 714 000 |
| 6 | Gouldens | 694 000 |
| 7 | Herbert Smith | 670 000 |
| 8 | Linklaters | 650 000 |
| 9 | Dickson Minto WS | 580 000 |
| 10 | S. J. Berwin and Co | 528 000 |

来源：The Lawyer 100，*Lawyer*（2002）. Available：http://www.thelawyer.co.uk/LawyerNews/top100/editorialpages/table_t100UK.asp.（accessed December 18，2002）.

## 计算 PPEP 的第一种（传统）方法

计算 PPEP 的传统方法是将律师事务所的利润（收入减去成本）除以律师事务所的股权合伙人的数量。在前面的例子中，我们就是这么做的。尽管这一过程计算出了利润结果，但它并没有告诉你是什么在驱动这一结果。例如，知道了我们两个办事处的 PPEP 结果，一个是 1 100 万美元，另一个是 900 万美元，并不会帮助我们了解为什么两个办事处的绩效不同。它仅仅是告诉我们它们的 PPEP 是不同的，并没有告诉我们如何提高绩效较低的办事处的结果。

## 计算 PPEP 的第二种方法：驱动者

Maister 分析了 PPEP，确定结合在一起形成 PPEP 结果的商业指标或者驱动者。就像我在前面所说的那样，Maister 的计算是，这四个驱动者——见其下面的公式——其乘积的结果是 PPEP。

PPEP＝平均实现率×杠杆率×利润率×使用率

我给你讲讲这四个驱动者。

平均实现率是律师事务所的平均小时费率，这是将全部收费除以收费小时数计算出来的。平均实现率是一个数字，例如 340 美元。

杠杆率测量的是律师事务所在多大程度上使用其合伙人和更有经验的员工，也就是说，合伙人在多大程度上得到非合伙律师的辅助，并领导该团队。杠杆率是将团队全部收费人人数除以股权合伙人人数计算得出的。例如，杠杆率 4 的意思是合伙人得到了 3 个律师的辅助（也就是说，一共有四个收费人，其中一个是合伙人，因此其他是三个律师）。

利润率测量的是团队的利润率，是团队的利润除以收取的费用得出的。该群组的利润是该群组的收入减去其发生的直接和间接成本。利润率是一个百分比，例如，利润率 38％意味着律师费每 1 美元中的 38％是律师事务所的利润。

使用率测量的是团队中的所有收费人——合伙人和非合伙律师——的平均利润率（或者记录的收费小时数）。使用率是将团队的所有小时数加在一起后除以收费人的人数得出的，这就是每个收费人的平均使用率。平均使用率是一个小时数，例如每年 1 880 小时。

现在回到公式，四个变量的乘积将得出律师事务所的 PPEP。使用上述例子中的驱动者，将产生下列结果：

PPEP＝平均实现率×杠杆率×利润率×使用率
＝340 美元/小时×4×38％×1 880 个小时
＝100 万美元

计算 PPEP 的第二种方法的价值是，它将告诉你是什么在驱动当前的利润绩效，从而使你能够识别出你能采取管理律师事务所从而产生更好的经济绩效的行为。驱动者能够告诉我们的是，通过增加四个驱动者——平均实现率、杠杆率、利润率和使用率——中的一个或者多个，会对律师事务所的经济绩效产生什么样的影响。

Maister 将前两个驱动者描述为健康因子，将后两个称为保健因子。② 健康因子是指通过更加智慧的工作获得更高利润，保健因子是指通过工作更长的时间或者降低舒适度获得更高的利润。就保健因子而言，很重要的是要保持质量，使成本得到控制（因而实现利润率目标），很重要的是要使使用率得到管理。然而，只有在利润率和/或杠杆率可持续增长的情况下，才能建设更好的企业。表 3.4 分析了这两种方法。

---

② Maister, *Managing the Professional Services Firm*, 31.

表 3.4　　　　提高律师事务所 PPEP 的方法

| | 保健因子 | 健康因子 |
| --- | --- | --- |
| 目标 | 通过更辛苦的工作或者减少成本提高财务绩效 | 通过开发重要的专门知识和更智慧地（而不是更辛苦地）工作获得更好的、可持续发展的商业 |
| 驱动者 | 利润率<br>使用率 | 实现率<br>杠杆率 |

## 保健因子

通过削减成本（提高利润率）或者让人们工作越来越辛苦（提高使用率），能够相对容易地提高绩效。这将带来相对短期的成功，从长远来看，它将破坏律师事务所的绩效，因为这将破坏提供给委托人的服务的质量，导致律师离开律师事务所。这些是保健因子，因为尽管对这些进行管理很重要，但是通过使用这些方法得到的提高，是有限的。

## 健康因子

通过提高健康因子改进绩效更为困难，但是更可持续。

只有在律师事务所已经开发了专门知识或者效率高于市场上通常的技能水平的情况下，才能够提高平均实现率。建设这些技能，将能够在不辛苦工作的情况下带来出色的利润绩效。与此类似，开发工具、教育项目和监督管理过程，将使律师事务所提高其杠杆率，这也能在不辛苦工作的情况下带来出色的利润绩效。

## 驱动者是相互关联的

财务部门之外的当事人常常犯的一个错误是，认为这四个驱动者是相互独立的。也就是说，人们认为他们能够提高其中一个驱动者，在使用其他三个驱动者的先前样态的情况下，重新计算对 PPEP 的影响。例如，他们首先计算出了他们想要的 PPEP，然后改变一个驱动者造成差别。但是生活并不是证明简单。

这四个驱动者实际上是相互联系的，改变一个会对其他驱动者产生影响。

我的一个小伙伴在这样的律师事务所中，该律师事务所优先考虑的事项是增加某个业务团队的绩效，并创设了两个团队。第一个团队，即团队 A，被要求注重提高团队的平均实现率。团队 B 被要求重点提高团队的杠杆率。

瞧，团队 B，即杠杆率团队，找到一位不同凡响的下级律师加入了团队。新业务开发工作提供了足够的额外小时数，因此，即使团队有了新律师，团队成员的平均实现率并没有下降。换言之，对新律师的使用水平与其他团队成员相同。

因为团队 B 的成功在于提高了杠杆率，团队 A，即平均实现率团队处于麻烦当中。由于新律师的小时费率低于现行团队成员的平均费率，该团队的平均小时费率下降了，这令团队 A 感到沮丧、迷茫和困惑。

这样，团队的 PPEP 提高了，但是团队 A 受到了批评，因为它未能实现其提高实现率的目标。我的小伙伴明白了，使他发疯的是他们那里没有人明白这一点！

这里的教训是，你应当关注的是提高 PPEP，而不是提高每个驱动者。事实上，为了提高 PPEP，很少有可能——如果有的话——同时提高所有的驱动者。为了提高 PPEP，一个或者多个驱动者将会降低，而另一个或者其他多个将会提高。

律师常常迷恋于此，认为他们想要每件事都处于最佳——就像这是法学院考试或者竞赛，而不是一个理解数学的问题。

## 知识管理与律师事务所经济

有了这种关于驱动者和律师事务所的商业模式的背景，你会问知识战略和知识管理之间是什么关系。

哎，我常常遇到想要通过花钱使法律工作“更具效率”的人，但是这种做法在我看来显然行不通。

例如，假设我们做某项工作现在要用 4 小时，假设小时费率是 200 美元/小时。这样我们开的账单是 800 美元，我们的委托人付款后，我将之储蓄在银行中。现在，假设在科技上进行投入，花钱让律师投入时间撰写一些先例和表格，这样我们就能够在一个小时内做同样的工作。按照 200 美元/小时，我得到律师费 200 美元，我们必须为律师找到新的工作，代替他失去的收费小时数。因此，我们的律师的工作从 4 小时 800 美元，变成了 200 美元，我必须为这一新的效率支付技术成本和其他每件事的成本。这可不是什么好买卖！

在我看来唯一行得通的方式是，如果我们能够改变收费根据，我们可以提高工作的小时费率，但是我们的委托人抵制这一点，因为他们就我们的标准价格与其他律师事务所的标准价格进行了比较。我们可以转向就工作按照固定价格收费，例如，每项工作 600 美元，诸如此类，但是我们的大多数委托人仍然坚持就大多数工作按小时收费。

但是不要误解我。我真的认为有办法使知识管理可以被用于提高绩效。

## 用知识管理提高绩效

我给你一些例子说明我如何认为知识可以被用于提高绩效，我要讨论我们前面所提及的每个驱动者。

### 使用率

就像你知道的那样，律师花在办公室的时间有两类：收费时间和非收费时间。

律师花费的非收费时间涵盖许多事情，主要是律师事务所的行政管理实务，例如准备投标。知识战略和知识管理，因为能够减少我们的律师花费在非收费活动上的时间，从而提高我们律师事务所的绩效。

换言之，知识管理如果能提高这些非收费工作的劳动生产率，对我而言才说得通，这要么能作为收费时间抓取（对于那些低于其收费小时数目标的人而言），要么就是放了高效率的人一马。

因此，要想使非收费工作更具效率，要么提高平均使用率，要么留住员工，使他们在办公室花费更少的时间就能实现他们的收费小时数预算。留住我们想要留住的律师，为我们节约了大笔金钱，因为离开的律师停止业务和新律师跟上来，要有寻找成本，也有使用率上的损失。

我把这类知识管理战略叫做“应有”，这些行动计划对于律师事务所的运营而言并非必需，但是通过很小的耗费我们就能明显获得绩效改进。例如，用于投标的律师的简历。在我所在的上一个律师事务所，就每个投标，律师必须拿到准备组织团队的每个律师的手工更新的简历。在下一个投标中，要重复进行整个过程，而没有使用以前的工作。律师将需要花费若干小时，而这仅仅是为了编写简历。应有的知识管理项目将创设一种供我们的人使用的可近用的、得到维护的简历汇总，以便不需要那种成本高昂的多此一举。

这是应有项目，是因为我们不这么做也仍然能够使律师事务所运转，但是如果我们正确地做到了这一点，我们就能（通过减少非收费时间）增加利润，成为更好的律师事务所。

## 利润率

包括在利润率计算中的是开支——律师事务所的耗费——这包括图书馆服务、技术、先例、知识员工等。如果没有特定的日常开支，律师事务所就不能运转。这些开支是必要的工具，也是律师和委托人等预料中的，是为委托人提供的高质量的职业服务的重要组成部分。然而，很重要的是，日常开支成本要得到控制，以委托人服务之名，总是能够发生额外的开支，但是控制日常开支是有效的律师事务所管理的关键组成部分，也是我作为财务主管工作的关键组成部分。

我认为，知识战略用两种方式影响了我们的利润率。第一种方式是必备知识管理项目，第二种方式是另一个关于应有知识管理项目的例子。

我能够看到，我们必须有某些知识战略从事法律服务，来服务于我们的委托人。我们需要有我们的律师所需要的法律研究材料，立法、判例、书籍、在线订阅等。我明白这一点。但是我可以告诉你，与仅仅有图书的那个时候相比，我现在似乎要为书籍、光盘和互联网订阅材料付更多的钱，对此我一点也不高兴。人们喜爱进步，但是我认为那并不是你的错。

无论如何，除了这种昂贵的、外部的资源材料，我同意我们还需要投入创设内部材料，以保证质量和竞争的有效性。例如，我们的委托人期待我们就常用法律协议有先例和表格。这些先例和表格的质量是委托人选择我们的原因之一。所有的律师事务所历经多年开发了这些先例和表格。我同意我们需要在创造和维持这些文件方面进行投入，但是我也认为我们需要小心翼翼地保证我们在创制先例和表格方面投入的时间和精力没有超过市场的期待。

如果你去问律师他们想要什么样的先例，清单是永无止境的。但是作为财务主管，我必须为所有这些花钱！我们应当向我们的律师提出的问题肯定是，他们为了竞争和赢得工作而需要什么样的优秀先例，而不是他们喜欢什么先例。这样，我们关注的是竞争优势和质量，而不是要创建一大堆文件，这是需要律师去摊销的一大笔费用。

我把这类知识管理战略称为“必备项目”——也就是说，问题是为了竞争我们必须有什么。对我而言，这里的问题是，为委托人提供持续保持质量的法律服务，支持律师事务所的律师，所需要的最低限度的适当成本是多少。这里的挑战是，识别必备项目，并高效和有效地提供必备项目，并将花费限定在必备项目上，而不是探索每个可能的机会。这些必备项目的成本包括在律师事务所的耗费之内，降低了利润百分比，因而降低了 PPEP。这是一个平衡问题。

就像我在早先所说的那样，就利润率而言，也应有知识管理项目。这些应有管理项目作为行动计划，能通过减少律师所要求的辅助资源的数量增加利润率。换言之，如果知识管理行动计划能够减少我们提供给法律员工的辅助成本，成本就会减少，利润率就会改善。

就利润率而言，这些应有项目将包括从事下列活动：

- 使辅助员工更具有成效（这样我就需要更少的辅助员工）
- 将某些以前由辅助员工做的工作，汇入律师花费的时间（这样我就需要更少的辅助员工）。例如，律师将其自己的时间录入业务管理系统，而不是手工写下工时单，再由我付费让秘书将信息重新键入结算系统。

我能想到的那些应有利润率项目的例子有：

- 培训律师更好地使用文字处理和电子邮件软件，减少需要的辅助资源的数量
- 培训律师更好地掌握研究技能，这样与其他律师事务所相比，我们需要的图书馆研究人员更少
- 创造劳动生产率工具，为秘书和文字处理辅助人员提供更好的培训和绩效管理，这样我们就能从他们那里获得更高、更一致的质量，降低辅助人员率
- 使用低廉的技术和程序，将人力资源、市场营销、办公室管理和科技等后台业务功能标准化和/或自动化

我完全赞成这些应有项目，小投资能带来明显的好处，这将为律师事务所内的某些行为带来变化，使我能够提高利润率。但是，我们全都需要谨慎地使每个人在一开始同意降低辅助水平，或者改变内部服务的方法；否则，我们的行动计划将只有投入而不会有所收益。

## 杠杆率

就杠杆率而言，知识战略扮演着实实在在的重要角色。首先，帮助合伙人了解杠杆率对事务及其业务的利润率的影响；其次，通过使用嵌入了律师事务所的经验的工具或者文件，促进将工作委派给非合伙人资源。一项事务的杠杆率大小，对该事务的利润率有着深远的影响，远比就此工作收取的小时费率要重要。

我将向你说明我的意思是什么。我们比较两个不同的委托人的相同事务，以此理解这种区别。就第一项事务而言，合伙人像委托人一样，对该领域感兴趣，自己做了该事务的半数小时数，使用一名初级律师做其余的工作。就第二项事务，合伙人忙于处理其他到期事务，自己仅仅做了25%的工作；一名受监督的律师做了其他工作。

为了讨论从事工作的不同方法造成的 PPEP 差异，我们需要进行下列假设：

- 合伙人和律师的小时费率分别是 400 美元/小时和 250 美元/小时
- 稳定的利润率是 38%（并不完全如此，但是这对于我们的目的而言足够了）
- 合伙人和律师的平均实现率是 1 800 小时/年

为了理解 PPEP 影响，我们推断合伙人的业务的 PPEP 会是什么样，如果其一年内所有的事务都是按照同样方式办理，也就是说，如果合伙人只办理那些类型的事务，并在他自己和他的下级律师之间以同样的方式管理这些事务。

就像表 3.5 中的模型所说明的那样，PPEP 的影响是巨大的，差异会是

PPEP 为 44.5 万美元和近乎 100 万美元 PPEP。当然，这也意味着合伙人每年必须创造的收入额也有很大的不同，即从大约 120 万美元到 250 万美元。令人感到奇怪的是，该事务的律师费实际上要少于杠杆率更高的事务（第二项），这只是因为合伙人花费时间更少，因此杠杆率更高，它为 PPEP 的贡献要好得多。

**表 3.5　　杠杆率对 PPEP 的影响**

| | 事务 1 | 事务 2 |
|---|---|---|
| 花在事务上的小时数 | | |
| 合伙人小时数 | 10 | 4.5 |
| 下级律师小时数 | 10 | 18 |
| 合伙律师费 | 4 000 | 1 800 |
| 下级律师律师费 | 2 500 | 4 500 |
| **全部律师费** | 6 500 | 6 300 |
| 费率 | | |
| 合伙人 | 400 | 400 |
| 下级律师 | 250 | 250 |
| PPEP 推断 | | |
| 平均实现率 | 325 | 280 |
| 利润率（假设稳定） | 38% | 38% |
| 使用率（假设稳定） | 1 800 | 1 800 |
| 杠杆率 | 2 | 5 |
| PPEP | $444 600 | $957 600 |
| 业务收入 | $1 170 000 | $2 520 000 |

需要指出的是，平均实现率从 325 美元/小时减少为 280 美元/小时，因为按照收费人费率收费的全部时间更少了。但是 PPEP——这是客观的——增加了。记住，我说过驱动者是相互关联的。

因此，知识战略可以帮助的第一种方式是，让这种知识进入合伙人的头脑，以便在他们思考为某个事务如何安排人员时，他们要想到 PPEP 的影响，而不仅仅是完成工作。

不要误解我，我想要为委托人做好事务。但是，一天快结束时，我们的许多合伙人还在这里工作，而这些工作本可以由其他人完成。更糟糕的是，我认识的一个合伙人为按照低杠杆率模式（这有害于 PPEP）办理庞大、复杂的事务而感到骄傲，然后就会损害我们的质量和我们的人员的几分钱、几角钱成本的开支和我斤斤计较。

现在，我知道了就事务的利润率、杠杆率的重要性、有效的委派和监督对合伙人进行教育并为其提供信息，通常并不是你们这些知识分子所感兴趣的，但是这些是知识，不是吗？在这种情况下，知识战略投入不仅与法律工作成果、数据库或者任何异想天开的事情有关，也与帮助改进运营程序有关。这样，我们所做的工作可以由更多的下级人员来做，而不用在工具上进一步投资。这种教育，以及对事务利润率的系统支持，也是应有行动计划，因为严格地讲，我们并不需要为了作为企业继续运转而做这些，但是为了安闲舒适，我们也应当这么做。这样的行动计划的成本将会获得许多倍的回报。你将是在真的帮助我，如果你是在就这种知识做什么事情的话！

现在，就杠杆率而言，知识管理能够为我们带来好处的第二种方式是，投资于使我们能够保持或者提高我们的杠杆率（由非合伙律师办理事务所占的全部小时数份额）的行动计划。

如果合伙人或者律师想要和我讨论如何使律师的法律工作更具有效率，我并不是特别感兴趣。我会有印象，但是不是特别感兴趣。然而，如果合伙人或者律师想要和我讨论我们如何投入一些资金到文件、系统、培训、程序等上面，从而让合伙人花费更少的时间为委托人提供同样质量的工作，那么我会对他刮目相看。

杠杆率模型在前面告诉我们的是，知识战略会带来大量好处，因为他能够支持或者提高我们的杠杆率模型而不会降低为委托人提供的服务的质量。需要指出的是，这完全不同于由更具有效率的非合伙人完成工作，这实际会降低事务的利润率，减少 PPEP。

显而易见，这些种类的事情需要作为“投入决定”再分析，我需要在投入后有信心：

- 我们能够用更少的合伙人时间为委托人提供同样质量（或者更好）的法律服务。
- 我们的合伙人和律师将改变他们的行为，就这些事务转向更高的杠杆率模式。

如果我们继续按照同样的杠杆率模型做工作，或者更糟，即合伙人现在因为程序如此轻松和高效而决定自己将做更多的工作，则花钱就没有什么意义了。

## 平均实现率

在这四个驱动者中，最后一个是平均实现率。

就像我们在我在前面给你的小模型中所看到的那样，知识战略如果支持提高杠杆率而不降低质量，实际上将会降低平均实现率。因此，我们需要对此有分辨能力，不要因为杠杆率提高且平均实现率下降，就认为我们失败了。

我认为，知识战略同时提高 PPEP 和平均实现率的唯一方式是，就特定类型的工作从计时收费转换为固定收费，并且我们进行了投入使固定收费工作更具有效率。在这些情况下，委托人可能实际上支出更少的服务花费（并得到了更快的服务），并且与以前相比，我们所做的工作有更高的利润。当然，很关键的是，在我们花费金钱使所有事情更具效率之前，要与委托人达成协议，改变计时收费方式，否则，有关的影响将会减少收入、杠杆率和 PPEP！

这是知识管理行动计划的另外一种“投入决策”类别，如果存在商业论证，与一个或者多个委托人签订的将工作方式转为固定收费的协议证明了这种商业论证，则我会参与。

好了，我希望所有这些会有所帮助，因为这里的人常常认为我憎恶在任何事情上花钱，我从没有支持与知识管理行动有关的任何事情。实际上，只要我们将各部分区分开，并对它们进行适当管理，我就会全力支持的。

一定要记住：

● 总是要考虑 PPEP 的影响，其他都不重要。

● 有效率地管理必备计划：如果我们能在竞争中做得更好，花钱更少，我们就能有更高的 PPEP。

● 确定并落实应有项目，这主要是行为变革，过程或者确实很小的系统的变化，这能够使律师的非收费工作更具有效率，降低辅助成本，或者提高理解和管理的质量。

● 总是要依靠能提高 PPEP（例如投资于能够提高杠杆率的过程）的“投资决定”，要对你需要从委托人、合伙人和律师那里获得的关于在引入新的系统后为了实现商业论证中的价值所作出的行为承诺“铁面无私”。

看看在预算的时候，你能就所有的 CD 和互联网网站的成本做什么，OK?

## 总结

那么，我们从我们的财务主管那里学到了什么？

● PPEP 是律师事务所使用的测量利润的方法，你必须总是能够将知识战略行动计划与它对 PPEP 的影响联系在一起。总是要这样。

● PPEP 是将四个变量乘在一起计算出来的，这四个变量是：平均实现率、利润率、使用率和杠杆率。你必须隐然地知道你的律师事务所层面、每个办事处、每个业务团队的这些变量。

● 律师事务所知识战略中存在“必备”项目，这些是竞争所必需的项目。必备项目的目标是确保你高效地资助和提供进行服务所必需的核心性法律知识（无论是内部的还是外部的）。

● 律师事务所知识战略中存在“应有”项目，据此你应当利用机会使律师办理的非收费工作更具成效，并减少你的律师所要求的辅助资源的数量（即降低辅助率）。

● 律师事务所知识战略中要有改变法律服务方式的“投资决定”。在这里，在进行了商业论证的情况下，你应当利用机会，通过创制工具和方法提高或者维持使用率，或者就特定类型的事务转向固定收费，从而抓取投资方法和工具所带来的劳动生产率收益。

现在，我们转向管理合伙人。管理合伙人不到 50 岁，是一名最受人尊敬的公司律师，一个出色的团队领导人和教练，在整个律师事务所非常非常受人尊敬。

## 管理合伙人

感谢来串串门，请进，我知道你已经与财务主管谈过了——他当然知道律师事务所的利润是如何计算的！他是不是把那个又大又旧的计算器拿出来了？它肯定用了二十多年了！

作为管理合伙人，要领导律师事务所，与严格的财务分析所表明的相比，我的日程上的问题更为微妙，特别是在对律师事务所的律师和律师事务所的在赢得和留住委托人的竞争地位的影响方面。

我给你讲一个故事。

若干年前，某制造工厂的总经理面临着提高利润率的压力。他发现，如果工人轮班工作时间更长，如果他投资提高工厂的产能，则他会获得更多的利润。他将在同样的时间内制造更多的产品，销售出去后赚更多的钱。他进行了财务建模，所有的试算表在数学上是无可争辩的。

这样，资金投进去了，额外的产能也上线了。工人被告知他们要工作更长的时间，以实现工厂新的利润目标。

制造工厂需要相对具有技能的工人，事情变得难以为继了，因为工作时间更长了，总经理的人员——其最优秀的人——一直在流失到竞争者那里。顾客也不高兴，因为质量和周转时间在下滑。留下来的工人必须更加辛苦地工作，以补足差额，他们并不感到幸福，这影响了他们与顾客的关系和产品质量。

现在，产能无疑提高了，工厂现在的产量是其以前年产量的两倍。现在，密纹黑胶唱片的产量是以前产量的两倍，两倍！

总经理认为密纹黑胶唱片将会永生，没有看到光盘时代正在到来。

不用说，总经理、他的工厂或者公司的事情并不顺利。市场已经发生了变化，不再需要塑胶唱片。

这个故事的寓意是，测量输出的会计计算方法，就委托人、竞争者、技术和商业环境做了很多假设，而这些并不总是真实的。

在我们的故事中，总经理的算法是正确的。如果下列情况都能得到确保，他的战略将会产生更多的利润：

- 他能够留住他的人。
- 他能够在提高产能的同时保持质量。
- 对他的产品继续存在需求。
- 他能够就扩大的产能找到买家。

就 PPEP 分析而言，其数学上的正确性是无可辩驳的，但是它所关注的是产出，并作了几个重要的假设。仅仅依靠增加一个或者几个驱动因素提高 PPEP，是在假设：

- 高质量的律师将继续被吸引到律师事务所，无论驱动者发生的变化如何。
- 你现有的律师将会留下。
- 法律服务质量和专门知识将得以保持。
- 文化和委托人服务不会受到不利影响。
- 下一年工作流将继续，可为形成的任何额外的使用率所用。
- 现行的委托人将留下来，新的委托人将被抓取。
- 我们的服务和专门知识继续具有相关性：就此没有什么我们需要回应的大的变化。

事实上，就四个驱动者中的每一个所做的决策，都影响到了律师事务所的两个关键利益相关者：律师事务所的律师和律师事务所的委托人。

我们只有吸引并发展了提供委托人需要的出色服务的律师，才能是一个成功的、有利润的律师事务所。需要指出的是，我把我们的人放在第一位。职业服务公司的思维发生了一个转变，人们开始认识到，只有有积极性的、快乐的、受到挑战的职业人员，才能为委托人提供不同凡响的服务。消极的职业人员并不会为委托人提供不同凡响的服务，我们在这里是在与人——聪明的人——打交道。聪明的人需要挑战和支持。

作为律师事务所：

● 我们需要确保我们继续是一个伟大的律师想要工作的所在。

● 我们需要是这样一个律师事务所，即它在技术卓越、商业性和委托人服务方面有突出的声望，以便我们能够为我们的律师找到最优秀的工作。

● 我们需要是这样一个律师事务所，即它一直处于法律新发展的领导地位，一直在创新以帮助我们的委托人取得成功。

只有我们作为团队的一部分彼此支持，是 David Maister 所描述的“一体化的律师事务所”的情况下，我们才将做这些事情，并继续保持成功。

如果我们并不像职业人员那样照顾我们的人和我们的委托人，世界上的任何数学和分析都不会对我们有所帮助。

至于是什么带来了律师事务所的财务成功，你已经知道有可能以不同的方式成为一个成功的律师事务所。你可以成功地收取更高的小时费率，并有着很低的杠杆率；或者你的收费小时费率可以很低，但是杠杆率很高，从而具有同样的利润率。

Maister 曾在一个统计学研究中说明③，在对全世界的职业服务公司的调查中，有九个关键因素能够解释利润上的各种变化的 50%以上。无论国别、业务规模、杠杆率模式和业务范围，这九个因素一起解释了半数以上的利润变化。这几个因素在该研究中被表达为陈述，这就是：

1. 在我们的事务所中，委托人满意度处于首要地位。

2. 我们不能容忍那些将其个人日程安排置于委托人或者办事处利益之上的人。

3. 那些为办事处的全面成功贡献最多的人，是获得最高褒奖的人。

4. 管理使办事处的每个人人尽其才。

5. 在这里，你需要——而不仅仅是被鼓励——学习并培养新的技能。

6. 我们在一些事情上投入了大量时间，这将在未来有所回报。

7. 我们办事处的人对待他人总是彬彬有礼。

8. 对委托人项目的监督具有统一的高质量。

9. 我们办事处的职业人员的质量高如预期。④

这些关键因素是一揽子的——从统计学上看，在高绩效律师事务所中所有这些都存在。你可能已经注意到，在其中几个因素中，知识显然扮演着角色！

所有这些意味着要有平衡、妥协和投入使我们继续成功，保持我们的绩效水平。我们需要投入赢得最好的工作，与其他律师事务所在专门知识、质量、服务、技术和知识方面展开竞争。我们也需要为赢得最好的律师、构建最好的律师想要工作并帮助委托人的环境而进行投入。

我并不是不同意财务主管的数学分析，我甚至赞同其对必备、应有和投入决

③ David Maister, *Practice What You Preach* (Boston: Free Press, 2001).

④ Maister, *Practice What You Preach*, 64.

定的分析，这是理解知识管理投入的便利方式。当然，在考虑投资决定这一类别时，管理委员会和我考虑的要比财务主管长远，要考虑对我们的人员、我们的专门知识和我们的委托人，以及当期的 PPEP 的影响。

我对你的期待是，无论什么类别，无论是必备项目、应有项目还是投资决定——任何知识行动计划的关注点必须与我们的文化相一致，并关注：

- 为我们的律师提高专门知识、质量和工作的力度
- 使我们的律师事务所从竞争中脱颖而出，能提供具有竞争力的服务
- 赢得我们想要做的有利可图的工作
- 实现我们对委托人的品牌承诺

如果我们不做这些事情，我们就像生产塑胶唱片的工厂一样，将失去优秀的人员，建设高昂的、过剩的产能，并严重地损害我们的财务绩效。

好运。

# 4

# 律师作为知识工作者：律师做什么

粗陋无用、纷乱如麻的知识，
却是智慧的基础。
在被打磨平滑方正、适得其所之前，
的确妨害了其所要充实的人。
知识以自己所知甚多而骄傲；
智慧以自己所知有限而谦逊。

——William Cowper

在审视了知识管理的历史，以及律师事务所的商业模式后，我们现在知道：

● 知识管理并不等于信息技术，或者信息技术解决方案。

● 知识管理是一群人维护和改进其个人和集体可用知识进行竞争、提高绩效和创新并降低风险的行为和过程。

● 为了有知识管理而进行知识管理是毫无意义的，必须有组织性的绩效回报来支持有关活动和投入。

● 律师事务所利润的主要测量方法是每个股权合伙人的利润，或者 PPEP。PPEP 就是将四个驱动者——平均实现率、利润率、使用率和杠杆率——乘在一起的结果。

● 律师事务所知识管理行动计划可以从三个类别加以考虑：“必备”项目、“应有”项目和“投入决定”。

● 在考虑知识管理投入决策时，可以进行投入以维持质量，吸引或者留住律师，以及/或吸引或者留住委托人。

那么，对律师而言，可用知识是什么？律师作为知识工作者，要做什么工作？

我们需要了解律师获得知识、与知识互动和创造新的知识和工作输出的方式，以识别他们的知识需求和使用，并识别其工作程序中通过知识管理行动计划能够提高绩效的潜能点。

在本章，我们将回答下列问题：

● 一个人如何处理复杂的知识任务？

● 组织性的学习与知识管理是如何联系在一起的？

● 律师使用什么类型的知识？

● 法律服务中的知识生态是什么样的？

● 什么样的知识来源有助于律师的“脑内”知识？

● 律师如何将其“脑内”资源或者隐性知识贡献为组织性资源？

## 人是如何处理复杂的知识工作的？

为了讨论人是如何处理复杂的知识工作的，我们首先审视一个案例研究，即四种不同的人是如何处理复杂的法律问题的。在这一研究中，有四种参与者。我一一介绍他们。

首先，我们有 Jane，42 岁的并购律师，她是纽约的一家大型律师事务所的重要非诉讼律师，在职业内受到高度尊敬。

其次，我们有 Patrick，这是一名受到高度尊重的 42 岁的宪法律师，他在华盛顿一家专业律师事务所工作。

再次，我们有 Henry，一名充满理想但是很勤奋的 22 岁的法学院一年级学生。

最后，我要介绍的是我的小女儿，Elizabeth，6 岁。

我们给所有这些人提出了一个复杂的宪法问题，该问题写在一张纸上。每个人都单独坐在哈佛大学法学院的图书馆中，可以充分利用其所有资源，并有 60 分钟时间回答问题。我们看看他们是如何进行的，我们从年岁最小的开始。

### Elizabeth：小学生

Elizabeth 双手拿着这张纸，骄傲地认出了段落中的某些字词。然而，大多数词汇超出了其词汇范围。过了一会儿，她在这页纸的前后创作了一幅美妙的画作。她对她的画作感到兴高采烈，在用完了画画的纸后，她完成了任务。

### Henry：法学院学生

Henry 的学习还没有涉及宪法，但是他在迄今为止的学习中已经学会了法律研究的基本内容。

令人难过的是，Henry 在知识和学习方法上患上了电子近视。电子近视是一种学习障碍，折磨着许多 20 世纪晚期和 21 世纪早期的许多学生，如果什么东西不在互联网上或者电子数据库（例如 Westlaw 或者 Lexis）中，它将被推定为不存在。

这样，Henry 的研究限于巧妙地在 Westlaw 上进行检索，他设法找到了某些似乎讨论他认为问答题中提出的问题的判例，但是不能在 60 分钟中整理出一个逻辑缜密的答案。然而，他确实堆积了一英寸厚的网页打印输出。

### Patrick：宪法专家

Patrick，我们的专家，阅读了问答题，并开始在脑子中形成问题。

他认为问答题在许多领域提出了问题，他记得几个重要判例已经解决了这些问题，他在一定程度上记得判例名称。他并不确定整个问题的最终结论，或者这些判例此后是否又得到了审理，但是他有线索可循。此外，Patrick 有将其所识别的问题加以表达的能力：与 Jones 修正案有关的反托拉斯问题。他检索了图书馆电子目录，以确定图书馆宪法资源的位置，然后找到了书架上的主要的宪法教科书和活页书。他在执业活动中，充分了解这些资源。

Patrick 查阅了出版物的日期，以确定教科书和活页书中的信息是否是最新的。然后他使用 Westlaw 查找并更新案例，他已经从教科书中讨论 Jones 修正案的章节中找到了案例的名称。

筋疲力尽，但是很高兴的是完成了任务。他就有关问题写下了一个简短的说明。

## Jane：并购合伙人

Jane，我们在大型律师事务所的并购专家，勉强记得在法学院学过宪法，尽管她代理某些世界上最大的公司办理了其最复杂的并购案件。然而，她确实回忆起在法学院时学的宪法，这足以使其识别问答题所提出的某些问题。她认识到 Jones 修正案将是一个问题。

Jane 确实有三方面的知识，这些决定了她能否有效地解决问题：

1. 她知道如何使用其移动电话。
2. 她知道 Aaron——其华盛顿办事处的一个合伙人——是一位宪法奇才。
3. 她有其办事处电话号码，她可以据此找到 Aaron。

Jane 打了电话，电话很快就转到了 Aaron 在华盛顿的办事处。Aaron 不在，但是其助手查阅了律师事务所的专门知识数据库，看看其他人是否有宪法方面的专长。Jane 的电话被转给了 Glenda，她也在华盛顿办事处。

Jane 和 Glenda 就问题讨论了 5 分钟。Glenda 能够根据自己的知识回答几个问题，但是需要查看一个案例，以及她和 Aaron 上个月就此写的一个意见，才能提供答案。15 分钟后，Glenda 回电 Jane，在查阅意见后提供了完整的回答。Jane 感谢了她的帮助，并请她确保写一个案卷说明，供 Aaron 审阅，并记住将案卷说明标记为已完成，以便将其加入律师事务所的摘要中。

## 案例研究总结

案例研究提供了用以探讨人类处理知识工作的方法，以及有效的知识工作的必然要求的有益背景。

所有四个人都已近用世界上重要法律图书馆之一的所有资源。所有四个人都已近用每个想象出来的电子法律资源。所有四个人都使用了互联网。换言之，我们的四个参与者都查阅了大量的受管理知识。

所有四个人都已近用他们的大脑，这是一个关键和基本的资源，但是在知识管理讨论中常常被忽视。

### Elizabeth 的反应

我们首先审视 Elizabeth 的回应。没有法律训练，也没有上过高中甚至小学，Elizabeth 既不能阅读也不能理解所提出的问题。她的脑子里并没有理解和掌握宪法领域的解释性推理技能和知识，也不能期待她掌握这些知识和技能。重要的是，由于没有该隐性知识，Elizabeth 并不能对问答题加以考虑。这种类型的隐性知识是隐性的技术性知识。

由于缺乏关于英语的隐性技术性知识，法律推理、法律研究和法律术语使 Elizabeth 不能识别问答题中的问题。即使她能够阅读这张纸，并理解问题，大量书籍和伺服电脑屏幕上的大量知识，也将是不可近用的，因为她既不知道它们是什么，也不知道如何使用它们。她并没有关于这种丰富的外部知识的隐性知识。这第二种类型的隐性知识是关于知识的知识，被叫做关于来源的隐性知识。

## Henry 的反应

第二个人是 Henry。Henry 的大脑确实有某些关于法律的隐性知识，他从迄今为止的学习中获得了某种程度的关于法律的隐性技术性知识，但是他关于宪法的隐性技术性知识很少。

与 Elizabeth 不同的是，Henry 确实知道法律图书馆是干什么的。他知道与他的脑子中的宪法知识相比，那里有着更多的关于宪法的有组织的知识。他还知道他可以在图书馆找到这一更广博的知识。因此，Henry 有某些关于法律资源的隐性知识。

不幸的是，Henry 关于法律资源的隐性知识是相当有限的：他不正确地认为，已经出版的所有法律知识都可以很方便地从计算机屏幕上的 Westlaw 网站那里获得。

因此，Henry 就问答题有一定程度的隐性技术性知识，以及一定程度的关于来源的隐性知识。根据这些资源，Henry 找到了宪法中他认为包含有相关字词的条文，并（通过文本检索）找到了提到这些条文的最近的典据和先例。他找到了大量初步性材料，即过去 50 年中判定的 400 起案件，并将其打印出来进行阅读。

## Patrick 的反应

我们的案例研究的第三个参与者是 Patrick，即宪法专家。在 Patrick 的脑海里，是关于宪法的高度发达的隐性技术性知识，以及关于重要宪法资料的存在、内容和查阅方法的高度发达的隐性知识。

运用其隐性技术性知识，Patrick 仅仅通过使用其大脑就能够识别问答题中的问题。

通过运用其关于来源的隐性知识，他知道了他用于解决问题所需要的资源，他知道通过使用图书馆的目录就能够找到图书馆的这些资源。他的关于来源的隐性知识也包括如何更新他将要使用的教科书和活页书的材料。

Patrick 通过运用其隐性技术性知识和关于来源的隐性知识，正确分析了问答题。

## Jane 的反应

我们最后一个参与者是 Jane，她也正确地分析了问题。然而，她的方法有点不同于他人。

与 Patrick 相比，Jane 关于宪法的隐性技术性知识要少得多，但是，她有充分的隐性技术性知识识别出这是一个涉及宪法问题的问答题。在回答该问答题时，Jane 利用了关于谁可以帮助她的知识。她知道 Aaron 将能够帮到她。像 Patrick 的关于如何查找和使用正确的教科书的知识一样，Jane 的头脑中关于 Aaron

之存储的知识，是关于其他知识（在本案中是 Aaron）的线索，而不是关于宪法的知识的线索。换言之，像 Patrick 一样，Jane 是在利用隐性知识，只是她的隐性知识是关于人的知识，而不是关于已经出版的信息来源的知识。我们每个案例参与者头脑内的知识的类型和质量，可见于表 4.1 的总结。

在正确分析法律问题的能力上，造成 Patrick 和 Jane 有所区别的是他们脑子中的东西，而不是他们能够得到的外部资源。

这一案例研究中的所有参与者都近用了同样的外部法律知识，即同样的“受管理的”知识。所有的参与者都近用了同样的数字化和有形知识管理资源，然而每种情况下知识工作输出是完全不同的。

像我们的案例研究的参与者的头脑中有不同质量和类型的知识一样，律师事务所中的律师也是如此。为提高这些律师的绩效，维持他们的服务质量和最新性，需要就下列情况采取行动：

● 识别律师需要学习和知道的重要的隐性知识，不断提高每个律师的隐性技术性知识水平

● 识别律师需要学习和知道的关于来源和人员的重要隐性知识，不断提高每个律师关于知识的隐性知识水平，以及

● 在遵守成本/效益分析的情况下，确保能够获得最佳外部和内部知识来源

**表 4.1**　　参与者的知识分析

| | 关于宪法的隐性技术性知识 | 关于发表的信息的隐性知识 | 关于有知识的人的隐性知识 |
|---|---|---|---|
| Elizabeth，6 岁 | 无 | 无 | 无 |
| Henry，学生 | 有限 | 有限 | 无 |
| Patrick，宪法律师 | 高 | 高 | 不需要 |
| Jane，并购律师 | 有限 | 有限 | 高 |

## 组织性学习与知识管理是如何联系在一起的?

上述所列三个行动中的前两个，听起来很像是 Senge 的组织性学习：

组织性学习是通过获得新的知识、技能或者行为使组织适应变革并向前发展，因而转变自身的过程。在成功的学习型组织中：

● 知识是共享的

● 公司文化支持学习

● 雇员被鼓励批判性思考，敢于冒险获得新的思想；以及

● 所有的人都因其对组织的贡献而受到重视。①

在 2001 年为美国经济咨商局进行的名为“超越知识管理：工作和学习的新路径”② 的研究中，Brian Hackett 探讨了组织性学习与知识管理之间的类似性。

---

① Senge，*The Fifth Discipline*.

② Brian Hackett，*Beyond Knowledge Management*：*New Ways to Work and Learn*（New York：Conference Board，2000），18；Research Report 1262－00－RR. Available：http://www.sveiby.com/articles/confboard.pdf.

Hackett 用一个很有用的图表——见表 4.2——就二者进行了对比，这表明这两个概念存在高度重合。

他引用 Hubert Saint-Onge——Clarica 人寿保险公司战略能力高级副总裁——的话说：

学习与知识管理之间的关联通常并没有得到很好的理解，这是因为从组织结构的角度看，这两个领域被分隔开了。然而，包括学习模块和其他知识来源（包括知识数据库、文件和方针）的综合性知识战略，能够最好地服务于学习……对比知识管理和组织性学习未必有益。事实上，知识驱动的组织和学习型组织最终将看起来很相像。事后回顾是一种学习方法还是一种知识管理方法？知识管理是在线进行的，学习是面对面进行的，这是标准吗？③

在许多律师事务所也是一样，从组织结构角度看，通常情况下学习（或者培训）和知识管理功能是分立的。在某些律师事务所，甚至有进一步的划分，就下列事项有着分立的结构和战略：

- 法律培训（继续法律教育、继续职业教育）
- 非法律培训（即软技能培训）
- 技术培训
- 法律研究培训
- 财务系统培训
- 知识管理

**表 4.2　　传统知识管理和组织性学习的特点**

| | 知识管理 | 组织性学习 |
|---|---|---|
| 目的和益处 | 创造知识和重复使用<br>提高：<br>劳动生产率<br>创新<br>委托人关系<br>速度 | 管理复杂性和变革<br>提高：<br>稳健的决策<br>处理复杂性<br>适应能力<br>在团队、组织和系统中嵌入学习 |
| 工具 | 群组软件/关系<br>最佳做法数据库<br>个人知识（隐性知识）共享 | 系统思维<br>心智模型<br>激励 |
| 过程 | 创建、澄清战略<br>就关键知识进行诊断<br>知识罅隙分析<br>创建、存储知识并建立其关系 | 将反思与行动联系在一起<br>检验假设<br>诊断、调查<br>重新概括问题、冲突<br>因果循环分析 |
| 典型的应用 | 有线<br>在线 | 面对面对话（AAR） |

来源：Hackett，*Beyond Knowledge Management*，18.

---

③ Hackett，*Beyond Knowledge Management*，16.

Hackett接着引用Dan Moorhead——英国电信公司组织性学习主任——的话说："将这些概念和活动区别开来，可能会导致一些知识管理执业者和许多知识管理倡导者试图克服的组织性碎片化。在复杂的、充满争议和冲突的商业问题领域中将其一起对待，将要求远比当前发展现状要先进的知识管理工具包和概念。"④

我认为在律师事务所中，至少可以通过抛弃"知识管理战略"这一表述方法，代之以律师事务所的知识战略，而将这些领域整合在一起。

知识管理这一说法的困难在于，它的先决条件是知识是存在的，以及目标是对这种知识进行管理，而不是创造、传递和使用知识工作者脑海中的那种知识。进行管理，意味着进行组织和控制。因此，知识管理这种说法恰恰疏远了培训、学习和发展共同体，而让技术、信息和记录管理共同体欢欣鼓舞。这自然会导致知识管理偏向于信息技术和系统。

然而，最重要的是，律师进行法律工作，是在用他们的大脑，而不是在用系统。律师的质量，她可以要求的价格，其委托人的满意度，都与她脑海中的知识、技能和动机更有关系，而不是与外部获得的或者组织公布的她可以利用的信息资源和工具更有关系。就像Prusak所说的那样："随着可近用的信息急剧扩大，人们越来越能够近用他们可能在任何时间和任何地方需要的几乎所有信息(同时令人惊讶的是，这成本很低甚至没有成本)，硅片仍然不能取代的认知技能的价值变得更重要了。因此，诸如判断、设计、领导力、更好的决策、说服力、才智、创新、美学和幽默等知识构件，较之以往更具有价值。"⑤ 我们必须记住，律师在使用他们的隐性技术知识、关于知识的隐性知识，以及使用他们能够获得的外部资源从事法律工作。

对于知识管理而言，如果关注的仅仅是创造外部资源并将其提供给大脑资源，以让这些资源具有可得性，则是不得要领的。法律知识只有在它被使用的情况下才是有效的，也就是说，它要被律师用于从事法律工作。如果律师可以得到大量的受管理知识数据库，但是他们起初并没有识别法律问题的隐性技术性知识，或者关于来源的隐性知识（即知道到哪里去寻找可得的材料以及如何使用这些材料)，则这几乎没有任何意义。

对于律师事务所而言，知识战略的目标是，在为委托人办理具有利润的法律工作时，拥有并支持高质量的律师（及其头脑)。

## 律师在使用什么类型的知识?

我们现在离开探讨隐性技术性知识和关于来源和人员的隐性知识的简单案例研究，现在可以探讨律师工作所处的更为复杂的信息和知识环境。

然而，原理仍然是一样的。律师有某项知识工作要做。在做该知识工作时，律师使用了他的大脑，使用了外在于他大脑的资源和工具，形成了知识产出，在通常情况下这采用了文件形式。换言之：

---

④ Hackett，*Beyond Knowledge Management*，17.

⑤ Laurence Prusak，"Where Did Knowledge Management Come From?" IBM Systems J 我们的 nal 40.4 (2001)，1002. Available：http://www.research.ibm.com/j 我们的 nal/sj/ 404/prusak.html (accessed December 18，2002).

大脑＋脑外资源＋思考/合作＝文件

外在于大脑的典型资源的形式有：

- 物理信息来源（不论是电子的还是打印稿）
- 有形或者电子工具（笔、纸、软件）
- “湿件”资源（人员）

将脑内和脑外资源的成分进行分解后，可以获得下列分类（表 4.3 中对此有总结）：

脑内资源有：

- 隐性技术性知识
- 关于来源的隐性知识
- 关于人的隐性知识
- 动机
- 技能
- 价值观/信念

脑外资源有：

- 个人形成的信息和工具
- 外部形成的信息和工具
- 组织形成的信息和工具
- 工作生产工具和环境
- 内部和外部人员（讨论和协作）

我们依次看一下这些资源。

**表 4.3　　提供法律建议时使用的资源**

| 脑内 | 脑外资源 | 思维/协作 |
|---|---|---|
| 隐性技术性知识<br>关于来源的隐性知识<br>关于人员的隐性知识<br>动机<br>技能<br>价值观/信仰 | 个人形成的信息和工具<br>外部形成的信息和工具<br>组织形成的信息和工具<br>工作生产工具和环境<br>内部和外部人员（讨论） | 思维/工作时间/协作 |

## 脑内资源

### 隐性技术性知识

在上述案例研究中，我们介绍了隐性技术性知识和关于来源和人员的隐性知识。

隐性技术性知识是与律师的领域有关的法律和商业知识。它是可以从意识和潜意识中唤起的知识。这种知识形成了心智模式，使律师能够从事实性情况中看到各种含义，并将原理推理适用于新的情况。隐性技术性知识可以有各种来源，包括书本、期刊、个人经验、研究和与他人的讨论。

## 关于来源的隐性知识

关于来源的隐性知识，是关于外部、显性知识来源的知识，即在哪里可以找到它，以及如何使用它。这是关于法律和商业信息来源、公布的判例、教科书、杂志、数据库等的知识。

换言之，它是关于知识的知识。法律知识并没有存储在脑海里；脑海里所存储的是关于外部来源的线索，对这种来源的了解，以及如何使用它。

例如，立法的完整条文很少是依靠记忆，但是律师将知道存在涵盖有关情况的制定法，将知道如何近用该制定法（通过物理、电子或者其他手段）。线索质量会差别很大，律师可能会知道有关材料的存在，但是不知道如何有效率地近用它。律师可能知道线索中的“存在”部分，但是线索中的“诀窍”部分可能被漏掉了。除非有“诀窍”部分，否则律师在获得作为线索主题的法律知识方面，将严重降低效率。

关于来源的隐性知识会有各种来源，尽管在通常情况下，这是在律师的职业生涯早期获得的，并随着新的来源的公布、出版商使用了新的软件或者实体界面而更新。在信息过载日甚的时代，关于来源的隐性知识是律师的一个关键技能，使律师能够高效地定位并使用有质量的、相关的材料，而不是在搜索引擎上进行大量“点击”，这产生不了什么可用知识。

## 关于人的隐性知识

关于人的隐性知识是一种关于人及其技能的知识，无论该人是在律师事务所之内还是之外。关于人的个人经验，与专门知识数据库中的条目不同的是，含有关于这些人的更广、更深的知识。例如，关于某人的个人知识将包括他们的书面和口头技能、个性、工作风格、优点与不足，从而可以就人员进行更好的选择，以获得帮助。此外，在组建团队时，关于人的个人知识使你有机会虑及团队成员在一起工作的方式而建设一个团队，并就每个人的技能进行互补。

关于人的隐性知识通常是直接靠经验获得的，或者通过其判断值得信任的他人的推荐而参考性地获得的。这样的推荐通常是一种合作性的交换，口头进行，通过电子邮件或者某些其他交流工具。关于人的隐性知识常常绕开了正式的组织等级，是这样一种知识，即事情实际上是如何做的，谁实际上有经验，而不是应当怎么做事情。

当然，关于人的隐性知识是高度主观的，通常是人际互动中的个人感受或者观察到的行为的结果。隐性知识的这个因素随着经验的增长而越来越广博和深刻，也许大多数隐性知识是在律师职业生涯中发展起来的。

## 动机、技能、信仰和价值观

知识本身并不足以产生结果。律师可能有着出色的书本知识，然而在实践中却是个拙劣的践行者。她可能有着出色的隐性技术性知识，出色的关于来源的隐性知识，出色的关于人的隐性知识，但却是一位拙劣的践行者。

律师要成为有效的职业人员，其头脑中必须有其他事情。这些主要的因素是动机、技能、信念和价值观。有效的知识战略必须密切关注律师事务所律师这种隐性知识的当前存量，包括与动机和价值观有关的具体行动。

## 脑外资源

有四类脑外资源。三类与发表的信息资源有关，一类与人有关。

### 非人员性资源

我们首先讨论三类非人力资源。律师已经近用了下列三类发表的信息资源：

1. 律师创造的资源
2. 律师事务所创造的资源
3. 律师事务所获得的第三方创造的资源

就这三类的每一类而言，都又存在三个亚类别：

- 主要来源
- 次要来源
- 工具

主要来源是原始来源资料，包括立法、规章、判决文本、律师事务所制作的意见和建议文本。次要来源是解释、澄清、释义、定义或者帮助找到和理解主要来源材料的信息。对于有效的法律执业活动而言，有效地使用次要来源至关重要。

在进行研究时，一个“说到点子上的”次要来源要比仅仅有主要来源要重要得多，因为次要来源提供了对问题的综述，以及对相关立法、判例、市场做法和期刊文章的分析和识别。研究者在研究未知问题时对有质量的次要材料的青睐，应当对律师事务所如何处理先前工作成果资源库有所启发。对此随后再讨论。

这一对次要资源材料的青睐甚至开始反映在了律师事务所以信息技术为基础的知识行动中。例如，英国律师事务所 Lovells 为其诉讼律师引入的新的知识管理工具叫做 Civil Procedure Rule（CPR），这是一个次要——而不是主要——的资源。这不是要创建一个文件数据库，而是收集主要材料，例如意见函、法院文件等。Lovells 围绕操作说明提供了知识注释，这又链接到其他材料。换言之，CPR 是编辑好的、制作好的次要材料，而不仅仅是主要文件的知识堆积：

> 诉讼部门现行的关于业务说明的汇集，每一个都对应的是诉讼程序中的一个关键步骤，构成了该系统的基础，必须由该领域的专家定期进行更新。
>
> 业务说明包括与各种信息来源的链接，显示为“知识轮”。这些包括相关的民事程序规则和业务指示的最新文本；完整的相关业务说明；Lovells 的相关表格、激光打印表格或者电子的法院表格清单；一个评论和公告板，收费人可以张贴询问或者评论。
>
> 应用也提供了对相关信息的访问，例如建议函、研究笔记、进一步的注释、先例和联系人数据库，这些存储在全面近用主数据库中。⑥

工具是一种工作成果，它将相关的次要和主要材料嵌入了资源以用于具体情况。关于某个交易文件的先例或者表格，就是一种工具。工具是各种物件，创建

---

⑥ Kieran Flatt, “Lovells’ Total Access gains more support”, *Legal IT*, Jan. 31, 2002, http://www.legalit.net/ViewItem.asp?id=7468 (accessed December 18, 2002).

它是为了能够更高效地提供某项法律服务，这可以通用于几个委托人的事务。

表 4.4 提供了律师在提供法律服务过程中查阅的这三类非人力资源的主要、次要和工具资源的例子。就像我们从这个表中所能看到的那样，对于律师而言，这里的价值是递进性的，工具最有价值，而主要资源的价值则比较低。这并不是说主要资源不重要，它们必须要有，但是在开展高效的知识工作方面，它们的价值要低于工具和次要资源的价值。

为了将思想活动转化为收费服务，律师事务所需要有各种非知识工具，包括文件制作工具和律师可用的其他辅助工具。律师在为委托人准备建议和提供服务时，要与这种基础设施互动。这种基础设施越是富有成效、有求必应，给委托人提供的服务就越好，律师在律师事务所的执业活动就越令人愉快。

律师事务所通常要向律师提供工作生产工具和环境，这将包括以下内容：

- 有充分的空间来安排用于研究和撰写法律建议的书籍和其他资源的工作地点
- 有充足速度、能力和可靠性的计算机，来运行通用应用软件，以处理电子邮件协同、文件近用和制作
- 交流支持，包括相当先进的电话（以及越来越多的视频会议设施），使律师能够很方便地举行电话会议，与委托人、其他律师和其他第三方协同
- 就大宗文件编辑和制作，获得秘书和文字处理辅助支持
- 口述录音机或者数字口述资源，能够更高效地起草建议和通信
- 就律师事务所制作的典型文件，有详细的样式手册

**表 4.4**　　律师关键脑外资源分析

| | 主要资料 | 次要资料 | 工具 |
|---|---|---|---|
| 对律师的价值 | ☆ | ☆☆ | ☆☆☆ |
| 个人创建/购买的资源 | 意见函<br>协议<br>合同数据库 | 文章<br>教科书<br>活页服务 | 模版<br>文件 |
| 组织创建的资源 | 意见函数据库<br>协议数据库<br>收费记录<br>图书馆数据库<br>律师事务所人力数据库<br>合同数据库 | 培训材料<br>文章<br>案例说明<br>专门知识数据库<br>方针<br>内联网<br>教科书<br>活页服务 | 先例和条款<br>表格<br>研究工具 |
| 第三方组织创建的资源 | 立法<br>判例<br>规章 | 数据库 | 表格和先例百科全书<br>文件汇编 |

## 人力资源：内部和外部人员

律师可资利用的最后一类非脑力资源，是其他人员——湿件。

与律师事务所内外的其他人员互动的性质，在律师的职业生涯中是处于变动中的。在律师职业生涯的早期，磋商通常是与组织内的更高层进行的——从他人那里寻求帮助、历史，专门知识和建议，在律师知道或者不熟悉的领域获得帮助。随着律师在律师事务所获得了经验，讨论中的能力不平衡开始变化。渐渐地，律师将求教于同行，或者律师事务所内有着类似资历的人。最后，律师将开始求教于同行和下级资源以获得帮助和技术性磋商与协作。

律师在律师事务所内建构这些人际关系的能力，与律师在为其委托人提供法律服务时成功适当利用他人的专门知识的能力，有着很密切的关系。

尽管作为一个分类模式分析起来很有帮助，但上述分析顶多是窥一斑而已，它并不能代表或者解释律师事务所内的知识工作和互动的动态系统。在律师事务所内，知识是被不断创造、查阅、传播、使用、丢失和忘记的。为了了解律师事务所内的知识生态，我们将通过回答下列问题来讨论知识的使用和创造：

- 在提供法律建议时，涉及什么样的知识生态？
- 有助于律师的脑内知识的知识来源有什么？
- 律师如何将其脑内或者隐性知识贡献为组织性资源？

## 在提供法律建议时，涉及什么样的知识生态？

图 4.1 代表的是提供法律建议时的流程和知识来源。它勾画的有指示，律师的脑内资源，律师可得的外部资源，以及向委托人提供输出的建议。

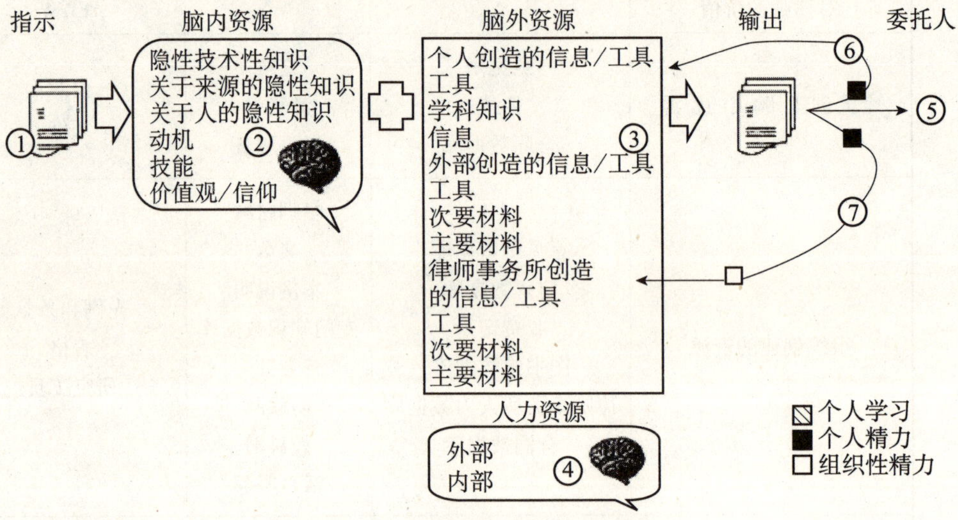


图 4.1 提供法律建议的知识生态

俯视该图，律师接受了指示，律师在运用脑内和脑外资源，律师创造了输出（建议）。

在图中，黑色方块代表的是律师的选择，即将个人精力投入程序中。白色方块代表的是律师事务所的投入，即将组织的精力和投资投入程序中。回想一下，知识管理是一群人维护和改进其个人和集体可用知识进行竞争、提高绩效和降低风险的行为和过程。在这一背景下，黑色方块代表的是增加个人和组织的可用知识所需要的个人努力，白色方块代表的是增加组织性可用知识所需要的组织性精力和投入。

我们更深入地看一下知识生态中每一个标有编号的阶段。

1. 指示

委托人指示律师。收到的指示要么是书面的，要么——更可能——是口头的。

2. 律师的头脑

律师所近用的主要资源是他的头脑。在他头脑内，能够从意识和潜意识中回想起来的，是各种知识财富，还有动机、技能、信仰和价值观。

3. 脑外资源

律师还近用了一系列的脑外材料，包括这样的材料：

- 他自己收集的材料（个人显性材料）
- 律师事务所购买的由第三方创造的材料（外部产生的显性材料）
- 他的律师事务所创造的材料（组织产生的显性材料）

4. 人力资源

律师也可以近用人力资源——律师事务所内外的人员。

5. 法律成果输出

利用其知识和大脑之外可得的知识，律师（投入时间和精力）形成了知识输出，这采用了为委托人提供的建议文件的形式。该文件通过邮递、专递、传真或者电子邮件传输给委托人。

6. 个人学习循环

通过付出个人精力，律师可以选择以某种方式处理意见函，从而有利于自己的职业发展。取决于内容的性质和重要性，他可能将其提交入库（这样它仍然是主要来源），更新他所维护的法律领域的摘要，以记录其新的学习（将其纳入次要来源），或者将文件一般化，创造工具（或者模板）供自己在未来类似的情况下使用。这种学习循环完全取决于律师个人的努力（行为）。

通过付出个人精力，律师可能选择将文件提交给组织进行评议，将其作为一部知识加以处理。

7. 组织性的学习循环

通过组织性的努力和投入，律师事务所能够用各种方式处理新创造的知识工作输出。像律师为其个人知识进行存储而处理主要来源知识物件一样，律师事务所可能仅仅是将文件提交入库（这样它仍然是主要来源），就意见函所处理的问题更新组织所维护的资源（将其纳入次要来源），或者将文件加以归纳，创造一个工具或者模板供其他律师使用。

这一学习循环取决于：

- 投入个人精力的律师将工作成果输出提交给组织性程序（行为）
- 律师事务所创造过程并投入资源接受和处理所提交的工作成果，以最具有利润率的方式转化工作成果，供律师以后检索、参考和再次使用（行为和过程）

虽然图 4.1 中的生态图讨论的是完成一件意见函，在更为复杂的事务中，在事务结束后有其他学习循环，即事后回顾，这一过程要分析应该发生什么、发生了什么，从这一过程中可以学到什么。这样，事后回顾的输出要服从第 6 项和第 7 项的学习循环。

这个图清晰地说明，在没有学习或者第 6 项和第 7 项的学习循环的情况下，也可以提供法律服务。这些循环取决于以知识为导向的行为和过程的存在，恰恰是这些循环的缺乏或者质量参差不齐，累及了大多数律师事务所的知识管理行动。

这个图也让我们了解了就先前的工作成果的典型（和有限的）的干预点。大多数律师事务所的“知识管理活动”都限于第 7 项，即说服律师贡献完成的工作成果，接着将这一工作成果纳入主要来源取向的先前建议和材料数据库。在通常情况下，这叫做意见数据库、信息库或者诉讼文书库。这些实际上是供律师检索的文件数据库。除了制作一个摘要外（如果有的话），常常没有编辑过程。这样使审阅主要来源更容易了一点，但是并没有给律师事务所就潜存问题所知道的知识增加真正的价值。

令人奇怪的是，大多数律师事务所的行动计划明确抑制搜集个人知识导向的材料，就如何高效、有效地进行个人知识管理，当然也不提供任何帮助。然而，在实践中，每个律师在其职业生涯中，都搜集随后可能有用的参考资料、文件、感兴趣的文章和其他参考资料。最出色的律师常常有着最出色的个人资料汇集。就像后面讨论的那样，不是要抑制这些活动，并悲叹律师仍然在保持其搜集的个人资料，有效的律师事务所知识战略的目标是，在律师能够理解并循环第 7 项的环境中，帮助律师进行循环第 6 项。

## 为律师的脑内知识作出贡献的知识来源是什么？

要讨论的第二个问题是进入律师头脑的知识流的来源。在图 4.2 中，以前一个图为基础，我在律师的头脑中加入了知识流。

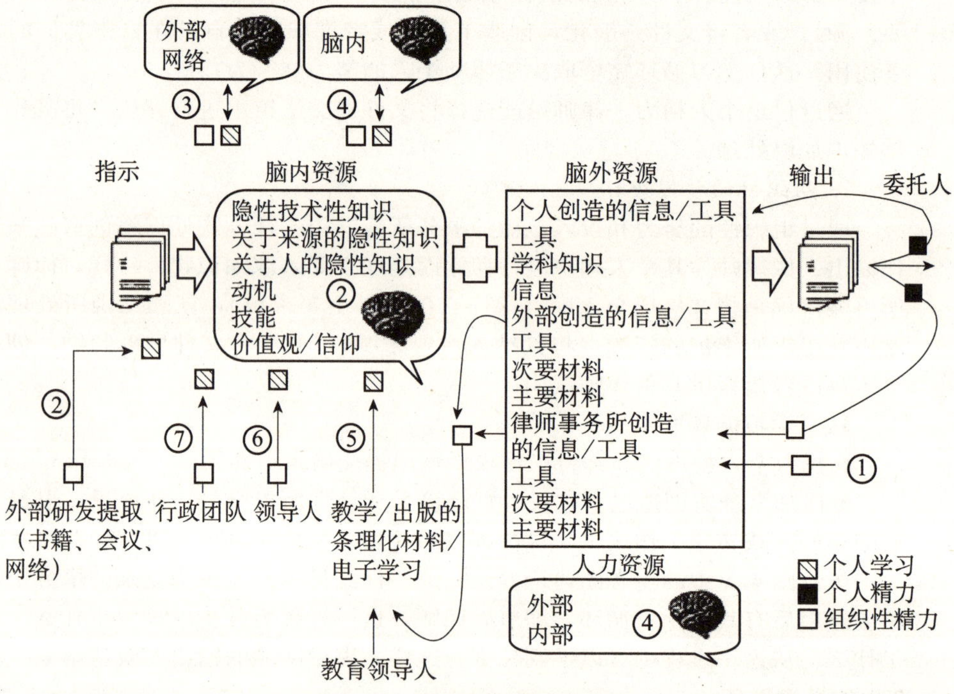


图 4.2　律师的脑内知识来源

下面集中探讨每个关键点。

## 1. 律师事务所在新知识和工具上的投入

律师事务所可能会进行具体的组织性投入，制作显性知识工具和次要材料供其律师使用。尽管美国、英国和澳大利亚律师的方法是不同的，这种在知识和工具上的投入，并不是委托人服务过程的副产品，而是要生成原初性的内容、资源和工具。

例如，在英国，负责这种材料的律师叫做职业辅助律师。在澳大利亚，这种投入常常采用的形式是专门的先例律师和重要律师的具体非收费时间，而在美国，就该目的常常没有具体的人员，投入形式是各种律师（如果有的话）的非收费时间。

在英国，职业辅助律师是一个既定的、内容广泛的岗位，就像下面这个通常的职业辅助律师岗位广告所表明的那样：

> 一个主要的以英国为根据地的国际律师事务所的融资业务团队，招募两个一流融资律师加入现行职业辅助律师（PSLs）队伍。候选人需要有4年的交易融资业务经验。有证券银行业务经验者将被高度重视。工作将包括就法律关键要点开发惯例和方针；起草和维护律师事务所高质量的模板，反映各种产品领域的市场做法；为律师事务所的意见委员会开展研究；收集、分析和制作诀窍和业务说明；回答伦敦办事处和海外交易律师的各种询问；帮助提供包含诀窍和信息资源的屏幕上服务；帮助开展为融资律师提供的教育项目；开发各种在线产品供律师和委托人使用，制作电子公告板。薪酬取决于经验。

在澳大利亚，就像下面的常见广告所说明的那样，该角色作用在范围上通常更窄，集中于起草先例或者模板文件：

> 银行与金融先例律师
>
> 我们的全国性律师事务所的委托人在寻找雇用银行与金融先例律师。与悉尼的合伙人和整个澳大利亚的先例管理人一起工作，这是一个独一无二的机会，你可以将你5～6年的一般银行与金融经验以一种独特、有趣和具有挑战性的方式用起来。这是一份专职工作，要求有很强的起草技能和组织性方法。

需要指出的是，在图4.2中，在律师的头脑周围有标记表明需要律师个人投入精力来学习。学习和掌握概念，以便随后能从意识和潜意识中回忆起来，这要花费精力，即个人精力和忠信。律师事务所不能从其律师那里学习。律师事务所不能使其律师去学习。为了学到些什么，律师需要有个人的和有意义的忠信。

在一个信息过载越来越突出的环境中，律师面对许多需要注意的相互冲突的来源。主要的来源如下。

## 2. 外部的研发提取

律师遭遇了各种他们选择的信息和知识来源。也就是说，他们从外部环境中提取信息，而不是把信息和知识推送给他们。这些来源包括报纸和杂志订阅、会议、电视、书籍、网站和邮件列表。重要的是，仅仅是阅读或者出席会议，本身并不会在律师脑海中留下持久的印象。律师要通过个人努力确定什么样的信息值得纳入其知识体系，以及其所值得的关注程度。

### 3. 外部委托人网络

律师通过他们的外部个人和职业网络获得口头知识和信息。这些都是直接经验的丰富来源，常常有利于形成对问题的更加多维的理解，而不仅仅是通过阅读获得的理解。

由于这些交换经常是面对面进行的，这形成了更深刻、更丰富的交流体验。这种体验更适合于回忆，因为在面对面交流中，意义是通过使用的言词和手势、语速、声调、身体语言、情感等传达的。

### 4. 与他人的内部信息讨论

律师也从与律师事务所其他人的非正式谈话中获得知识。常见的“你在做什么?”“你听说 John 在做……了吗?”或者“你听说新修正案了吗?”这常常叫做饮水机旁的谈话，这对于深化人际关系的隐性知识的传递而言是不言而喻的，并大大有助于建设对话参与者双方的个人知识。

令人感到悲哀的是，在现代律师事务所的高效空间利用规划中，茶室和咖啡屋常常非常小，以至于只能一个人冲一杯咖啡后尽可能快地离开，以免给其他同事造成不便。这种空间规划上的“高效率”对非正式知识共享造成了严重损害，而知识共享本是传递知识的最有效率的方式之一。

### 5. 组织性的培训材料

下一个来源是律师事务所创造的教育和培训材料。可以肯定，理想的过程是，教育性材料应当是包装的并提炼于许多来源，以便律师进行高效率的识别和审查。然而，现实中很少是这样。律师常常被来自图书馆的电子邮件、来自培训部门的电子邮件、来自领导律师的电子邮件、来自职业辅助或者先例律师的电子邮件和信息、来自负责继续法律教育的人的电子邮件所包围。这一清单似乎在日益增长，延绵不绝。

这个图想要说明的是，组织想让律师知道的法律信息会有各种来源，但是对它应当加以提炼和包装，以最大化其影响、可理解性和律师的可近用性。例如，新的技术或者技能信息有各种来源，包括：

- 组织生成的工具的最新作品或者内部团队形成的次要材料
- 最近完成的已经转化进入组织性资源的工作成果
- 源于第三方的最新的信息——也就是说，最新的判例、加入图书馆的新的教科书、现在律师可得的新的或者变化了的信息服务，甚至一天下来来自报纸、新闻发布会和立法日程的新闻
- 组织创造的帮助律师发展和提高技能的新的培训课程或者材料

控制这种暴风骤雨，并加以包装，以最大化影响和可理解性，是贯彻起来很便宜、很容易的行动计划，能够对开发适当的脑内资源和减少信息过载产生重要影响。因为这种类型的信息仍然是松散的洪流，其中的许多将被律师忽视和错失。

## 6. 律师事务所领导人的战略和其他信息

律师面对的另一个信息来源是来自律师事务所管理层和领导人的交流。这一信息可能涉及的是全局性的宗旨和价值观，或者它可能涉及的是更狭隘的影响，例如律师事务所的主要行动计划进展如何。

许多这样的信息将与管理层试图在律师事务所内实现的变革有关，这也相应取决于律师在行为和过程上的变革。律师要在行为和过程上实现这些变革，关键在于他们以某种方式理解和内化实现变革所必需的战略、目标、过程和行为。

像与变革和法律的更新有关的信息风暴一样，这一信息常常是以不同方式从组织的不同部分进行交流的，采取的是非协作的方式。此外，常常没有组织性的表述说明不同交流的重要程度如何。律师事务所应当考虑在其交流的命名和分发上有等级之分，以便律师能够快速审查并就阅读和审阅这一信息确定轻重缓急。

## 7. 来自律师事务所行政团队的信息

最后的信息来源是来自律师事务所辅助职能的运营和其他信息，这通常是以电子邮件形式呈现的。

在过去几年中，这种邮件和信息流量出现了爆炸。10 年前，将有形备忘录发送给整个律师事务所的成本是显然和可见的，复印和分发信息需要成本和精力。这一成本限制了交流的量。就信息的性质而言，创设和发送信息的成本常常过高，将其发送给每个人固然“不错”，但是不值得费这么大的劲。换言之，根据对传播成本的估算，有形的分发是不合算的。

通过电子邮件，信息的传播成本变成了零。因此，发送给各种人员团队的“全所性”或者广播式信息的量在急剧增长。这种信息，只有很小一部分需要律师长期“知道”，大多数在性质上是运营性的——要求采取行动，而不是对律师的称职性和有效性作出持久的贡献，然而，电子邮件量的这种爆炸所带来的巨大成本是，律师面对着大量内容，其中的许多在组织和写作上是相对拙劣的，他们必须处理收件箱中的这些内容。小心谨慎的律师会艰难地阅读所有的电子邮件，浪费了大量时间。注重实效的律师常常会不经阅读而删除大量的电子邮件。发送者将认为这些邮件已经被阅读并被理解了，并将据此采取行动，导致注重实效的律师在与管理层打交道时存在混淆或者不满。

像生活中的大多数事情一样，这是一个平衡问题。律师事务所行政管理需要将一些信息交流给律师，对此律师需要阅读，花费时间理解，并在适当情况下加以学习。这种阅读和学习要花费律师的个人精力和时间，是作为律师事务所的律师的责任之一。

有了这些信息，问题就变成了这样：“从接收成本而不是交流成本的角度看，信息分发是否值得，对此进行交流的最好方式是什么？”

通过所有这些来源，律师遭遇了各种各样的信息。当面对这种信息时，律师从事下列活动之一增加其个人可用知识：

● 完全无视它，甚至没有阅读它

● 遇到它，扔在一旁或者忘了它

● 遇到它，反思它，提取出值得记忆的要点，花费精力记住它们（隐性技术性信息）

● 遇到它，将其存入（或者将口头形式的信息转变成书面的后存入）律师维护的主要来源集合（关于来源之存在的隐性知识）

● 阅读、思考并将该信息构建入律师维护的次要来源（关于已经反映在了次要来源中的来源的隐性知识）

● 阅读、思考并投入精力将该知识纳入个人工具（关于来源——即工具之存在及其用途——的隐性知识）

律师事务所知识战略的目标之一，是帮助律师就他们所直面的海量信息作出决定。

## 律师如何将其脑内资源或者隐性知识贡献为组织性资源？

记住，知识管理是一群律师维护和改进其个人和集体可用知识进行竞争、提高绩效和降低风险的行为和过程，律师可以用什么样的行为和过程改进集体而不是个人可用知识？

在我们最后的图 4.3 中，我们在前两个知识生态图的基础上，引入了律师可能提供其遇到的隐性知识或者资源，以增加集体而不是个人可用知识的情况。律师能通过两种主要方式增加律师事务所的集体可用知识：

● 将他们的知识直接提供给其他律师（我们将在下面的要点第 1 项和第 3 项进行探讨）

● 将他们的知识提供给组织性的行动计划，该行动计划将纳入该知识，并在适当情况下，在律师中间进行传播（我们将在下面的要点第 2 项进行探讨）

### 1. 与他人的非正式讨论或者协作

我们已经指出，律师能够从与其他律师的非正式、临时性谈话中获得有价值的知识和信息。除了通过这种方式获得信息外，律师还能使用这些机会将他们所遇到的他们认为有价值的知识传递给他人。

很重要的是，这超出了“知识共享”这种实质上的消极文化。很少有人在不被他人要求分享的情况下分享什么，知识共享是准备分享，而不是致力于识别如经传递将具有价值的知识，并要找到办法传递或者交流该知识。

就共享而言，我们很少有人能够有比我们在儿时共享我们的玩具时更为高度发达的心智模式。当小朋友造访但是没有携带玩具时，我们被要求共享我们的玩具，以便他们可以玩耍。当侵入者拿走我们珍爱的玩具时，我们的父母告诉我们，要去共享，要停止与其他小朋友就玩具发生的争斗。共享有别于慷慨。共享

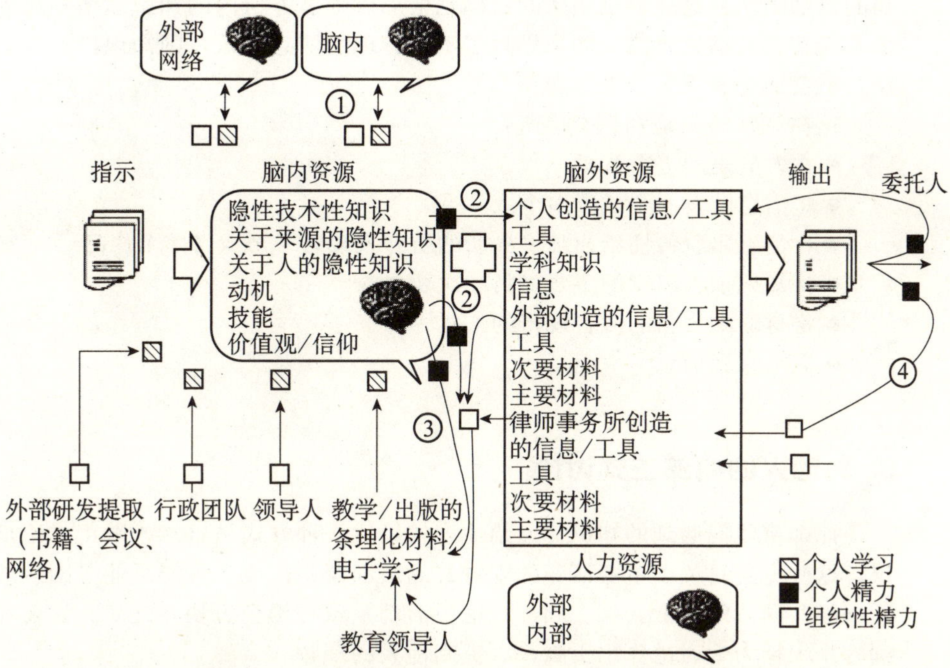


**图 4.3 律师如何将其脑内资源贡献为组织性资源**

涉及的，要么是一种压抑的情感，即在别人使用我们的玩具时感到失去了所有权，要么是在被要求这么做时，回应以给予（共享）。

在这两种情况下，共享都不是要求我们采取积极行动。它要么是一种压抑性的反应，要么是回应他人共享我们的某些玩具或者所有物的要求。就知识而言，知识共享与此类似，也是一种相当被动的看法。

就像我们儿时共享玩具的例子那样，知识共享也有两个方面，即压抑性的反应，或者是回应他人的要求。你的某个同事有一个习惯，即造访你的办公室，借走（并且不归还）你购买的重要教科书。你共享了你的书，没有将其锁进你的书柜中（即使有时你想这么做）。或者，一名同事打电话问你是否知道她正在处理的一个问题。你准备共享你的知识，因为你喜欢她，并且在以前有着互惠，即她与你共享过知识。

与共享不同的是，为了增加集体可用知识，我们需要采取积极行动：采取积极行动识别和交流我们遇到的有可能具有直接贡献给或者传递给他人的价值的知识和信息，这可以通过对话或者有形分发进行。出于这一原因，这一过程在图中用黑色方块表示，意思涉及个人精力。如果没有个人的精力、忠信、投入和对他人真诚的关照和关心，这一活动将不可能发生。

这种个人传递知识的活动叫做知识投射，有别于消极的知识分享。

## 2. 有组织地贡献于个人资源或者组织创造的资源

律师也可以投射知识间接建设集体可用知识。

在这里，律师将其遇到的知识贡献出来，以帮助群体增加其可用知识，即将该知识贡献给律师事务所内负责这种类型的知识的提炼、过滤、包装、出产和传播的特别团队。这一特别团队的目标是增加律师事务所内的知识速率和流动，避免不受管理的信息奔流。如果导致了不受管理的信息过载，则知识投射就会不经济，就会适得其反。

这些特殊的人是知识交换所：

- 在人员之间进行联系
- 将信息转发一个或者多个人
- 将信息紧急传播给律师事务所的所有人或者一个或者多个律师
- 将知识纳入组织的主要材料和次要材料
- 将材料纳入新的或者现行的工具
- 完全忽视信息

### 3. 与他人的内部正式讨论

律师将他们遇到的知识传递给他人的最后一种方式是日常或者正式论坛和会议。这些可能是关于重要话题的安排好的培训课程，或者可能是业务团队或者其他兴趣共同体的日常会议。同样，这一活动领域与黑色方块相连——它要花费律师的个人精力为讨论作出贡献，以提高他人的理解。

律师并不是必须贡献其知识，相反可以选择不同的参与模式——只是在信息或者知识是新的或者在他看来这很有趣的时候才关注论坛。换言之，律师可以选择在这些情况下仅仅是关注自己的知识发展，或者对个人和集体知识发展承担责任。采取措施对集体知识发展承担责任，意味着律师在积极地考虑什么样的信息、知识或者经验可以提供给团队，或者与团队进行讨论，以提高该团队的理解，而不仅仅是其自己的理解。

同样，这种活动也超越了知识共享，这是因为律师承担了在群体内进行知识传播和交流的责任，不要等着有人来问“你怎么看?”而是要积极思考他们如何能够为其同事的各种形式的隐性知识作出贡献。这是知识投射的正式会议维度。

我们现在到了结束第一部分的时候了。

我们学到了什么？你应当将什么样的知识添加到你的关于知识管理的隐性知识中（这要求你个人投入精力）？我们学到的是：

- 知识管理并不等于信息技术或者信息技术解决方案。
- 知识管理是一群人维护和改进其个人和集体可用知识进行竞争、提高绩效和降低风险的行为和过程。
- 为了有知识管理而进行知识管理是没有意义的，必须有组织性的绩效回报支持花费的精力和投入。
- 律师事务所利润的主要量度是每个股权合伙人的利润率，或者叫做 PPEP。PPEP 是四个驱动者乘积的结果：平均实现率、利润率、使用率和杠杆率。
- 律师事务所知识管理行动所需要的资金，可以从三个类别加以考虑，即“必备”“应有”和“投入决策”。
- 在考虑投入选择时，投入可以用于维持质量、吸引和留住律师、吸引或者留住委托人。
- 在从事知识工作时，律师使用各种脑内和脑外资源。在从事法律工作时，与脑外资源相比，脑内资源更为关键、更常常使用，带来了更多的价值。

- 律师事务所内存在知识生态，这源于法律工作的输出、律师遇到的信息和知识，以及组织为创造知识（主要材料、次要材料和工具）所做的投入。
- 为了运转，律师事务所知识生态涉及律师事务所的投入，律师的个人精力和行为，以及律师的个人学习。如果没有这些以及知识循环和学习，脑内和脑外资源将会受损。
- 律师就能够增加律师事务所的集体可用知识的知识进行识别和交流，是一种超出知识共享的活动，最好被称为知识投射。

在这样了解了知识管理、律师事务所经济和律师事务所知识生态的组成部分后，我们将在第二部分探讨在律师事务所内创设和贯彻有效知识战略的方法。

# 第二部分

## 运筹帷幄，纵马扬帆：创设和贯彻律师事务所知识战略

# 5

## 律师事务所的知识战略是什么？你如何形成该战略？

商业战略所涉及的，使其与其他各种商业规划卓然不同的，一言以蔽之，是竞争优势。如果没有竞争者，则并不需要有战略，因为战略规划的唯一目的，是使公司能够尽可能有效地获得对其竞争者的可持续优势。

——Keniche Ohnae

律师事务所知识管理，是律师群体维护和改进其个人和集体可用知识进行竞争、提高绩效和创新并降低风险的行为和过程。进而言之，知识战略就是这些行为和过程的计划或者路线图。

为什么律师事务所应当有知识战略？它有必要有一个知识战略吗？律师事务所应当有一个明确的知识战略，这是为了：

- 保持和增加利润
- 从在培训发展的花费上获得更好的价值
- 在市场上更好地就人才展开竞争，吸引和留住最好的律师
- 在市场上更好地就委托人展开竞争，吸引和留住最好的委托人

实际上，每个律师事务所都已经有了知识战略，尽管这种战略很少是明确的。每个律师事务所：

- 雇用具有特定特点的律师
- 为这些律师提供特定的培训和发展机会
- 为这些律师提供可近用的有形或者电子形式的脑外资源，让他们能在图书馆或者在办公桌上很方便地工作
- 有一套文件模板、表格或者先例
- 就知识创造和知识投射有组织性文化和规范

确实，律师事务所内的知识战略活动常常并无协作、测量或者基准，但是它们确实存在。律师事务所将举行某种形式的业务团队会议，进行继续法律教育（CLE 或者 CPE）计划。如果你将在招募、培训、与知识相关的科技、内容开发资源、知识领导力和基础设施方面的年度投入加在一起，你将看到你已经在将大量的金钱花费在贯彻你的隐性知识战略上了。

有着能够形成整体知识战略的隐性知识战略给律师事务所带来的好处是：有着更好、更有积极性的律师；更好的委托人；在与知识有关的活动的投资上取得更好的回报；更好、利润率更高的律师事务所。

那些已经有了显性、整体性和以商业为关注点的知识战略的少数律师事务所（这些确实是少数），现在有机会评审该计划，并将其提升到下一个层次上。许多早期采取知识管理行动的律师事务所和咨询公司，关注的是知识战略的“主要材料库”方法，即抓取文件并建立索引，将其存入 Lotus Notes 或者内部网的数据库中。数据库带来了更多的数据库，直到创建了数据库就数据库建立索引。这真的是知识吗？这代表的是不是金钱价值？这代表的是不是提高利润的行动计划？

Peter Lawton——PricewaterhouseCoopers 的首席顾问——曾就这些第一代知识资源库有一个绝妙的表述，他称之为“知识填埋场”①。你用鼻子几乎能够嗅到陈腐的、未曾使用的知识的气味。

有效的知识战略将针对律师事务所的各种问题，跨越业务领域、管理和辅助功能的边界，打破各自为政的局面。我们看看下面的律师事务所，然后讨论应当如何表达知识战略：

我们招募学业优秀的律师，并在前两年对我们的律师进行强化培训。进一步发展是经验性的，即根据在事务上的工作、个人选择的其他行动计划和调查进行。在绩效评估中，只有在纠正违规行为或者绩效很差的情况下，才会具体讨论学习问题。

我们为我们的律师提供了基础性的表格和先例汇编，并每年投入一定精力维护它们。就如何改进我们的先例和表格，从执业律师那里几乎没有收到什么反馈。

我们每两周一次举行各种质量的业务团队会议。我们的合伙人的出席情况常常很不好，尽管有良好意愿，人们也会很不专注。

我们的文化就是团队工作，彼此支持，在这方面我们做得很好。

我们测量并奖励收费小时数，但是没有设定目标，并没有追踪花费在知识创造或者传递上的非收费时间。我们并没有测量、奖励或者评价知识创建活动上的绩效。

我们的委托人期待我们作为一个律师事务所要就以前的交易和建议进行学习，而不是要在特定情况下才学习，以便为了我们的委托人，我们的所有律师都能得到这些知识。在投标中，我们说我们就是这么做的。我们关于从事这些活动的实际记录有点薄弱。

我们认为知识管理就是适用正确的技术，为律师提供显性知识，使律师更具效率。

我们使用了几个数据库，几个知识填埋场已经废而不用，这通常是因为发起和创建它们的人已经走了，或者失去了热情。

我们似乎在许多不同的系统中有着重复信息，特别是与我们的人员、我们的委托人和我们的联系方式有关的信息，这些系统似乎没有整合。

我们的知识行动计划是由高级合伙人领导的，他可以每周在知识管理上花费一天时间，在这一天他没有收费任务。知识合伙人得到了 3 名职业辅助律师的支持。其他合伙人或者律师不能将收费时间花费在知识行动计划上。

暂停片刻，思考一下你的律师事务所的知识战略。你的知识战略与上面所描述的假想的律师事务所的知识战略是不是很接近？你是如何处理上述列举的行为和过程的？如果你要将你的律师事务所的当前知识战略表述为书面形式，它看起

① http://www.yesmfs.com/EnglishVersion/GeneralDemo/CMKms.htm (accessed December 18, 2002).

来会是什么样子？如果你的律师事务所有显性知识战略，现实在多大程度上能够体现所追求的目标和运营情况？

为了帮助你做好这一练习，考虑下列问题：

● 在招募过程中，你的律师事务所在寻找什么样的人？

● 律师事务所内有哪些培训项目？人们是否严肃地对待它们，出勤率如何？在这些课程中，成功地获得了知识的标准是什么，而不仅仅是出勤？这些培训的难度和挑战性有多大——培训是否有这样的组成部分，即要求成功地展示所获得的技能，且对此展示可以加以评估？

● 律师事务所如何帮助其律师在法律上与时俱进？是不是因为要尊重每个律师的职业主义，而让他们自由发展？

● 你的律师事务所的文件模板或者先例有多好？你是否有进行竞争的“必备”法律先例和条款？其他与你竞争的律师事务所是否有更好的“必备”文件？

● 你的业务团队会议和继续法律教育行动计划的有效性如何？

● 找到并使用内部形成的知识资源是否很容易？

● 就内部形成的知识资源而言，贡献率和使用率是多少？就律师实际上每天为委托人提供的服务而言，这些资源会使律师有什么不同？

● 在律师事务所内如何就在知识行动计划中的可能投入进行评估？进行投入的标准是什么？

● 管理层和业务领导人对律师事务所的利润率和知识战略的了解有多少？

● 你是否有知识填埋场？有多少？你是否知道它们都在哪里？你是否已经停止了制造填埋场？

● 服务器和管线的令人愉悦的嗡嗡声，软件会议和供应商的谆谆劝诱，是否分散了你的律师事务所的注意力，而不能关注律师是如何工作的，以及知识战略如何能够提高律师事务所的绩效？

● 在与知识相关的活动中，你的年度全部投入是多少？

● 个人和集体知识创造在多大程度上整合进了奖励系统、绩效评估和成为合伙人的评价程序？

● 就被接纳为律师事务所合伙人的最后十个人而言，其知识导向是什么？他们是集体可用知识的贡献者，还是知识门外汉？在进行合伙人评价程序时，知识导向是否是一项考虑标准？

立即花点时间认真、诚实地反思你的律师事务所的现行知识战略，把它写在纸上。在没有做这一练习之前，请不要继续阅读本章，在你的评估中要彻彻底底地诚实。

现在，你如实地完成了你的评估，你的管理合伙人对你的概括是否感到舒服？它是否体现的是能够提供出色服务的律师事务所，能吸引和留住出色律师和委托人的律师事务所，与同行相比利润率更高的律师事务所？就你的知识战略的现实，当你与你的委托人完全坦诚交流，或者在你的招募过程中完全坦诚交流，你是否感到舒服？

我猜测是存在改进空间的。

那么，律师事务所知识战略看起来是什么样子的？过程中的第一个步骤是什么？第二个步骤是什么？你从哪里开始？你如何从理论转向实践应用？

本章就创建和贯彻律师事务所的有效知识战略的两个阶段的方法提供了概述。就像我们将讨论的那样，与贯彻阶段相比，该方法的创建阶段一样重要，可能花的时间更长。在后面的章节，我们将探讨这一方法所涉及的过程，我将建议你从特定的行动计划、行为和过程出发，处理律师事务所知识战略的个人、人际和非人际维度。

## 制定和贯彻律师事务所知识战略的方法

就像图 5.1 所表明的那样，这一方法有两个不同的阶段。第一个阶段是制定知识战略，第二个阶段是贯彻该战略。图 5.1 列出了每个阶段的主要活动和产出。

因为大多数项目在第一个阶段即战略创建阶段就失败了，因此该阶段是本章所要讨论的对象。

阶段1方法

—任命指导委员会
—制作知识战略的补充性文件
并进行研究、前期工作和团队培训

—第1轮：就知识进行磋商
(律师事务所所有团队，与合伙人一对一磋商)
—传阅知识战略文件第1部分
要有完整目录

—第2轮：就战略进行磋商
律师事务所所有团队，与合伙人、主要委托人
一对一磋商
—传阅整个知识战略文件草案征求评论

—知识战略文件定稿并传阅/公布
—向全伙人和律师事务所发布第一个知识年度报告

阶段2方法

—任命项目团队
—制作项目补充性文件
并进行研究、前期工作和团队培训
—制作公开的项目计划

—传阅项目计划

—为行动计划制定原型
—发布原型和故事作为输入

—修改计划和原型

—用一致的变革管理加以贯彻

—追踪并根据目标就成功与否进行测量；
收集成功和失败的故事

**图 5.1　创建和贯彻律师事务所有效知识战略的方法**

## 阶段 1：制定知识战略

就像图 5.1 的方法图所说明的那样，这一方法的阶段 1，有几个关键的文件输出（我以前是律师，因此这里当然会有文件）。有三个关键文件，包括知识战略本身，知识战略的补充性文件，以及知识战略年度报告。

知识战略是律师事务所内部的公开文件，它就知识的概念发挥教育作用，并阐明律师事务所的知识战略。它是一个重要文件，确立了支撑随后活动的框架、战略、语言和概念。

知识战略的补充性文件是一个不公开的工作文件，用于参与领导行动计划的人和那些管理各个知识项目的人。这一文件包括额外研究、坦诚的评估和管理与利用战略创建阶段的行动计划。

知识年度报告是第一个发行物，它要成为律师事务所的年度报告（但是与给合伙人的是有财务信息的报告有所不同）。它要重新包装和总结知识战略，盘点现状，列明下一年度的优先事项。

表 5.1 提供了在战略创建阶段要制作的关键文件。

这一阶段的主要任务是：

1. 领导。任命一个指导委员会。

2. 研究和准备。准备知识战略的补充性文件，进行前期工作、研究和团队培训。

3. 第一轮磋商。就知识的含义以及行动计划中将要遵循的程序，进行第一轮全所范围的磋商。

4. 第一稿传阅。在第一轮磋商完成后进行传阅，以就知识战略文件草案获得评论，这包含整个知识战略文件的目录。

5. 第二轮磋商。进行第二轮全所范围的磋商，这次是关于知识战略的。

6. 第二轮草案传阅。传阅完成的知识战略文件草案，征求评论意见。

7. 最后的战略分发。定稿并发布知识战略文件。

8. 年度报告。制作并发布第一年的知识年度报告。

下面依次讨论这些内容。

**表 5.1　　战略创制阶段制作的关键文件**

| | 内容 | 听众 |
|---|---|---|
| 知识战略 | 律师事务所的知识框架和战略，包括支持后续活动的所有表述和概念 | 律师事务所 |
| 知识战略的补充性文件 | 秘密研究、坦诚评估和管理与利用战略创制阶段的行动计划 | 知识指导委员会 |
| 知识年度报告 | 根据战略的贯彻过程中的战略、运营和财务里程碑，报告进展情况。列明下一年度的有限事项 | 律师事务所 |

## 第一步：领导

第一项任务是任命指导委员会监督和促进建立知识战略（和三个文件输出），并随后监督和促进贯彻阶段。

这一群人本身并不负责规划或者创设战略。它的成员负责促进程序，帮助律师事务所实现其知识战略。在为这一群体命名时，你可以选择能强化这一角色的语言表达。例如，如果它被命名为“知识战略小组”，律师事务所的其他人员将立即感到像是战略程序的局外人，因为制定战略的责任已经被交给了指导小组。

你可以考虑的名称包括：

- 知识战略促进小组
- 法律卓越委员会

● 知识代表小组

● 知识理事会

这一小组应当像上市公司的董事会或者你的律师事务所的合伙人会议一样运作。这个群体应当有个主席，该人不是知识行动计划的首席执行官。换言之，律师事务所中负责知识的合伙人不应当是该群体的主席。

为了便于管理，这一群体的成员规模不应当超过 10 人，应当包括：

● 负责知识行动计划的合伙人（“知识合伙人”）

● 来自多个办事处和业务团队的几个合伙人和律师（你可以选择或者已经选择在那些目前参与律师事务所的知识行动计划的人（他们将有某些经验）和那些就当前的程序和行为没有组织性投入的人之间保持平衡，需要记住的是，该平衡应当有利于那些没有参与当前的组织过程的人）

● 来自律师事务所合伙人会议的 1 名成员（该人是主席的理想人选）

● 1 名来自财务部门的人员，但是并不必然是财务部门的领导，以降低财务群体参与的地位影响力

● 1 名代表人力资源、培训、秘书和辅助人员、技术等内部职能的人员（以降低信息技术作为战略驱动者的重要性）

● 1 名来自图书馆/现行知识管理辅助队伍的人员

● 1 名来自技术团队的有咨询能力的技术人员，能够就律师事务所的现行平台和基础设施有可能做什么，以及一般有什么样的可能性提供咨询（这可能是中层信息技术专业人员，他以前曾表现出战略性思维和领导天资）

● 1 名出色的委员会秘书，以制作日程和会议记录

这一委员会的管理和程序应当像你的委员会所遵守的过程和行为那样有条理、有专业性，或者比这更有条理、更有专业性。确实，就这一群体的过程和行为模仿你的律师事务所的委员会所遵守的过程和行为，将既说明行动计划的重要性，也说明就律师事务所所遵守的传统和程序，对那些参与行动计划的人的尊重。在会议之前，日程和材料应当传阅，并要求在会议之前阅读该材料。知识合伙人和主席应当确定日程。

当然，如果这一群体的标准有可能高于你的律师事务所的委员会的标准，特别是就该群体的信息和知识管理而言，则你应当这么做。你自己应当是知识管理实践中的典范。

委员会的运行程序也应当反映委员会层面应当遵守的程序。也就是说：

● 群体中的人每人一票

● 这一群体的所有人员都要对群体的决策和运转负责

● 同样期望、允许所有人作出贡献

● 都有责任集成团队组成人员的工作，他们都是团队的代表

这一委员会的目的是：

● 审查和讨论知识合伙人就战略创制阶段所提出的建议，就所要遵循的程序达成一致

● 审查和讨论关于知识的第一轮磋商程序的输出，以及知识战略补充性材料中提供的研究和其他材料

● 在第一轮磋商后，确定第一稿知识战略文件，在整个律师事务所传阅

● 审查和讨论第二轮磋商关于战略的输出

● 确定知识战略文件草案的其他部分，首先在合伙人之间传阅，然后在非合伙律师之间传阅，然后在所有律师和辅助人员之间传阅

● 审阅就知识战略文件草稿收到的评论，就文件进行定稿，并就向合伙人会议提出的关于战略、花费和贯彻的建议达成一致

换言之，知识合伙人要对这一决策和治理机构负责。

## 第二步：研究和准备

如上所述，知识战略创制过程中制作的一个关键文件是知识战略的补充性文件。图 5.2 是一个说明性的文件目录，列出了要做的工作。

**1. 坦率盘点**
1.1 我们律师事务所的文化
1.2 我们想要获得的以知识为取向的文化
1.3 为了实现文化转型，我们如何在我们所做的每件事中实现律师事务所的文化
1.4 我们的律师的特点
1.5 我们想要机构化的律师的行为和态度
1.6 为了实现文化转型，我们如何在我们所做的每件事中利用律师的特点
1.7 律师事务所的知识战略的详尽历史（至少十年的历史，包括财务分析）
1.8 我们如何在我们所做的每件事中利用该历史
**2. 价值观、信仰和隐性知识**
2.1 将要指导委员会行为的价值观、信仰和行为，及其知识战略方法
2.2 我们据此测量知识战略进程中全部行为的查核清单
2.3 指导委员会成员隐性技术性和隐性元知识的最低标准
2.4 指导委员会成员必读材料（书籍、文章等）
2.5 参与变革过程的人应有的最低技能
2.6 指导委员会共享语言和术语词汇表
**3. 交流战略（战略创建和贯彻阶段）**
3.1 如何促进、管理谈话；以及建设性地应对相反立场
3.2 合伙人交流
3.3 律师交流
3.4 整个律师事务所的交流
**4. 拥护者参与**
4.1 识别拥护者
4.2 参与战略
4.3 分派联络人
**5. 管理顽固派**
5.1 识别顽固派
5.2 管理战略
5.3 参与战略
5.4 分派联络人
**6. 脚本、故事仓库**
6.1 好故事的特点和结构
6.2 知识管理概说
6.3 我们在做什么
6.4 痛苦的故事
6.5 喜悦的故事
6.6 CEO 脚本
6.7 业务领导人脚本
**7. 逸闻、褒扬和流言**
7.1 成功
7.2 公正的失败（学习），以及是如何处理它们的
**8. 项目管理**
8.1 公开项目管理文件模板
8.2 不公开项目管理文件模板

**图 5.2　知识战略的补充性文件：目录**

这种知识战略的补充性文件，不是用来进行广泛传阅的，但是对于知识战略而言，这是知识战略的主要组成部分。

这种补充性文件说明了期待委员会成员的头脑中要有什么样的关于知识管理的隐性技术性知识。它列举了这一小组的成员头脑中必须有的关于知识管理的知识，并就这一群体的文化标准和价值观达成了一致，并加以文件化。

因此，补充性文件代表的是整个委员会在决策过程中使用的共同的外部资源和参考资料。也就是说，知识战略的补充性文件（这有可能要占用好几个活页夹，也可以采用电子资源格式）所收集和公布的知识，与所有推进知识战略计划的人都有相关性。在一定程度上，这一文件是对研究的汇集、反思和注释。这一文件也是行动计划背后的价值观、信仰、假设和心智模式的文件化和集成化。

知识战略的补充性文件是由指导委员会制定并为其所用的，要由该委员会定夺，它必须在第一轮关于知识的磋商过程和关于知识战略的第二轮磋商过程在整个律师事务所发生之前，进行高度充分的准备。

图 5.2 目录中的许多条目，是不言而喻的。然而，在后面的各章中，我将会就更不寻常或者更为困难的要素提供帮助。

## 第三步：第一轮磋商

这一方法提供了两轮独立的磋商。第一轮磋商和促进程序所关涉的是知识的意义和知识战略的框架。第二轮磋商和促进活动关涉的是知识战略应当是什么样子的。之所以推荐这两个阶段的独立程序，是出于下列原因：

### 时间的稀缺性

与律师的磋商可能在午餐时候，这在人们到达，取了食物并坐下后，只能有 45 分钟左右的时间。协同发展出知识是什么，知识战略是什么和不是什么，以及战略识别和贯彻过程如何推进的概念框架，将耗尽这 45 分钟时间。事实上，这是一个雄心勃勃的日程，需要仔细推进。

### 律师的关注点

律师倾向于讨论细节——很小的细节——而不是就知识和过程进行概念性讨论。上面所说的将过程分为两个阶段，目的是给律师这样的信心，即他们以后还有机会就细节提供其输入，为促进者提供一种方式，将对话重新指引到第一回合的概念层面上。协同发展关于知识是什么以及在知识生态中律师的角色是什么的共同理解，协同发展第一阶段的其余部分所要遵循的程序，构建信任和凝聚力，这是贯彻第二个阶段能否成功的关键因素。

### 律师学习新概念的更好机会

第一轮磋商的目标之一，是在组织性词汇中引入新的词汇和概念。在共同发展、探讨、重复、然后总结这些概念上花的时间越多，这些概念就越有可能开始生根发芽。当然，这些概念和新的词汇将在知识战略文件两稿的传阅中得到强化。

### 表明称职性、值得信任和条理性

律师知道知识管理很难。资历老一点的律师已经看到了知识行动几次潮来潮往，常常看到其相同的宿命，即缺乏支持、废而不用。许多律师已经经历过过去的行动计划的落实与承诺之间的不符。在一开始认识到战略创制过程将会很难，将需要两轮的磋商和草案传阅，在确定整个战略之前，不会建立什么“系统”“解决方案”或者“数据库”，将引起律师的共鸣。你将使你的方法（和行动计划）从过去的历史中脱颖而出，被视为值得信任，因为它有着清晰的条理性，尊重并体现了合伙人和律师的观点。

### 建立程序和委员会构建信任

出色的职业人员的重要特点之一，是他们言必信、行必果，你可以信任并依靠他们。将磋商程序分立为两轮，使你有机会列明将要遵循的程序，并达成一致。因此，关键就是一丝不苟地遵循整个程序。确立你和你的团队将要实现的参照点，然后在落实时有军事行动那样的精密性。在阶段 2，在你开始与律师工作改变行为和过程之前，你需要培养对你和你的团队的信任、信赖和信心。如果你不自信、无条理，并没有落实阶段 1 中的过程和承诺，在阶段 2 中，你甚至不会引起律师的关注。律师与其说要听你的关于协作的承诺，不如说要观察你的行动。你可以说你在整个过程中将会进行协作，但是如果你在这第一个阶段还没有进行协作，人们就将不信任你，行动计划就会陷于困境。

### 留下超越期待的空间

在确立了这样的方法后，要确立这样的基本规则，即在贯彻阶段之前，不会发生大的知识变革。促进者可以公开承认这对于律师而言会很艰难，因为好的思想是慢慢浸润到各个阶段的。但是在整个战略确定之前，不会发生变革，向更好的方向发展。在这方面，促进者要寻求律师的忍耐。现在，在确立了只有到了阶段 2 才会有所改进的心态后，指导委员会应当留意寻找与最终战略一致但是在阶段 1 可以作为好意落实的显然的事情，作为规则的例外。

例如，在磋商过程中找到一两件日常工作中最令律师烦恼的事情，例如电子邮件的泛滥，或者难以找到特定文件。寻找这些机会，向人们展现善意，作为律师事务所确立的组织原则（在战略完成之前，不会有所变革）的例外。在找到这些事情后，利用支持者和顽固派，使他们知道有人已经向他们伸出援手，互惠的情感拉动将进一步使他们在后面的阶段倾向于你的计划。

考虑在磋商过程中使用速记或者文字记录服务，将过程逐字记录下来，随后思考律师在这些过程中的评论时，具有巨大的价值。这些服务并不昂贵，特别是当你考虑到房间中的律师的组合价值时！此外，这些记录提供了丰富的引述来源，此后可用于战略文件，并在贯彻阶段，用来说明战略对律师所拥护的观点的回应。记住，律师尊重证据。

磋商过程的所有文本应当传阅给指导委员会成员，并要有总结和分析。

第一轮磋商的内容可见于本书第一部分，知识战略补充性文件的内容将由委员会确定。

## 第四步：第一稿传阅

首先，我们将审视关于知识战略文件的某些一般原则，接着我们将审视其内容。

## 就此形成文件

律师事务所的知识战略应当是一个文件，能够分发并打印出来。它应当是一个可读的文件——而不是 PPT 演示，或者只能在内部网页上看到的材料。律师喜欢文件。

## 建立理解的程序

文件的创制程序本身就是在律师事务所内就各种问题达成共识的手段，包括知识的性质、律师事务所经济和具体行动计划的概念蓝图。文件的创制也应当发动就律师在各种形式的知识和知识投射中的积极作用的行为和文化讨论。

## 信息无所不在

你的知识战略文件的每件事都将向其阅读者传达某些信息。如果它制作拙劣，这将反映组织并没有将行动计划放到优先地位。甚至文件中有关材料的顺序，也具有相对重要性，就像法律协议中的条款顺序一样。参与制作文件的人员的范围及其在组织内的权力，将说明其彻底性和质量。你需要不断认真审查整个文件，寻找将会传达给你那些具有高度分析能力的苛刻的听众的信息。

## 打起旗号

记住，除了进行战略阐述外，知识战略文件也是一个旗舰性的交流文件。该交流的过程和质量就像战略本身一样重要，能说明你的行动计划的可信性。

## 昭示未来

把知识战略文件用作凝聚期待和昭示随后要发布的程序的一种手段。记住，律师关注程序和细节。律师想要了解所遵循的程序，以及未来将要遵循的程序，他们想要据此测量有关进展。这是律师评估质量的方式之一。

## 完美很重要

文件中的每件事都必须完美。任何拼写和语法错误都是不能容忍的。这听起来好像有点强迫症，但是律师所受训练就是发现问题、发现风险、发现什么错了。如果律师事务所内的最佳战略和文件有拼写和语法错误，则律师事务所的律师就常常会认为其筹划不周，因此，这样的错误说明作者进而整个知识行动计划是很不周全的。每件事情都必须完美。花钱进行校对，否则，你的整个行动计划将被视为粗枝大叶，不值得支持。不要低估律师发现错误的突出本能，和在断言某事务质量拙劣后改变心态的低浅本能。你只有一次机会。

## 交流

文件的结构和布局应当充分反映信息结构和你的知识行动计划所代表的价值观。如果让优雅、简洁和突出的执行能力成为你的行动计划的标记，这需要开始于布局、结构、交流、比喻、品牌制作效果和知识战略文件中包含的信息。

## 做好数字工作

知识战略将包含为合伙人提供的某些财务分析和信息，但是不适合在员工中进行更广泛的传播。创建两个版本的文件，不要选择为了图省事仅制作一个文件，仅仅是删去财务分析。确保你的财务部门积极参与了财务部分的撰写，以及整个文件的创建。

这一重要文件的说明目录可见图 5.3。后面各章将讨论这一文件的内容，并就各部分的内容提供指导。

管理合伙人欢迎词
1. 导言
1.1 对于律师事务所而言，知识战略是什么
1.2 律师事务所的商业模式
1.3 律师如何工作和构建知识：路线图
1.4 我们关于知识战略的信念
1.5 我们当前知识战略的盘点
1.6 创建这一文件所遵循的过程
2. 律师事务所战略
2.1 作为一家律师事务所我们是谁：我们的文化，我们的战略，就知识而言委托人对我们的期待
2.2 招募：我们的战略
2.3 我们测量并奖励什么
3. 变革管理
3.1 指导我们的知识战略和变革管理的原则

在关于知识战略的第一轮磋商后，要完成这些内容

4. 知识战略
4.1 律师会体验到什么，对律师的行为有何期待
4.2 个人知识创建：我们的战略
4.3 人际知识创建和传播：我们的战略
4.4 非人/数字化知识：我们的战略
4.5 基础
4.6 必备行动计划
4.7 应有行动计划
4.8 投资选择
5. 结构问题
5.1 治理和领导（全面的、按照行动计划总结）
5.2 资源和预算
5.3 测量和报告
5.4 同行网络战略
6. 附录
6.1 现行数字化资产清单
6.2 现行知识活动盘点
6.3 进一步阅读

**图 5.3　知识战略文件：目录**

## 第五步：第二轮磋商

在知识战略文件第一稿传阅之后，下一步是就战略本身的磋商过程，这是知识战略文件第 4 部分和第 5 部分的内容。磋商过程应当与第一轮相同，要宣明具有同等重要性。第二轮磋商是律师以很有条理的方式进入细节的机会。磋商过程应当遵循知识战略文件第 4 部分的结构，该结构是与律师进行了第一轮磋商后形成的。按照这种方式，关于技术和数据库的讨论适合作为一部分，而不能主导话语权。

目标是对战略进一步发展和提出挑战，就可能导致什么结果，或者事情可能会是什么样子，形成一些初步性的思想。这些活动不是要试图设计结果。它们是在试图就原则达成一致，并确定进一步工作的组成部分。

## 第六步：第二轮草案传阅

在第二轮磋商后，委员会确定知识战略文件的最后一稿。此外，该群体要更

新知识战略的补充性文件，以反映磋商过程中所学习到的事务。

与知识战略文件第一次分发不同的是，这次是一个阶段性的分发：首先是合伙人，然后是高级非合伙律师，然后是其余律师，再就是整个律师事务所。之所以进行这种阶段性分发，是为了构建与关键组成人员的亲密性。先将材料提供给合伙人，确认并尊重了他们在组织中的特殊地位。考虑举办一些各种层次的研讨会检验文件中的思想。

### 第七步：最后的战略分发

在允许人们提供评论的适当窗口期过后，委员会审议这些评论并修改战略文件，包括再次确认所有成本。然后采用阶段性方法再次传阅这一文件定稿。

### 第八步：年度报告

在分发知识战略文件定稿后不久，委员会应当制作其第一份年度知识报告。

效仿公开公司的年度报告（尽管要小得多），制作得要有专业性，这一文件是与整个律师事务所进行交流的另一个重要的、日常性的工具。年度报告的组成部分应当包括：

- 对知识战略的阐述
- 整个事件安排
- 盘点知识战略和器物
- 下一年度的项目
- 成功与影响
- 上一年度的财务绩效和下一年度的预算

在方法的第一个阶段后，你已经制定了三个关键文件，实现了关于知识的组织性提升，并将一些新的词汇和概念引入组织的词汇中。

## 帮助你制作战略和补充性文件的资源

以下各章包含的资源将帮助你制作知识战略和知识战略的补充性文件。这些资源如下：

第 6 章，“准备 101：文化很重要!”介绍了组织性文化和变革管理的概念，帮助你准备知识战略的补充性文件，以及两轮磋商过程中的行为。

第 7 章，“磋商：就变革管理的过程达成一致”，介绍了将变革引入律师的协同发展方法。这一协同发展在第一轮磋商过程中就发生了，这强化了这样的理解，即合伙人和律师行为变革将是知识战略的结果。

第 8 章，“故事：律师在新世界的生活”，是对未来的描述，特别是描述了这样的未来，即在未来律师是中央舞台的主要角色。本章是一个例子，将帮助你撰写你的知识战略文件 4.1 中你的律师事务所的知识未来，尽管最终的贯彻可能有程度上的差别，你的战略文件中的故事，是这样一个机会，即确立前景的基本要素，激发律师的兴趣，使人们认可行动计划的价值，提出共同贯彻的要求。你的故事并不需要像这里的例子那么长，但是这将为思考提供思想。

在第 9 章至第 11 章，我将讨论知识战略的三个维度并提出了建议：个人性的、人际性的和非人际的知识战略。这一材料将有助于第二轮磋商过程，有助于你的知识战略文件的第四部分的内容。

第 9 章，“个人知识战略：隐性为王”，介绍了律师为自己使用而创建律师脑内资源和脑外资源的战略。

第 10 章，“人际知识战略：创建和投射”，讨论了人际交流在隐性和显性知识投射中的重要作用，以及律师事务所提高这些传递的质量、速率和频率的方式。

第 11 章，“非人际和数字化知识战略”，介绍了律师事务所从第三方取得的脑外资源，或者律师事务所创造的脑外资源。就每个这样的组成部分，都有关于行为和过程的建议，以及帮助实现价值的辅助系统的建议。

当我们讨论非人际和数字化知识战略的这一最后组成部分时，我们要运用我们的关于律师事务所商业和经济的学识，以及在第 3 章从财务主管和管理合伙人那里获得的智慧。你将回想起财务主管从必备、应有和投资决定角度提出的框架。在提到这些事情时，财务主管描述了三种有形和可见的知识战略输出。

财务主管描述的是知识大厦的三个房间，但并不是基础，他看不到这一点，并且他对此并不关心。律师事务所的知识项目常常认为每个这样的房间都是独立的实体，忽视了它们之间的相互关系，以及它们对强有力的基础的依赖。不用说，这些行动计划很快就会出现裂缝。

我们不能在没有关注基础的情况下，就构建非人际知识之屋，因此，在我们讨论必备、应有和投资决定这三个类别之前，应该先识别这些输出背后的效率基础。

第 11 章审视了非人际和数字知识战略的下列因素：

- 效率基础：常常被忽视但是必备的基础
- 必备行动计划：进行竞争的核心性法律知识工具
- 应有行动计划：服务于委托人和增加 PPEP
- 法律投资选择：关于质量、委托人服务或者律师满意度的投资项目

律师事务所的许多知识管理项目开始于知识战略的三个维度中的最后一类，即投资项目。也就是说，它们开始于创建并不重要的投资项目，这是因为它可能有着杰出的发起人，并将某个新技术运用于律师事务所。律师事务所在进行知识管理。这样的项目常常把人们动员起来，并形成了数据库或者工具，并在欢呼雀跃中开始施行。新的知识管理根据已经创建了。此后就是热情消退；贡献和使用率变成了涓涓细水，意识水平降低到几乎看不到。当提起“数据库”时，项目发起人和所有者感到不自在，会为之辩解。

这些类型的行动就像是在未加处理的墙面上涂抹新漆。它一时看起来很是光鲜，参与这项工作的人退后远眺，容光焕发，赞美着他们的手艺。此后涂料开始脱落，裂缝开始出现，变色的污渍开始渗出。在这个时候，那些参与该工作的人开始啧有烦言，而不知反躬自责。

一些律师事务所看到了一波又一波的“新瓶装旧酒”这样的知识项目，从有形的先例到数据库，从数据库到内部网，从内部网到门户网站——精力多投入了有形的输出上了，忽视了战略、准备、文化和行为。清理污损的墙面用于绘画，是艰苦的工作，很少有人喜欢。在经历找平、打磨、清洗、刷底漆等又脏又累的

漫长时间后，愉悦的感觉才姗姗来迟。然而，绘画大师将告诉你他们成功的秘诀就是准备。

同样，知识战略的大师知道，艰难、缓慢的文化工作，战略促进和协同发展，以及建设效率基础，是成功知识管理的秘诀。

希望后面的章节能够帮助你克服困难，祝你能够避免受到“新瓶装旧酒”的诱惑。

# 6

# 准备 101：文化很重要！

每个文化有其独特和常态的治理系统。你们的是民主的，夹杂着腐败。我们的是极权的，夹杂着暗杀。

——不知其名的俄国人

本章帮助就知识战略补充性工作的两个重要方面进行准备，第一是“坦率盘点”，第二是“价值观、信仰和隐性知识”。

许多人提到，文化问题是知识管理的搅局者。[①] 文化常常被作为会议演示幻灯片的最后内容，或者知识管理书籍的最后一章。文化被说成是一种障碍，是最大的障碍，只有必须对此加以克服或者改变，才能收获知识管理带来的回报。

我的看法很是不同，我将鼓励你也去这么做。我认为了解当前的组织性文化，并策划在战略中和知识行动计划的贯彻阶段如何与该文化互动并利用该文化，是成功和持久的知识战略首要的、最重要的步骤。

在本章，我们将：

- 探讨组织性文化是什么，为什么它很重要，以及如何评估它
- 讨论支持知识战略的文化因素
- 识别律师的共同文化特点，以及它们对于制定和贯彻知识战略意味着什么
- 为指导委员会提供文化规范的例子，以及行动的查核清单

## 什么是文化？

John Kotter——组织变迁方面的重要专家——在其著作《领导变革》(*Leading Change*) 中讲了一个有趣的故事：

设想你走进了一间办公室，不喜欢它的摆设方式。因此，你将一把椅子挪到了左侧。你把几本书放到了书柜上。你找了把锤子，把画作改挂在他处。所有这些顶多花费一个小时，因为这些工作相对简单。确实，在任何有着独立组成部分的系统中进行变革通常都不是很困难。

① Melissa Clemmons Rumizon, *The Complete Idiot's Guide to Knowledge Management* (Indianapolis, Ind.: Alpha Books, 2002), 161.

现在，设想你走进了另一间办公室，在这里各种绳索、橡皮筋、钢索将物品连接在一起。首先，你即使是走进房间不被绊住都有困难。当你慢慢地坐到椅子上后，你试图挪动它，但是发现这一很轻的家具也纹丝不动。竭尽全力后，你把椅子挪动了几寸，但是接着你发现，许多书从书架上被拽了下来，沙发也向你不喜欢的方面挪动了。你慢慢地走到沙发那里，试图将其推回正确的位置，这证明极其困难。半小时后，你成功了，但是现在台灯已经被拖下了桌子边缘，危险地悬在半空，只靠两根不同方向的绳索和钢索支撑着。②

反思这个故事，我们可以获得许多启示。如果我们认为我们的律师事务所是独立变量构成的系统，这些变量可以任意移动和重新设置，则知识管理就成了简单易行的战略活动。制定出你自己的战略，告诉人们该战略是什么，他们要做什么，然后坐下来享受回报，因为律师和其他人会立即拥护新的行为和过程，放弃旧的行为和过程。

在我们的天真烂漫的梦境中，我们的合伙人和律师不仅拥护新的行为和过程，也会热情地这么做，并认可我们的天才。当然，在我们的梦中，我们的自我也得到了充分的滋养。

然而，我们的律师事务所的现实更像是 Kotter 的第二个办公室，甚至更糟。与 Kotter 所说的绳索、橡皮筋和钢索不同的是，在律师事务所里，许多将物品捆绑在一起的力量是看不见的、一环扣一环的。在律师事务所中，去移动某些绳索或者橡皮筋，不仅会产生抵制变革的力量，而且会钳制住促变因素。就像有着免疫系统的生命组织一样，律师事务所总是对试图改变它的外来物作出某些反应。造成不可见障碍的因素有许多，包括弥留的个人的历史性个人权力、政治和过程，因为作为律师事务所挥之不去的习惯的一部分，痛苦的体验尽管已经远去但是仍然在徘徊。

约束组织及其整体行为的力量叫做文化，文化是一个有力的力量，在你的有效知识战略中，必须对此加以理解和利用。

律师事务所的文化不过是组织中的人员头脑内的知识汇集。这种知识根深蒂固，通常难以挪移。这种知识影响并且常常规定着组织内的人们作为个人和群体的行为方式，以及其应对各种情况的方式。文化是关于适当和不适当行为的共享标准，关于有可能得以承继的行为风格的知识，以及关于在过去偶尔失灵的行为风格的知识。它是关于混有不准确的感受和情感的组织的经验、记忆的共享历史。重要的不是实际的历史，而是它如何被理解、被报告和被记忆。它是共享的价值观、信仰、方针、规则、假设、故事、历史、心智模式和经验法则。

在推进你的律师事务所的知识战略时，你需要与文化共处，而不是要去对其加以彻底改变，这完全是不可能的。如果你能够盘点当前的文化、设想未来的文化，然后策划你将如何利用当前文化的要素实现未来的文化，你就更可能取得成功。当然，当前文化中的某些事情可能需要打破，但是即使在打破它们时，如果你能够利用文化的另一部分或者对之加以推演，它就更可能扎下根来。例如，你可能能够利用借用组织的文化和历史的语言和比喻重新表达你的信息——你可能能够将这一变革与过去的成功结合在一起，使之与过去的不成功区别开来。

② John Kotter, *Leading Change* (Boston: Harvard Business School Press, 1996), 135.

## 文化盘点战略

最简单地说，文化是“这里发生的是什么”“如何办事”“我们如何做事情”。Ed Shien——组织性文化的重要思想者之一——提供了一个更为正式的文化定义，即文化是“一种共享的基本假设模式，群体学习它，是因为它解决了其外部适应和内部整合问题，这种模式工作得很好，被认为有效，因此被教给新成员作为你理解、思考和感受这些问题的正确方法”③。

按照 Shien 的说法，有三个层面的文化：

1. 器物
2. 信奉的价值观
3. 基本假设

### 器物

器物是律师事务所文化的物质表现形式，也就是说，是能够看到、听到或者感觉到的东西。想一下你的律师事务所的器物及其对你的律师事务所的人员的意义。从你的建筑物中出来，设想你是来自另一个星球的探险者，然后“造访”你的律师事务所，在笔记本上记下就你的旅途所做的具体观察。④ 思考下列问题：

- 接待区“感觉”如何，看上去怎么样？
- 接待人员传递了什么样的情绪？
- 如果在接待区有供访客阅读的出版物，这些出版物是什么？律师事务所出版物就对于律师事务所而言至关重要的事情传递了什么？
- 在办公室走一遭，你对那里的人，以及他们彼此回应和联系的情况有什么感觉？这里很安静还是很嘈杂？是个人性的还是团队性的？有序还是混乱？毫无生气还是色彩斑斓？
- 更仔细地看看每个人的工作区域，是否允许有差异？靠近窗户、更好的视野或者墙角的办公室是否代表着在组织中的地位？物理环境是否一致？
- 律师看上去是萎靡不振还是精神抖擞？
- 着装和语言的正式程度如何？
- 是否有团队工作的公共空间？
- 休息室有没有活力？员工们是在默默地搅拌着咖啡、避免目光接触，还是在交谈着？
- 不同的业务团队以及业务团队内部的器物，是否有所不同？
- 在就职程序中，给新律师定了哪些目标？

### 信奉的价值观

信奉的价值观是组织在内部或者外部正式表达的价值观。在通常情况下，律师事务所信奉的价值观属于管理范畴，常常体现在管理层的演讲或者营销口

③ Ed Schein, *Organizational Culture and Leadership* (San Francisco: Jossey-Bass, 1997).

④ 被指责为来自另一个星球，实际上可能是知识能动主义者的一种荣耀。

号中。

你的律师事务所信奉的价值观可见于：

● 招募宣传册

● 你的互联网和内部网网站

● 你的宗旨说明

● 你的价值观和能力素质框架

● 管理层的战略陈述

● 委托人提供的出版物和宣传册

● 正式的方针和程序

● 成为合伙人的方针和标准

在大多数律师事务所，信奉的价值观具有追求性因素。也就是说，管理层和律师事务所认识到，律师事务所还没有按照信奉的价值观而行为，但是它们是要被追求的价值观，希望能够就此积极进行鼓励和奖赏。

## 基本假设

基本假设是关于什么重要以及如何办理事情的心智模式或者基本假设。

如你所料，在组织的基本假设与其信奉的价值观之间，常常存在某种程度的分离。例如，律师事务所信奉的价值观可能包括致力于对其律师进行培训，但是律师事务所内的基本假设是，可收费工作和委托人事务总是要优先，即使你已经个人承诺（并确认）参加一个价钱不菲的外部培训项目。

基本假设是组织的信仰，与更乏味的信奉的价值观相比，这常常包含更简单、更直接的表达。在某些情况下，基本假设可能也包含非正式认可的方针例外，或者就下列事项被接受的规则：当背离律师事务所的方针可能是适当的时候，如何作出决定。

为了分析你的律师事务所的基本假设，你应当考虑下列问题：

● 合伙人和管理层关注（也就是管理）什么？

● 管理层向合伙人发出了什么信息？有多少这样的信息得到实际讨论或者成为行动依据？

● 委员会或者管理委员会的日程结构是什么样的，哪些项目在历史上最吸引人们的注意力？

● 就所负责的律师，合伙人注意、关注什么？

● 什么样的行为会受到组织的处罚？

● 违反什么样的信奉的价值观不会受到处罚？

● 什么样的行为会受到褒奖？

● 在绩效评估中，要测量什么？未能达到这些量度的后果是什么？哪些绩效评估是全面进行的？哪些是按照简易程序进行的？（分析匿名收集的绩效评估表，相当能说明问题）

● 最后被接纳为合伙人的十个人关心的是什么，他们是如何行为的？就其在律师事务所的成功秘诀，他们是怎么说的？

● 合伙人接纳标准是如何适用的？在接纳委员会评议过程中，最经常讨论哪些因素？最后五个不成功的候选人被拒绝或者被推迟接纳的根据是什么？

● 各种离职谈话就文化持什么看法？

● 从过去 10 年中被视为成功和不成功的许多项目中尽可能多地学习。就在律师事务所内取得项目成功，有哪些说法？

你的推动知识管理行动计划的团队需要就此进行彻底的、有思考的、诚实的和秘密的研究，并在补充性文件中将其记录下来，这要发生在进行磋商或者策划个人、人际或者数字化资产战略之前。特别是就这一研究活动而言，人力资源部门将提供有价值的看法。

必须进行这种研究的原因，首先是识别钢索、看不见的关系、连环套——所有这些事情，你的知识计划都会遇到。这是至关重要的侦察：这些信息将防止可能危及你的使命的伤亡。

在盘点了当前的文化之后，团队接着应当识别将支持律师事务所内的知识创设和投射的文化类型。不幸的是，大多数文献并没有提供什么帮助，只是说你应当有"知识共享文化"。

2001 年，McKinsey 发表了对全球大约四十家公司的知识管理实践的调查结果，这是为了探讨成功项目与不成功项目之间有何差别。在发表在《麦肯锡季刊》（*McKinsey Quarterly*）的文章"创建知识文化"中，作者总结了其调查研究结果："调查和研究结果可以总结概括如下：成功的公司建设了这样的公司环境：在其雇员中培养对知识的渴望，确保其得到持续适用、传播和创造……不成功的公司常常采取从上到下的方法：将知识推送到需要这些知识的地方。相反，成功的公司就寻求、分享和创设知识褒奖雇员。它要求投入精力来开发我们所称的'知识拉动'，这是雇员接入他们公司的智力资源的基础性欲望。"⑤

"知识拉动"文化的存在，是成功的知识管理计划的关键组成部分。这回应了 Manville 和 Foote 的信念，即知识管理的力量在于需求方（即寻求信息的律师），而不是想要律师分享的供给方，即律师事务所。

与开始试图建设知识投射文化相比，建设需要、期盼和利用集体知识的文化要容易得多。如果利用集体知识是文化身份的一部分，该文化中的人的行为将与该身份一致，并自己传递和投射知识，以促进知识管理得以建立的共享互惠。

以下所列的是支持律师事务所知识战略的文化规范和信仰：

## 支持知识战略的文化因素

我们是一个"全所一体化的律师事务所"。我们雇用的是想要成为具有凝聚力的律师事务所的一员的出色律师，在这里，律师为出色的委托人的事务一起工作、彼此帮助。我们在使用知识方面彼此信任，并尊重他人的劳动。

我们认为，使我们成为一个出色的律师事务所的，是我们为委托人运用我们所有人员的知识和技能。我们的人员的知识包括法律知识、研究知识、人员知识、技能、动机和价值观。

我们认为我们的委托人有权获得我们的集体专门知识——要求我们从律师事务所其他律师的活动中学习。在开展工作时，我们总是首先寻求利用律师事务所的专门知识和先前的学习。

---

⑤ Susanne Hauschild, Thomas Licht, and Wolfram Stein, "Creating a Knowledge Culture," *McKinsey Quarterly* 1 (2001). Available: http://www.mckinseyquarterly.com/article_abstract.asp?tk=352635:991:21&ar=991&L2=21&L3=37 (accessed December 18, 2002).

作为职业人员，我们对我们法律领域内的问题都有求知欲。个人和集体可用知识的持续发展和维护，可用知识，是律师事务所的核心价值观。

我们律师事务所珍视、测量并期待优秀的研究技能。

我们律师事务所的每个律师都接受作为该律师事务所的一部分所应承担的个人责任，并对他们提供并与更多的人分享的信息的质量和完整性承担个人责任。绩效评估制度与这些期待是一致的。

我们的业务团队领导人和合伙人致力于运用律师事务所的集体智慧，他们本身就是个人、人际和非人际知识运用和投射的优秀榜样。

我们认为"知识管理"是一个没有帮助作用的用语。我们谈论的是"知识战略"。我们认为知识战略的目的如果与业务没有关系，则就是在使人分神，是在浪费时间和金钱。

我们认为知识战略是关于人员、谈话、知识投射和个人学习的，而不是关于数据库或者技术的。我们认为有效的知识战略要求每个律师富有意义地致力于个人发展和知识投射，要求律师事务所及其管理层对此加以支持。

总之，作为一个律师事务所，我们确立了知识战略和日程。一旦确立了这些战略和日程，个人的差异就被搁置一旁。我们认为知识战略需要投入，要有具体角色，要投入资源。作为一个律师事务所，我们仅仅投资于这样的与知识相关的行动计划：使我们能够进行竞争、实现我们对委托人的承诺、维持我们的高质量、提高杠杆作用、减少行政开支或者使律师更有效率地从事非法律活动。

审查这一清单，根据你对你的律师事务所的当前文化（基本假设，而不是所信仰的价值观）的评估思考每个问题。将上面的各个点归类到下列之一：

- 步入正轨：该项目已经是你的文化的一部分——良好的开端！
- 能够整合：该项目并不是文化的一部分，但是有可能将这一概念塑造得与你的文化的现行组成部分保持一致，或者成为其延伸。或者，有可能将这一要素的缺乏塑造为与你的现行文化不一致。经过努力，这些要素有可能融入你的文化。
- 需要破除的束缚：该项目并不是文化的一部分，并且有着与这一概念不一致的强有力的组织性规范。这一要素不能与现行的文化整合在一起，需要对现行文化的一个或者多个要素进行变革。在这里有需要破除的束缚。

你的知识战略补充性文件需要盘点你的当前文化，并包含这一分析，以识别那些可以利用的支持知识的文化要素，那些可以整合的文化要素，以及那些需要进行文化变革的文化要素。

对于那些已经步入正轨或者能够进行整合的要素而言，要识别现行文化中支持这些要素的部分，并说明这些要素如何可以被理解为与现行的文化和谐一致。相反，新的文化因素如何赋予你的文化的其他现行部分和谐的意义？你如何能够把这一新的要素宣示为组织的文化和你的律师身份的相互联系的、自然的组成部分？什么样的器物和信奉的价值观有助于整合这种文化延伸？

对于那些不能融入的因素，列出现行文化中与新的因素不一致的部分。它是因为什么不一致？常见的反对会是什么？为什么新的因素不是"这里的做事方式"？

大多数律师事务所信奉的价值观与上面列举的 12 个文化要素的大多数是一致的。他们未能有效执行那些信奉的价值观，或者缺乏执行准备，导致律师事务所内的基本假设与上述要素不一致。

考虑所有情况以后，关键的是做了什么，而不是说了什么和信奉什么。如果这些事项没有得到处理，知识战略就不会成功。许多优秀人才的时间和精力将被浪费，3年之内，知识行动的领导权肯定会被剥夺。正确处理文化问题，否则项目注定要失败，3年内你将需要找新工作。

就那些不能整合的要素而言：

- 如何才能使人们真的相信这是做事的方式？
- 如何才能从信奉的价值观转向基本假设？
- 能够通过小道消息传播妨害这一新的因素的恶龙已经被杀死的最有力的信号会是什么？

例如，把没有代表文化要素的候选者推迟晋升为合伙人，是否提供了信号？如何才能做到这样？

对于每个不能与文化轻易整合的因素，你必须确定一个程序，并有计划地加以执行，以在律师事务所内清晰、毫无错误地发出变革信号。你也需要确保不会发出相反的信号。如果与新的文化因素不一致的行为得到了认可或者容忍，则良好的信号就会被中和。例如，如果几个展现了相反态度的人成功地晋升为合伙人，则推迟某个候选人晋升为合伙人就没有什么意义了。

在思考你的战略时，你还应当考虑建立一个明晰的器物计划作为表明和强化文化转型的补充性手段。如果你不解决这些问题，不要期待会发生文化变革。

## 律师的共同文化特点

知识战略补充性文件的第2部分，是识别你的律师的共同文化特点。

因为关于知识行动计划的大多数交流要同律师进行，值得花时间分析你的律师事务所律师的共同特点，确保你在所有的交流和互动中利用和处理这些特点。换言之，作为一个委员会，作为一个领导者，你需要像你所能够设想的最佳的产品营销人员一样，用同样的专业性和彻底性对待你的市场。你需要深入了解你的客户。你需要知道什么使他们作出选择，什么使他们兴奋，什么使他们气馁，什么使他们付诸信任，什么使他们心服口服。

### 律师如何与众不同？

Susan Daicoff——首都大学（Capital University）法学教授——研究了律师的个性、职业主义和法律职业。Daicoff说，该研究清晰地说明下列几个特点使律师与一般大众确实不同：

1. 对人、情绪关切和人际事务不感兴趣
2. 更缺少博爱
3. 冰冷，爱争吵，不那么热情和随和
4. 外向，善于交际
5. 阳刚之气（包括喜欢辩论、具有竞争性、进攻性和控制欲）
6. 高度需要取得基于外部和内部卓越标准的成就（包括竞争力）

7. Myers-Briggs 维度中的“思考型”而不是“情感型”（作出决策的方法）

8. 偏向于 Myers-Briggs 维度中的内向型、直觉型、思考型和判断型

9. 就伦理决策采用常规的法律和秩序方法

10. 比一般人更容易有心理健康（包括抑郁）和药物滥用问题⑥

就像表 6.1 所表明的那样，支持这些结论的研究数据是令人震惊的。对于那些不熟悉 Myers-Briggs 分型的人而言，有必要进一步解释一下 Myers-Briggs 中的“思考型”和“情感型”偏向：

● 思考型的人重视正义、理性、真相和客观；决策并不反映他们自己的个人价值观；他们会冷酷无情，深谋远虑；他们是优秀的问题解决者。

● 情感型的人重视和谐、人际关系、颂扬和仁慈；在决策时运用他们自己的个人价值观；寻求为自己和他人为所应为；对决定对他人的影响保持怵惕。

**表 6.1　　关于律师特点的研究结果**

| | 律师 | 人口总数 |
|---|---|---|
| 对工作极端不满意 | 17% | |
| 抑郁 | 19% | 3%～9% |
| 酗酒 | 18% | 9% |
| 化学依赖 | 15%～18% | 10%～13% |
| Myers-Briggs 思考型（vs. 情感型）偏向——男性 | 81% | 60% |
| Myers-Briggs 思考型（vs. 情感型）偏向——女性 | 66% | 35% |
| 睾丸素水平（非诉讼律师） | 比其他职业人员高 40%，低于蓝领工人 | |
| 睾丸素水平（诉讼律师） | 比其他律师高 30%，与蓝领工人处于同样水平 | |

来源：Daicoff，users. law. capital. edu/sdaicoff/allslides99/sld001. htm.

就像 Daicoff 所说的那样：“那些更喜欢在思考的基础上作出决定的人，更喜欢以一种符合逻辑的有序方式来结束。他们很容易发现不准确的地方，常常是很苛刻的。他们很容易伤害别人的感情，却不知道这一点。他们是出色的问题解决者。他们在决定之前要审查可能的行动的因与果。思想者常常被指责为冷酷，有些老谋深算，这是因为他们的决定并没有反映他们自己的个人价值观。他们关注的是发现真相，他们寻求的是正义。”⑦

⑥ Susan Daicoff, *Attributes of Lawyers*, 1999. Available: http://users. law. capital. edu/ sdaicoff/schma. html (accessed December 18, 2002).

⑦ Susan Daicoff, “Lawyer, Know Thyself: A Review of Empirical Research on Attorney Attributes Bearing on Professionalism,” *American University Law Review* (1997), 1337. Available: http://www. wcl. american. edu/journal/ lawrev/46/daictxt. html (accessed December 18, 2002).

这些就是你需要一起工作并共同促进行为变革的人。

不要被误解所困扰。

为了帮助你开始你的分析，下面是 11 个律师的常见文化特点，以及这些特点对知识战略创建和贯彻阶段的影响。你应当考虑你的合伙人和律师是否展现了这些文化特点，并结合你的律师事务所内常见的其他特点，完成分析。你所完成的分析，连同你在所做的每件事情中利用这些特点的战略，应当作为一组，成为知识战略不公开的补充性文件的一部分。

## 共同的文化特点：

***特点 1：语言是律师行业的工具，律师非常骄傲于口头表达的精确性、拼写、语法和语言的高度解析性使用。***

针对这一特点的战略和做法：

● 校对每件事情。

● 只要有可能，就去识别概念并就此作出定义。

● 考虑阅读关于伟大演讲和如何撰写演讲稿的书籍，或者使用适当的新闻记者帮助撰写。

● 阅读由律师事务所重要的、德高望重的合伙人所撰写的文件，提炼出通用短语和语言概念，用于你的材料。

● 积极倾听律师事务所内的律师所使用的语言。

● 总是使用一致的表述。就同一概念不要使用不同的字词，这会被解释为语无伦次和思维不缜密。

● 严格保证你的语言的精确性。

● 确保团队的每个人都知道如何讲述伟大的（和有效的）故事。⑧

***特点 2：律师喜欢能够理解某个命题的规则和典据来源。他们喜欢了解和分析因果。***

针对这一特点的战略和做法：

● 通过说你的观点所立足的研究和典据，构建可信性。

● 为律师提供足够信息，使他们在心中能够建立概念框架，否则他们就会感到不舒服，感到他们要么“没有被告知整件事情”，要么“被蒙在鼓里”——二者都不会使其愿意帮助你。

● 使用标准性的表述。例如，使用是否已经进行了投资的标准，而不是“商业论证”。

***特点 3：律师是高度挑剔的，想要测试命题，评估逻辑，识别其他可能性。律师因为其训练而倾向于识别问题、风险或者事情不能奏效的原因。律师想要深入弄清楚什么是错的，而不是什么是对的。***

针对这一特点的战略和做法：

● 在交流过程中直接问律师，“我们如何能够检验这一点？”在讨论问题时要

---

⑧ See Steven Denning，*The Springboard*，*How Storytelling Ignites Action in Knowledge－Era Organizations*（Boston：Butterworth－Heinemann，2000）.

开诚布公。

● 不要在律师试图通过探究理解问题时摆出防御态势，帮助他进行这一过程而不是进行防御。尊重识别各种选项的过程，但是要关注向前推进并作出决定。

● 特别是诉讼律师，为了理解将会刨根问底，而不是要破坏概念（无论如何是没有这种必要的）。你要期待律师分析（盘问）你提出的观点的局限性，因为律师试图探索原则能否适用的环境。理解这一局限，以及你倡导的原则是否适用的环境，是律师将新概念内化的方式之一。

● 总是期待高度挑剔的听众。

● 在促进过程中，使用 Edward de Bono 提出的技巧。当提出一个概念或者理念时，参与者必须分别说明他们喜欢什么，不喜欢什么，为了使之更好，他们能做什么。按照这种思维框架，将会形成更好、更具有成效的反馈。

***特点 4：律师通常习惯于解决问题和指明选项，而不是作出决策，那是委托人的事。***

针对这一特点的战略和做法：

● 这种“查明问题并提供多个解决方案”的特点，会造成律师事务所内许多促进变革的活动走进死路一条。谈得已经够多了，许多选项已经深入探讨了，文件已经创制，但是没有决策。

● 清晰说明什么时候要集体作出决定，而不是说明识别和探究选项的期间。

● 说明在你的思考过程当中被丢弃的选项。说明为什么要考虑这些选项，为什么要丢弃这些选项。如果你不这么做，律师会感到你很懒惰，没有考虑其他选项（即使你已经考虑了）。律师为委托人提供建议的过程，是一个识别和讨论所考虑的选项的过程。他们并没有仅仅提供他们认为最好的选项，他们说明了一路下来他们所考虑的各种选项。在你的交流中反映这种方法。

***特点 5：一旦他们了解了某个概念，律师就会期待某些事情已经做了——“我们为什么还没有做？”一旦内化，概念就会变得对他们而言“显而易见”，他们会因为律师事务所还没有做哪些显然需要做的事而有挫折感。***

针对这一特点的战略和做法：

● 全面管理期待。确保期待管理计划是你的项目方法的一部分。

● 建构一个故事，说明做事情所要花的时间，其他组织从事类似的过程要花多久，向群体提出挑战，使其比该时间框架花的时间更少。找一个故事，说说一个不耐烦的委托人如何想要立即贯彻一个很困难的法律解决方案，而不考虑所花的时间和参与工作的律师如何。这将对律师产生共鸣，确认他们的价值，让他们接受你的项目能够追上他人所花费的时间。

● 承认只有在整个律师事务所参与战略创建过程的情况下，战略的创建和贯彻才能实现。找一个法律交易的例子，说明在行动之前达成一致意见是必要的，即使什么行为适当早已经显而易见（也许是一个资不抵债的例子或者诉讼例子）。反之，建构一个故事，说明在大型法律交易中如果没有策划，会导致委托人不满或者律师不满。换言之，找到一个不成功的例子，其律师的痛楚之深，必须加以避免。

***特点 6：律师，作为职业人员，需要感到就变革过程被请教了，感到他们的输入被考虑了，并产生了影响。只有在律师同意被管理的情况下，才能对律师进***

***行管理。***

就像Maister所解释的那样："无论要做什么事情，职业人员必须自愿赞成和接受新的职责。他们必须愿意赞成（或者至少同意）放弃他们的小心翼翼保护的自治。他们必须同意被管理。"⑨ 律师不愿意屈尊于他人或者支持与其特别观点不完全一致的组织性目标。

针对这一特点的战略和做法：

● 在一开始，要把两轮磋商过程说得很清楚。

● 在两轮磋商过程中，拜访每个合伙人。在那里倾听，不是说话。

● 确保所有磋商都有详细记录，要就磋商过程制作一个报告，并有直接的引述。作为过程的一部分，获得同意，将一对一访谈记录提供给有兴趣的读者。

● 在知识战略文件中彰显所有参加磋商过程和个人访谈的人员。

● 严格编制访谈记录。

● 如果在知识战略文件起草过程中，在草案传阅征求意见后有所变动，确保在最后的知识战略文件公布之前，要有一个说明，记录收到的意见的数量，它们涉及的是什么问题，作为该意见的结果，什么样的变化纳入了最后的文件。确保在草案传阅阶段之后，至少作出了一处实质变化。

***特点7：律师很少经历失败，他们会变得进入防御状态，筛阻批评，将责任归咎任何他人，但是自己除外。***⑩

针对这一特点的战略和做法：

● 在讨论知识战略的具体问题时，这与第二轮磋商过程特别有相关性。

● 不要问他们需要什么，而是要这样经营促进过程，即"关注"其他虚拟的已经有前述的知识支持文化的律师事务所同样的业务领域。那里的律师是怎么做的？请律师描述该其他律师事务所的现行行为。如果律师必须反思他们当前的状况，他们就更可能关注细节，弄清楚为什么特定的行动计划不能奏效，而是探讨为什么它仍然是正确的行动计划，或者它如何可以与更广泛的概念框架相适配。记住，律师的大脑将要思考识别已经向他们提出的状况中的问题，他们进行分析的最深刻的参考标准是律师事务所过去的知识行动。

● 虑及律师通常需要就不完美的现状这一事实找到承担责任的人，要考虑如何处理这种责备。房间中会有人曾参与先前行动，许多作出了个人牺牲、巨大和无私的奉献以求更好的结果。保护这些人不受责备很重要，然而，房间里的律师需要能够通过分析弄清楚为什么事情现在并没有处于完美状态。记住，律师会对因与果感到兴奋。如果现状需要改变，那种状况之所以发生，肯定是因为某些人未能做正确的事情。考虑一下将律师事务所缺乏进步的主要原因归咎于知识管理＝信息技术这一概念，与此同时，认识到其他组织还没有摆脱那种有局限性的概念。这将给律师提供一个他们感到舒服的归咎焦点，一个分化点，一个渐进过程中的"胜利"。

***特点8：律师作为职业人员，有专业知识，作为精英受过训练，他们常常认***

---

⑨ David Maister, *True Professionalism* (New York: Touchstone, 2000), 56.

⑩ Chris Argyris, "Teaching Smart People to Learn," in *Harvard Business Review on Knowledge Management* (Boston: Harvard Business School Press, 1988), 83.

***为他们自己在其他领域的判断也是神圣不可侵犯的。律师希望他们的同行能够确定行为守则和可接受的行为标准。*** ⑪

针对这一特点的战略和做法：

● 对此有所预料，不要因此受到惊吓或者感到沮丧。要接受这样的现实，即律师不会对知识管理学科表现出职业尊重。你必须通过行动和行为赢得个人尊重。

● 解释指导委员会的组成，以及在该团队中律师扮演的关键角色。在磋商过程中，就指导委员会的律师提供简要的简历信息，为律师提供一种观念联系。

● 创建一个故事说明你、你的团队以及律师的不同技能在对于律师而言有意义的背景下所作出的贡献。

● 讲一个故事，说明其他律师群体的磋商过程如何产生了你的团队未曾料及的见解，这现在已经纳入了律师事务所的思维。这将用于说明已经在有关活动中关注了律师，也用于悄悄地激起他们的竞争本能，即要比其他律师群体提供更好的见解。

● 明确肯定那些为了给自己和律师事务所带来更好结果而挑战概念的人，为过程所带来的价值。

● 把律师作为知识管理学科的知识同行，而不是新手（即使你读书更多，有更为深刻的见解）。

● 在磋商过程中，就将要深入探讨的问题，至少与一位受到高度尊重的律师进行预先沟通，共同开发一些故事和你可以向该人提出的问题。该人也可以向你提问，表明可信性和接受。

● 在讨论中使用与合伙人一对一讨论时获得的例子。换言之，确保在业务团队磋商程序之前，与团队中的几个合伙人进行了一对一的讨论。在磋商过程中提及不公开的讨论，通过与合伙人联合，强化对促进者的尊重，就这些讨论加以评论，将获得相关合伙人的支持和认可。利用这样的事实，即律师将唯其合伙人马首是瞻。

***特点9：律师事务所和律师有着高层次的政治活动。⑫带来委托人的呼风唤雨者掌握着权力。***

针对这一特点的战略和做法：

● 认识到组织的高度政治性并利用它。不要指责它，而要研究它，理解它。

● 像你所知道的最出色的政治家那样思考。

● 准备参与进去。研究一下人们和他们的业务，要求就他们的业务、他们的委托人有硬数据，要表明了解他们所做的工作。不要使用数据打击对方，否则就会使争论限于停滞，而是要作为一种方式引导他们进一步理解和尊重你对他们的兴趣和你的工作的质量。

● 记住你的律师事务所的文件管理系统含有你的律师所撰写的所有文件，这能够不同凡响地使你快速了解律师实际在做什么工作，能够提供进行讨论的例

---

⑪ James Quinn, Philip Anderson, and Sydney Finklestein, "Managing Professional Intellect," in *Harvard Business Review on Knowledge Management* (Boston: Harvard Business School Press, 1988), 185.

⑫ See William Starbuck, "Learning by Knowledge－Intensive Firms," in *Knowledge in Organizations*, ed. Laurence Prusak (Boston: Butterworth－Heinemann, 1997), 152.

子。做好你的家庭作业。

● 非常认真地对待补充性文件的创制和使用，彻底、再彻底地准备一场政治竞选。

● 弄清楚谁是呼风唤雨者。认识他们，研究他们，和他们对话，将他们争取为朋友。弄清楚他们尊重谁，也将这些人争取为朋友。你正在做的工作如何能够使他们的生活更加容易，你能够如何帮助他们？他们感兴趣的是什么？要能够简洁地向他们说明你所做的工作的价值。

***特点 10：律师是有层级的，更年轻的律师可能更不愿意参与促进过程，或者说什么可能被视为无知的话。***

针对该特点的战略和做法：

● 在磋商会议的一开始就确立基本规则，由群体中受人尊敬的合伙人传达平等和贡献的重要性的信息。

● 在磋商会议的一开始就承认参与者的不同角色，经验意味着他们将就知识和在工作中如何使用知识有不同的看法。会议的目标不是要达成一个唯一的、最后的模式，因为在律师的职业生涯中，律师使用和传递知识的方式会发生变化。

● 在过程中确保观点的平衡，这可能要求在磋商过程中具体要求个别参与者表达其看法。

● 就延伸思考确立基本规则，这可能涉及说某些蠢话。在某个时间点上暂停一下，要求大家进行反向思维，事情就会真的有所不同，这是促进思考的一种方式，也为提出建议提供了安全感。

***特点 11：合伙人是企业的所有人，已经通过仪式成为合伙人，验证了他们的与众不同。他们喜欢被不同地对待，以彰显他们的地位和身份。***

针对这一特点的战略和做法：

● 在进行一般性地分发之前，确保合伙人总是得到主要的消息和信息。

● 在两轮的磋商过程当中一对一地与所有合伙人进行磋商。在磋商过程中，花更多的时间与高级合伙人和呼风唤雨者磋商，寻求他们根据更为丰富的经验提供的智慧，以及他们对行动计划的可以看得见的支持。

● 具体说明根据合伙人的输入和磋商对传阅的计划草案的修改，认可合伙人作出的贡献所具有的价值。

● 告诉合伙人他们出席磋商会议是获得律师支持的重要组成部分。鼓励他们在磋商会议中重复他们可能一对一作出的评论，以增加群体的理解。否则，合伙人将要么不出席会议，要么出席会议但是不参加讨论，因为他们已经将其观点告诉了你，告诉你两次对于他们而言纯属多余。

你现在知道了如何识别你的律师事务所的文化，如何识别你的律师的文化特点，并知道在遵循先创建再贯彻你的知识战略的方法时，如何利用二者。

需要考虑的最后一个文化维度，是指导委员会的文化和整个知识战略行动计划的文化。

我们知道，对于知识战略而言，知识战略的补充性文件是知识战略的一部分，补充性文件的第 2 部分所涉及的是驱动行动计划的群体成员的价值观、信仰和隐性知识。

## 指导委员会的价值观、信念和隐性知识

知识战略的补充性文件的第 2 部分，即“价值观、信仰和隐性知识”，包含下列要素：

- 将要指导委员会及其知识战略方法的价值观、信仰和行为
- 我们用于测量我们在推进知识战略中全部所做工作的查核清单
- 指导委员会成员关于知识管理的隐性技术性知识和隐性知识的最低标准
- 指导委员会成员必读材料（书籍、文章等）
- 参与变革管理过程的人员应有的最低技能
- 指导委员会共享的语言和术语词汇表

其中的几个是显而易见的——例如，团队成员的隐性知识最低标准，必读材料清单、变革管理最低技能和共享的语言的术语（就此你可以复制并加入到本书的词汇表中）。然而，前两个要素，还没有得到普遍关注，值得进行一些讨论。

### 指导委员会和知识管理行动计划的文化关注点

在补充性文件的这一部分，指导委员会应当思考将要指导其委员会的行为和知识战略方法的价值观、信仰和行为。这是建设一个有凝聚力的群体，驱动促进过程，进行有教育意义的、富有成效的讨论，创建知识过程的关键组成部分。

下面是一个例子，说明了可以如何表达知识行动计划和指导委员会的文化关注点：

- 我们将总是仔细倾听，以理解我们的合伙人和律师。我们从不会打断。当我们应当倾听时，我们从不想在回应时应当说什么。
- 我们将与律师一起促进和协同发展知识战略，并共同贯彻我们采取的每项计划。
- 我们的关注点的顺序是个人性知识，人际性知识，然后才是非人际的知识。
- 隐性知识是王者。次要来源是王子。
- 我们将积极使用最低限度的技术，并聪明地、简单地和优雅地使用它。
- 我们在任何时候都将采取各种措施最小化行政管理对律师的影响。
- 我们将总是遵循同样的变革管理程序引入新的行为和过程。
- 我们将不断检查和测量我们在对合伙人、律师和委托人产生的积极影响。成功不在于施行了行动计划，而在于我们的合伙人和律师的行动，以及律师事务所的绩效。

### 对所有知识行动计划活动测量的查核清单

知识战略补充性材料的目录也需要创建查核清单，指导委员会据此测量其在创建和贯彻律师事务所知识战略中的所有活动。这一查核清单成了指导委员会使

用和参考的关键文化器物。它对于知识而言相当于摩西十诫。

下面是这样的查核清单的例子，目的是鼓励你的思考。对于领导行动计划的团队而言，这一查核清单应当一直具有高度的可见性。此外，在将任何交流发布给律师事务所之前，或者发布任何行动计划之前，都应当根据查核清单进行测量，并进行相应调整。

## 我们用于测量我们所做的每件事情的查核清单

- 拼写和语法是否完美，书面表达是否迷人而不同凡响？
- 它是否使用了律师的语言概念？
- 律师要就材料做什么是否显而易见？下一步骤是否显而易见？
- 它是否很优雅？
- 它是否很简洁？
- 他是否超越了期待，激起了惊呼？
- 它是否与知识战略显然一致？
- 它是否与我们表达的忠信完全一致（甚至超过了它）？
- 它是否积极支持了我们在努力建设的文化？它是否与现行的文化准则可见地、清晰地联系在一起？
- 它是否利用了律师的特点？
- 它是否寻求有意义的反馈？
- 权限是否清晰？权限运行的程序是否已经明确？
- 它是否与我们的项目的品牌信息相一致？
- 是否有可能使用更少的技术和更多的人？

# 7

# 磋商：就变革管理的过程达成一致

他们总是说时间改变一切，但是你实际上必须自己去改变它们。

——Andy Warhol

由于知识管理是一群人维护和改进其个人和集体可用知识进行竞争、提高绩效和降低风险的行为和过程，因而，知识管理行动计划将涉及行为变革和过程变革。

这些变化可能采用这样的形式：

- 新的行为和过程
- 修改现行的行为和过程
- 终止现行的行为和过程

如果不改变行为和过程，更好的组织性绩效所取得的进步就会很有限。

例如，Andersen 最初的大规模知识管理平台，将大约 82 000 个人联结在一起。硬件、旅行和培训人们如何使用 Anet，带来了巨大花销，但是其结果是令人失望的，因为这并没有触及相关的行为和过程。文化因素并不是以技术为关注点的知识管理蓝图的一部分。最终，Andersen 改变了动机和奖励系统，绩效评估过程，以及其合伙人使用系统的行为，这些大大增加了行动计划的影响。① 行为而不是技术是成功的关键。

就像上一章所概括的那样，律师事务所的组织性变革要认真进行规划，顾及感受性——每个律师事务所都有其免疫系统，会迸发出活力以保护现状。在文章中，我提出，你的先决条件是你的律师期待变革——事实上，要求改变——并允许他们成为引入的变革的过程和器物的建筑师。

我认为，知识战略方法的第二个阶段——贯彻——应当总是根据一致的、经常性的、透明的和公布的方法来进行。你会注意到，指导委员会在创制知识战略的补充性文件时的工作，包括创制两个项目计划模板，供贯彻阶段使用。

你将记得，在战略创制阶段，制作了两个补充性文件，即知识战略文件和对知识战略的补充性文件。贯彻阶段也沿用了这种两个补充性文件的结构。在贯彻

① Quinn，"Managing Professional Intellect"，194.

阶段，有一个公开的项目计划，这作为一个交流工具要由所有律师共享，还有第二个不公开的对项目计划进行补充的文件，供驱动特定的行动计划的群体使用。这种公开/不公开文件的方法，可见表7.1。

**表7.1　　在阶段1和阶段2创制的关键文件**

| | 阶段1：战略形成 | 阶段2：项目贯彻 |
|---|---|---|
| 公开文件 | 知识战略 | 项目计划 |
| 不公开文件 | 知识战略的补充性文件 | 项目计划的补充性文件 |

对项目计划进行补充的不公开文件的关键部分之一是策划，即就项目所要求的变革如何发出信号并引入。在第一轮的战略创制磋商中，你和你的律师应当讨论并就将要遵循的程序达成一致意见，该程序要在贯彻阶段表明和引入变革。

换言之，律师要就如何为他们引入变革创制模板。这有两个重要的作用。首先，它在律师的脑海里形成了设想和期待，即变革将要因为知识战略而发生，并且变革包括其行为的变革。其次，律师已经赞同引入变革的程序，并有能力控制该程序，以大大增加随后的参与度。

## 为你的项目计划私人补充性文件创制你的模板

因为你的知识战略将要改变行为，你的项目计划的标准补充性文件自然应当将变革管理文献中学到的东西纳入最大化成功的机会中。

那么，从变革管理文献中能够学到什么，为什么人们抵制变革，就此能够做什么？计划应当有什么特点，确保每次、在每个项目中都能解决这个问题？

### 为什么人们抵制变革

人们抵制变革的原因，像人数一样多。重要的作者Boyett夫妇在关于人们抵制变革的原因的文献中，总结出了以下六个常见的主要原因②：

1. 对人们、人们所属的群体或者人们所关心的人和群体有可以感知的消极结果。

2. 担心更多的工作：雇员认为变革将要么导致更多的工作，要么导致回报或者发展的机会减少。

3. 必须打破习惯：人在很大程度上是习惯动物，雇员长期以来形成了知识、经验和技能，使他们能够在公司内从事工作和经营。如果习惯很容易改变，则我们将皆大欢喜，与不吸烟的人形成完美的关系。

4. 就变革的影响和意义缺乏交流。John Kotter提出，大多数组织百分之一万地没有就其变革计划进行足够交流。

② Joseph Boyett and Jimmie Boyett, *The Guru Guide* (New York: John Wiley & Sons, Inc., 1998), 50.

5. 未能与组织联结为一体：在某些方面，行动计划与组织的文化规范相悖，这种文化规范抵制和排斥变革。

6. 雇员反抗：在失去了对命运的控制这种感觉的驱使下，一些人抵制变革。在设计对他们的生活的改变时，他们既没有参与，也没有就此与他们磋商，他们就其行为的变革感到不适。他们知道现状是什么，他们不能确定新的状态是什么，并对这种模糊性感到不适。

因此，如果这些就是人们抵制变革的主要原因，成功管理变革——提高你在律师事务所内实现行为变革的成功机会——的关键是什么？

## 如何管理变革

在《领导变革》中，John Kotter——管理变革的主要思想者——列出了其关于管理变革的八个阶段的框架，讨论了变革管理行动失败的常见原因。③

八个阶段的框架如下：

*阶段 1：形成一种紧迫感*。这一阶段要求研究市场和竞争现实，识别潜在的危机和机会。

*阶段 2：创建指导联盟*。变革过程的关键是将有足够权力和凝聚力的人聚在一起，领导变革。

*阶段 3：提出愿景和战略*。这一阶段要考虑形成一个愿景，并形成实现该愿景的战略。

*阶段 4：就变革愿景进行交流*。必须使用每个可能的手段就新的愿景进行交流，指导联盟必须就期待雇员采取的行为率先垂范。

*阶段 5：允许具有广泛基础的行动*。这一阶段要考虑到消除障碍的重要性，要改变破坏该愿景的结构，要鼓励冒险和非传统思维。

*阶段 6：形成短期胜利*。可见的改进，或者“胜利”，对于保持变革过程的动力至关重要。

*阶段 7：巩固成果，产生更多的变革*。通过增加越来越多的可信性，其他与愿景不符的系统也会改变。

*阶段 8：让新的方法扎根于文化*。最终，变革必须扎根于组织性文化，这样才能长盛不衰。必须制定程序保证持续领导力的发展和成功。

Kotter 的书是驱动知识战略的委员会成员的必读书，也应当写入知识战略补充性文件的必读清单中。你还应当考虑把 Tom Peters 的“50 法”系列丛书中的两本优秀的小书加入阅读清单中，即《职业服务公司 50 法》和《项目 50 法》。④

思考一下上面的学习，以及与文化、技术运用、律师事务所知识战略关注点有关的前述章节，图 7.1 列出的项目计划的补充性文件的说明性目录，将促进你的思维。

---

③ Kotter，*Leading Change*.

④ Tom Peters，*The Professional Service Firm* 50 (New York：Knopf，1999)，and *The Project* 50 (New York：Knopf，1999).

**1. 影响事项**

1.1 为什么律师会生活得更好？

1.2 对律师的影响是什么？

1.3 对委托人的影响是什么？

1.4 对 PPEP 的影响是什么？

1.5 如何测量成功？

**2. 文化**

2.1 这一项目与律师事务所的现行文化有什么关系，如何利用该文化？

2.2 这一项目与律师的现行特点有什么关系，如何利用律师的该特点？

2.3 什么必须“被打破”？这么做的计划是什么？

**3. 设计和策划**

3.1 这一项目是否简洁？

3.2 这一项目是否简单？

3.3 这一项目是否给人带来惊喜？

3.4 这一项目的成功因素是什么？

3.5 风险和障碍是什么？如何减少这些？

3.6 这一项目不会做什么？

**4. 行为和过程**

4.1 为了成功，需要律师有什么行为？

4.2 为了成功，需要有什么管理行为？

4.3 为了成功，需要有什么辅助行为？

4.4 对现行规则/方针的影响是什么？

4.5 是否需要什么新的方针？

**5. 成本和资源**

5.1 最初的开办成本是多少？

5.2 教育、启动和落实成本是多少？

5.3 年度维修成本是多少？

**6. 管理和领导**

6.1 谁是项目的主要发起人？

6.2 如何管理治理活动和质量？

6.3 如何维护项目？

6.4 在最初的发起者离开后项目如何继续？

**7. 变革管理和项目引入**

7.1 建构平台：为什么人们想要变革？

7.2 这一变革的愿景是什么？

7.3 顶层管理指导联盟在哪里？

7.4 用于展现成功的早期结果是什么？展现成功最初的里程碑是什么？

**8. 交流计划**

8.1 项目的具体象征是什么？

8.2 磋商过程是什么？

8.3 仪式和奖赏是什么？

8.4 奖赏和认可的变革是什么？

8.5 成功的教育和培训是什么？

**9. 具体细节**

9.1 技术规格是什么？

9.2 与其他系统的关系是什么？如何整合？

9.3 嵌入实现机制的人力帮助的指示物是什么？

**图 7.1　项目计划的补充性文件：目录**

## 与你的律师共同促进未来变革的重要性

你的知识战略的成功，将取决于你的律师事务所和组成你的律师事务所的人员进行变革的能力。在处理变革时，你不是必须说服你的律师做什么，更成功的战略是形成一种环境，在这种环境中，律师不仅仅期待变革，还要求变革。

从律师的角度看，知识战略将导致一系列的变革管理行动，这些行动要在接下来的几年里的不同时间采取。这些行动将改变律师的工作方式和对他们的期待。如果就每种行动都采取了不同的启动方法，则律师首先必须花时间理解提供信息的方式，其次要理解有关信息。真的存在这样的风险，即律师实际上会变得疲于变革。即使他们可能准备拥护变革，变革的持续性可能大于他们的应付能力，因为他们的日程上还有其他事。

记住，律师处理的法律材料是严格一致的：编号惯例、布局、程序、当事人的命名方式。一系列的判例书一直采用同样的方式，已经上百年了。一致、一致、再一致，这是律师世界中的质量标志。

为了给你的律师们一种对即将到来的变革过程的控制感，在第一轮磋商期间，你应当就贯彻共同制定的知识战略时要遵循的一致的器物和程序，与他们一起制定。换言之，在第一轮磋商过程中，你要具体询问律师，就你们将要一起进行的变革，他们想要如何进行交流。

在第一轮磋商过程中共同制定变革程序蓝图，形成一种期待，一个接受，这样变革就可能随之发生，这种变革需要与律师交流，这种变革要求律师改变其行为和过程。

不要低估这将为你的律师提供的控制感。你在让他们参与设定知识战略，设定如何贯彻变革项目的战略。

在引入变革过程的所有方面，要虚怀若谷，包括：

● 时间安排。就重大变革的宣布，是否有时间表，一个月一次，还是一个季度一次？减少信息传播的任意性，将使律师相信，某些事情如果没有引起他的注意，就不会发生变革。不规则的暴风骤雨般的交流，很快就会被忙碌的律师所忽视。

● 发出信号。就行为变革，最低程度的信号规模是多大？例如，电子邮件，加上有形信息，再加上任选性的面对面课程？是否应当首先告知合伙人，然后再把信息提供给业务团队会议？是否应当有一个有着所有相关信息的主页？就下列不同人员，是否要量体裁衣，有多个交流框架：合伙人、高级非合伙律师、下级律师和辅助人员？

● 标准培训材料。当进行系统变革时，提供给律师的标准交流材料是什么？（例如，电子邮件，短小、时尚的快速指南，在线培训，或者任选性的面对面课程）模板是什么样的？最有用的是什么？

在与你的律师讨论如何策划变革管理方法时，这种讨论很重要的是要具有创新性。为了促进讨论，你要考虑的某些建议包括：

● 可见的通告：使用海报、公告板或者视频片段。

● 培养本地大师：提名团队内特定的人“掌握关于变革的所有最新进展”，作为团队的本地参照点。许多高质量的知识同事的支持，是通过与我们知道我们相信能够帮助我们的人互动而实现的。也许你的战略应当包括有意培养业务团队内那些有所帮助、有见识的人，让非正式知识网络也为你工作，而不仅仅是依靠正式渠道。

● 知识战略挂图：制作并印刷一个有着所有知识前景的挂图，标明和列明未来将要落实的组成部分。随着各个组成部分的落实，要制作更新后的挂图并传阅，让人们注意现在已经可以使用的组成部分。这一战略类似于城市路图，它显示了新的高速公路的走向，尽管还没有建成，但是将为旅行者带来重大益处，即使在建成和开放之前，这也会成为司机心智模式的一部分和参照点。

● 有形交流：就进展和日程上下一步要发生什么，定期提供报纸那样的交流。

● 快速指南：一页的指南，帮助人们理解什么在发生变化，就如何使用新的程序打包提供帮助。

● Viewlets：就软件或者系统变革，使用多媒体教程进行互动演示（使用来自 Qarbon 的出色工具制作会很便宜）。⑤

● 电子邮件：什么时候使用电子邮件，什么时候不得使用电子邮件。电子邮件的外观应当是什么样，信息架构应当是什么样子的？是否所有电子邮件都应当存储在某地，以备人们在工作中删除了它们后还能查找到？

● 把律师的评论纳入交流：用户进行测试，并分享关于该测试的报告，并在交流过程中对此直接引用，使律师在自己采用它之前，知道其他律师就此的诚实想法。这利用了律师的社会性，即寻找其他律师的观点以确认拥护变革的价值。

● 律师批准项目施行：从每个团队中选择一个律师或者合伙人领导一个正式验收程序，以批准施行准备就绪的项目。在现实中，你千万不要向这些人拿出一个准备施行的项目，除非它已经百分之百准备就绪，这样补充性验证的概念就没有意义了。然而，这样的过程在律师的心目中形成了一种额外的确认，即他们的时间不会被浪费，并给你提供了更多的律师。你可以利用这些名字和参与表明人们现在对变革的信心和兴奋感。

● 人际支持：在引入任何重大变革的早上，计划增加人手在周围走走。律师喜欢个性化服务和一对一培训，这样他们就不会在课堂环境下、在其他律师面前表现出无知，也不会在他们认为（无论正确还是错误）他们的需求不同于他人的时候浪费他们的时间。

这样，在第一轮磋商中，你要引入变革的标准过程将被制定为文件，并包括在知识战略文件草案中，供所有律师传阅并获得评论。

---

⑤ See www. qarbon. com.

# 8

# 故事：律师在新世界的生活

纸上得来终觉浅，绝知此事要躬行。

——中国谚语

你的知识战略文件的一个关键组成部分是一个故事，叙述一下当你的律师事务所知识战略的所有组成部分都已经完成的时候，律师的生活将会是什么样子。这样一个故事服务于几个目的，能够大大帮助律师理解这一战略的所有组成部分是如何匹配在一起的，并将其与其当前的工作习惯联系在一起，将变革内化到其行动中。行动计划的成功要取决于这些行为。这个故事是文化性变革管理项目中的重要组成部分。

在知识战略文件中制作这一故事并分发给律师，是一个胡萝卜加大棒战略。

这个故事对于律师而言是胡萝卜，律师能够知道什么是可能的，能够设想一旦所有这些组成部分就绪，生活会变得如何更加美好。这是胡萝卜，因为它能使律师对更美好的未来感兴趣。

但是这个故事也是一个大棒。这个大棒不仅适用于律师，也供律师适用于推进和指挥知识行动，并就行为适用于每个其他人。在《跳板：在知识时代的组织中如何通过讲述故事来引燃行动》（*The Springboard*：*How Storytelling Ignites Action in Knowledge-Era Organizations*）中，Stephen Denning 说，当听众听了跳板性故事后，他们常常拥护故事中的思想，好像这些思想是他们自己的那样。例如，Denning 的关于世界银行内的知识管理故事所引起的回应显然表明，听众已经将这些思想内化为他们自己的思想："构想问题的方式好像知识共享是他们的思想，而不是我的思想。他们跟我说话时，好像他们已经发现了知识共享这一思想，好像我是妨碍进步的人。思想已经进入了他们的认同感。"①

就像在第 6 章"准备 101：文化很重要！"所讨论的那样，律师就他们期待律师事务所提供的辅助和帮助的水平方面是很苛刻的。确实，律师在其管理期待方面，是相当自私的；他们既要求有更多的行动帮助他们，也会在他们没有迅速领会价值观基础时批评行动计划。

通过向律师展示故事中的新世界是什么样子，律师在听完并内化该故事后，将变得更加不满于其当前的生活命运。在听完故事后，他们知道更好的路径是有可能的，他们将很快对律师事务所（律师事务所知识战略的领导者）变得不耐烦，因为它还没有这么做。

---

① Denning，*The Springboard*，89.

关于未来的故事的目标是：

- 将知识战略的组成部分内嵌于组织意识中
- 建立关于知识战略的语言，及其有形和无形表现形式
- 为律师构建这样的知识，即什么是可能的，就彼此的支持以及律师事务所的支持，他们应当期待得到什么
- 不是构建对变革的接受，不是构建对变革的准备，而是构建对变革的要求

你在你的知识战略文件中写下律师在你的新世界中的生活故事时，你可能想要思考一下下面的故事。

用这个做铺垫，我们读一下 John Porter 的故事，他是 2005 年我们律师事务所的高级非合伙律师。John 是一名成功的、受到高度尊重的融资律师，他在律师事务所最繁忙、利润最高的办事处之一工作。下面是他自己讲的 John 的故事。

## John 的故事

我的名字叫 John Porter，我是 Kratz Bradbury 的高级非合伙律师，这是一家大型商业律师事务所。我的业务领域是项目融资。

他们让我向你讲讲我们在 Kratz Bradbury 是如何工作的。因此，我准备告诉你当我加入律师事务所的时候发生了什么，我们的律师事务所看重什么，我还会讲讲我们在律师事务所都使用的两个重要工具：在线摘要和律师工具栏。我没有时间涵盖律师事务所在知识方面做的所有事情，因为坦率地说，这仅仅是我们如何工作的一部分内容，它已经嵌入了每件事，从我们的建议到我们的内部程序。但是我将告诉你对我作为一名律师产生影响的关键是什么。

当 6 年前加入律师事务所时，他们在招募程序中告诉我在知识战略上有许多事在发生，对此我是有点怀疑的。但是，在面谈时我遇到了高级非合伙律师 David，他示意我坐在其办公室访客的椅子上。

David 把他的笔记本电脑转过来说，“看看这个”，他冲我咧嘴一笑，带我看了他如何可以利用全球整个律师事务所的知识，如何可以每天收到完整的法律和商业新闻摘要，并且所有来源都有链接。他说得很具有感染力：“这里的辅助工作是令人难以置信的。”我就想像他一样，他的感染力是我为什么加入这一律师事务所的很重要的因素。

在律师事务所的第一周，我收到了许多书和某些有趣的培训。这里的培训和知识完全不同于我以前在别的地方看到的事情。

我收到的书现在放在我——以及这里的每个人——的办公室的书架上，确实对我的工作方式和我构建作为一名职业人员的技能的方式产生了影响。我们应该把这叫做知识书柜，但是我们几乎就把它们叫做圣经。这是几卷有着编号的书，制作得很专业，有一些伟大的思想和内容。我可以坦率地说，我没有想到会从律师事务所得到这些书！

我会一直记得获得我这套圣经的过程。我必须去见办公室的管理合伙人。在我在律师事务所的第一周，我的电子日志上出现了一项预约，即去她办公室见她，时间是 15 分钟。我的心怦怦跳。日志预约的标题是“欢迎”，但是我还是很紧张！我确保我早到了，在她的办公室外等候，她打完一个电话后，邀请我进入

她的办公室。她介绍了她自己，谈到了律师事务所及其价值观，她想让我做什么，她对我的期待。然后她带着我浏览了我的知识书柜，我的名字已经在上面了。她把手放在书上，直视着我，告诉我她希望我阅读它，并从中学习。

这对我而言，已经足够好了！我从没有忘记这一对话。这套书共有 6 本，就像你在图 8.1 所看到的那样：

卷 1：《智慧书》

卷 2：《样式指南》

卷 3：《钥匙：我们的分类标准》

卷 4：《研究与软件：你需要知道什么》

卷 5：《个人知识手册》

卷 6：律师事务所出版物文件夹

第 1 本书到第 4 本书实际上是图书馆的书，我在律师事务所工作期间这些书是借给我的。我给你讲讲每本书的内容。

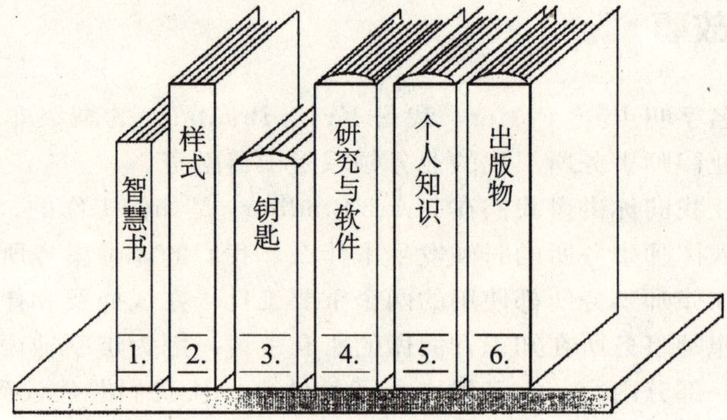


**图 8.1　知识书柜**

## 卷 1：《智慧书》

《智慧书》是律师事务所出版的精装书，充满了律师事务所合伙人和律师的伟大故事和奇闻轶事，以及关于律师事务所及其委托人的小故事。这本书是一名重要的商业记者所写，他被律师事务所雇请来对合伙人和律师进行访谈，并形成合集。它很引人入胜，一点也不枯燥。

《智慧书》的一些章节是关于写作、晋升、绩效评估以及如何管理大型交易、委托人和关系的。

《智慧书》的前几章列出了律师事务所的价值观和宗旨。我们的价值观在律师事务所得到了很认真的对待，关于价值观的这一章是被奉若神明的。

许多故事已经深入我心，帮助我在早期发现问题和机会。这意味着当我陷入麻烦时，在我脑海里总是有什么能够帮助我摆脱麻烦。记住了这些故事，对我真的有帮助，这好像是我已经知道了某些窍门！

我实际上每年都要翻好几次《智慧书》，就是快速浏览，我总是至少能够找到一个有价值之处，使我反思，并学到某些新东西，从而成为更好的律师和更好的职业人员。更妙的是，《智慧书》的几个故事得到了进一步挖掘，即高级业务领导人描述其经验的访谈被做成了录像，对此可在我们的内部网观看，或者从图书馆借阅制作的光盘回家或者在工作时观看。

## 卷 2：《样式指南》

知识书柜中的第二本书是《样式指南》。这是一本令人印象深刻的精装书，含有我们律师事务所制作的所有类型的文件的范本。我们之所以以精装书形式制作该书，是因为我们的文件结构并不是经常发生变化，通常只有在律师事务所发生了重大的品牌再造时才会有变化。

它就我们所有文件和演示材料的样式、语言和结构作了规定。读读它，翻翻它，就能对我以后多年来在律师事务所所有制作的文件有很深刻的了解。

《样式指南》还包括一些伟大的文件范例，让我知道律师事务所的最好的律师是如何写作文件的。它们给热切的年轻律师提供了典范，我仍然让新律师参考它们。

《样式指南》还讨论了我们在写作和组织材料时，要如何考虑我们的委托人读者，还要考虑到我们律师事务所以后阅读我们的文件的人。律师事务所的部分知识战略是利用以前的建议和工作，因此，我们在写作我们的文件时，要清晰识别独特的问题，在文件中插入结构性标识，以明确标明所解决的问题和所记录的知识在哪里。这一写作和组织方法使随后的分类和审阅工作变得容易得多，使在进行研究时快速阅读他人的工作要容易得多。它也使为委托人提供的文件要清晰得多！

我们现在在屏幕上做那么多编辑工作，你必须知道如何有效率地按照律师事务所的样式制作文件，否则你的文件很快就会变得一团糟。例如，编号方案会很复杂，就像段落编号一样，这比我在法学院所做的要有更多的层次！如果你不知道你在做什么，这会花费很多时间，令人骂声不绝。如果你的文件处处都是错，在你的委托人、秘书和辅助人员看来，你就会显得很愚蠢。

律师事务所在 Microsoft Word 中设置了工具栏和菜单，使我更容易地创建和编辑文件，并与我们律师事务所的样式保持一致。当《样式指南》讨论文件样式时，没有什么图片向你说明为了获得正确的样式，在 Word 中点击哪个按钮，太容易了。你会为从一开始就获得正确的格式而不是一直重复劳动所节约的大量时间而感到惊讶！

由于我所制作的大多数都是电子文件，在我前 6 个月中，这本书真是有用的手册，我仍然要不时地参考它，确保我所做的是对的，或者帮助更年轻的律师学习我们在这里是怎么做事的。

很奇怪，几个月后，我开始习惯于使用律师事务所的样式进行写作，当我读到来自其他来源的缺乏条理的材料时，我实际上会感到沮丧，他们居然没有花时间把文件做得有条有理！我甚至听说过这样的故事，这里的一些律师甚至用律师事务所的样式写杂货店购物清单，我说得有点远了！

## 卷 3：《钥匙：我们的分类标准》

知识书柜中的第三本书是《钥匙：我们的分类标准》。

我们律师事务所的核心价值观之一是，我们为我们的委托人的利益而利用我们的集体专门知识。“我们的委托人有权获得我们的集体专门知识”，这是律师事务所的价值观之一，对此我早已经如雷贯耳。律师事务所就是靠这一简短的话而活着。

只要我们开始工作，即使我们了解相关领域，我们也进行查核，以确保知道律师事务所内关于该问题的最新的知识。我们做到这一点的唯一办法，就是使用所称的分类标准，这是一个关于分类的奇特名字。律师事务所内的每件事情都是根据这些分类标准进行的，《钥匙》卷掌握着通往律师事务所知识之城的钥匙。

与《智慧书》和《样式指南》不同的是，第三本书是活页的，在我们参与了新型工作时由律师事务所定期更新这些内容，新的项目就加入我们的类别中。

四项分类标准实际上是进入知识王国的钥匙，在《钥匙》这一卷中，每一个都有单独的标签。它们所做的也确实非常好，因此你不必确切知道你找寻的正确的词。这里有许多“还请参见”条目，防止你一开始就不知道正确的术语。

《钥匙》卷中四个不同分类标准的标签是：

标签 1：事务类型

标签 2：文件类型

标签 3：法律问题

标签 4：法律专门知识

标签后面的页面就像是字典，是按照字母顺序制作的清单。一个典型的条目提供了三个信息，项目的名称，然后是两个指引，它们与如何就主题在律师事务所的在线摘要中找到信息有关。在线摘要是我们的数字化知识战略的基石之一，我随后再与你就此细谈。

你在条目中找到的关于在线摘要的两个指引，是就主题在在线摘要中找到信息的路径（要深度探讨它）和其参考号（这样，你可以选择直接查找参考号）。路径使我能够按照类别向下钻取，看看它可能在哪些其他相关的主题内。或者，我可以通过在摘要中键入参考号（例如 M14.234）直接从中找到有关项目。

图 8.2 提供了摘要中下列类型条目的例子：

- 你将在标签 1 后面找到事务条目
- 你将在标签 2 后面找到文件条目
- 你将在标签 3 后面找到法律问题条目
- 你将在最后一个标签后面找到法律专门知识条目

《钥匙》卷中条目的指引，例如路径“金融：航空租赁”或者代码“S23.345”，使你能在在线摘要中浏览。在线摘要是我们的知识战略的关键组成部分，它就像是一本在线书籍，而不像是数据库。一旦你知道某个东西在摘要的某处（沿着路径或者使用参考号），你进行在线查找时，你得到的结构化条目，就像是大百科全书的条目。你要么向下钻取你想要的，就像图 8.3 那样，要么就特定项目直接检索参考号。

事务条目（标签 1）：

减资

诉讼＞公司重组＞减资

M14. 234

文件条目（标签 2）：

A 部分陈述

公司＞并购＞A 部分陈述

D23. 543

事务条目（标签 1）：

群体损失的所有权继续（ontinuity of ownership）标准

税收＞损失＞群体＞所有权继续

T43. 543

群体税收损失

参见

群体损失的所有权继续标准 T43. 543

群体损失的商业继续标准 T678. 434

法律专门知识条目（标签 4）：

航空租赁

金融＞航空租赁

S23. 345

**图 8.2　《钥匙》卷中的条目范例**

就某类型的事务，如“减资”，图 8.4 提供了在线摘要条目的样子的示例。在不熟悉的领域，那些条目提供了巨大的领先优势，提供了就律师事务所任何领域的最新的工作和知识进行自我更新的好方法。对于下级律师而言，这也是个巨大的帮助。

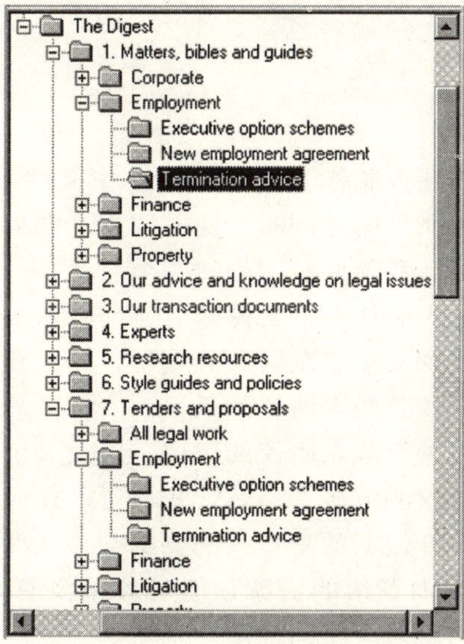


**图 8.3　向下钻取在线摘要的结构**

我现在告诉你我是如何使用《钥匙》卷中的四个标签的，特别是它们是如何与律师事务所的在线摘要互动的。

## 事务类型标签

作为律师事务所，我们为委托人办理各种事务，就各种事情我们在不断地查找同一类型的先前事务。例如，当我寻找与我现在正在处理的事务类似的事务时，我使用事务标签，以获得关于法律问题和文件的信息，或者关于我们以前所办理的类似事务的成本和律师费的信息。

当我们就工作进行游说时，事务标签也是极为有用的，即能够就律师事务所在这种类型的工作中的经验和资质获得细节，知道这些类型的事务以前的成本是多少。

在律师事务所内，事务分类标准用于三个不同的地方，就像图 8.5 所显示的那样。它用于：

- 在线摘要中“事务、圣经和指南”部分的结构和浏览
- 在线摘要中“投标和建议书”部分的结构和浏览
- 我们的业务管理或者结算系统中的事务分类

通过使用这些类别在业务管理系统中就事务进行分类，我们能够获得关于过去事务的财务信息，也能将信息汇总供不时的外部调查使用。如果就我们的事务没有适当分类，我们将需要进行各种人工程序，以及一次性的内部调查，以回应用于律师事务所排名榜的第三方调查，对于市场营销目的而言，这非常重要。

当我们为委托人办理新事务时，事务的开始程序要求我们就事务类型在表格中填写最正确的编码。因此，在你在律师事务所的职业生涯中，只要你开始一个新的事务，就要使用《钥匙》卷。为了帮助我们，就你立案的最近 50 个类型的事务，有一个显示在屏幕上的代码清单，你所需要的代码通常在该简短清单中。

这一标准清单也意味着在你的绩效评估过程中，你能够轻易审阅你已经完成的工作类型，以及你想要做的工作。就在评价之前，你将得到一份报告，这是关于你所从事的事务的类型、你所创建的文件的类型，你所写的文件所涉及的法律问题，以及你在内部被认可为专家的领域。它是与你的监督合伙人讨论你现在做的工作的好办法。

## 文件类型标签

我们为我们的委托人制作各种各样的法律文件，这一标签是我用得最多的。我在寻找以前的法律文件的范例时，要使用它，如果律师事务所还没有就特定文件创设先例或者模板，我就要试图创建一个。

当我必须为委托人制作一个文件时，例如股东协议，我使用《钥匙》文件夹中的文件类型标签找到关于股东协议的编号，然后我在计算机上打开摘要，输入编号，就能在摘要中找到股东协议的条目。

在这里我找到了关于股东协议的讨论，以及关于律师事务所在过去四年中所制作的所有的股东协议的链接。当然，我还可以在摘要中使用分类浏览，如果我想这么做的话。图 8.6 说明的是在线摘要的交易文件部分是如何组织的。

它是一个令人难以置信的资源，但是如果没有《钥匙》卷中的文件类型标签，我在试图寻找信息时会相当迷茫。

## 法律问题标签

当我要为委托人提供建议时，我要问的第一个问题是律师事务所以前是否处理过

该问题。如果我们处理过该问题，我知道我将能够在法律问题标签中找到一个条目。

例如，我在查找反托拉斯条款对特定行业的适用时，我可以查看标签，就问题获得参考号，然后在我们的摘要中找到问题。当我在摘要的页码上找到该问题时，我会得到对该问题的讨论，关于图书馆或者其他信息来源的链接，以及我们以前所做的工作的清单，包括参与该事务的律师的名字。

减资
诉讼＞公司重组＞减资
M192. 342
最后更新时间：2002 年 2 月 20 日
编辑：John Harmer，墨尔本
参考资料：
Taylor，“公司重组”
Ford“公司法”第 10 章，第 5—10 段
公司法，第 324 条
就表格和做法，参见 Williams（Vic），O' Reilly（NSW）
Jones v Smith [1997] ACLR 293
先例：
就减资业务，我们有先例文件
参见先例 408
常用文件
先例 408 含有所有下列文件
减资申请书——表格 6
致债权人函
债务宣誓陈述书
报纸广告
复杂法律问题
无
专家：
John Harmer，墨尔本
Paul Jones，悉尼
评论和说明：

减资是法院批准的程序，公司据此可以通过资本注销或者资本返还股东减资。其程序包括规定的广告和主要债权人的宣誓陈述书。这常常是在法院主事官前进行的没有争议的申请程序。主事官将要求严格遵守所有形式要求，不完整的申请，即使是最小的细节，也总是会导致延迟，直到解决了缺陷。

除非债权人就减资提出异议，或者涉及著名公司，通常是由事务律师出庭，而不用聘请出庭律师。

律师事务所历史—摘要：

我们为委托人办理了许多成功的减资事务，通常每年 12 起以上。我们的公司律师通常收到减资指示，然后就文件和法院程序与诉讼律师联络。

**图 8.4　在线摘要中的一个条目**

这是起步的一个伟大起点，这个资源比我在其他律师事务所的朋友的资源都要好。在这里不同的是摘要，它不是文件数据库，因此我不需要自己点击很多次，然后一个又一个地进行筛选。律师事务所使用了摘要方法，并有关于文件的链接。价值在于摘要条目，为我节省了大量时间，并确保我们履行对我们的委托人的承诺："我们的委托人有权获得我们的集体专门知识。"

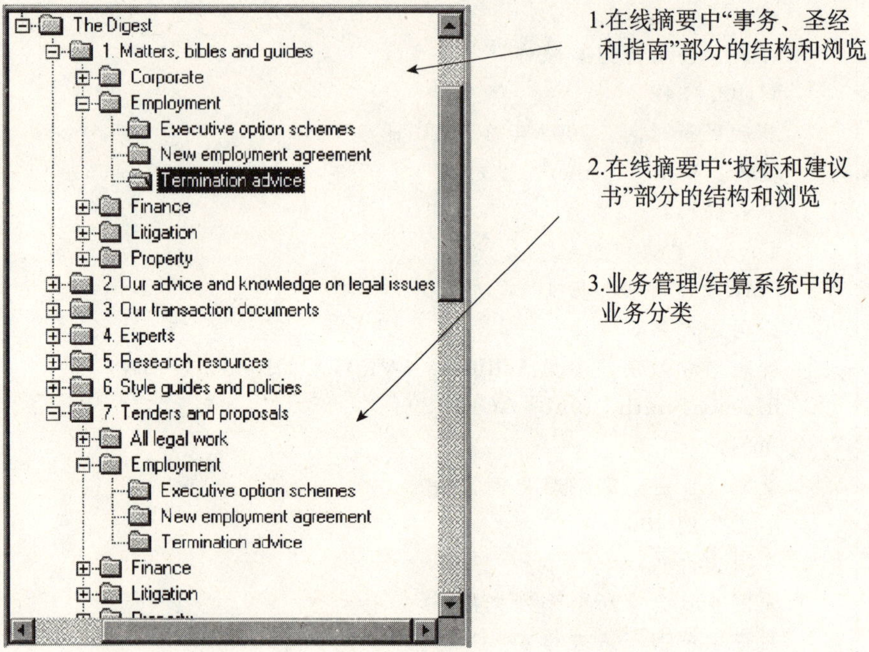


**图 8.5　法律专门知识分类标准的三个用途**

我们在摘要中甚至有许多范例性的条目，可以展示给我们的委托人，这样他们能够知道我们在律师事务所不披露秘密信息的情况下是如何获得知识的。我喜欢就此向他们演示，这是因为这每次都令他们兴奋异常。它是如此简单，能说明问题，也不是什么神秘的、昂贵的技术。我有点顽皮，逗弄他们，让他们问他们的其他律师事务所实际上是如何为委托人利用知识的，而不是他们说他们是如何做的："让他们向你演示他们是如何使用它的，让他们在他们的系统中为你找一些更重要的建议。"

尽管如此，严肃地说，摘要的质量取决于我们的所有律师，在我们已经完成了我们着手的文件时，要表明这一点。当我创建的建议文件给了委托人后，或者我所写的研究备忘录被合伙人定稿后，我告诉我的秘书在文件管理系统中将文件标记为完成。此后，律师事务所要审阅和分配已经被标记完成的文件。我们负责摘要的人员的工作很出色，从完成的文件到纳入摘要，周转的时间相当短。

你所创建的未完成文件的清单将在律师事务所传阅，你必须很迅速地将其标记为完成或者放弃，否则管理合伙人就会来找你。他们很认真地对待这一点，因为它是组织的生命线。我们的委托人有权获得我们的集体专门知识，如果我在其他办事处的同事不能够利用我最近下的功夫，则我就是在让他们失望，让我们的委托人失望。

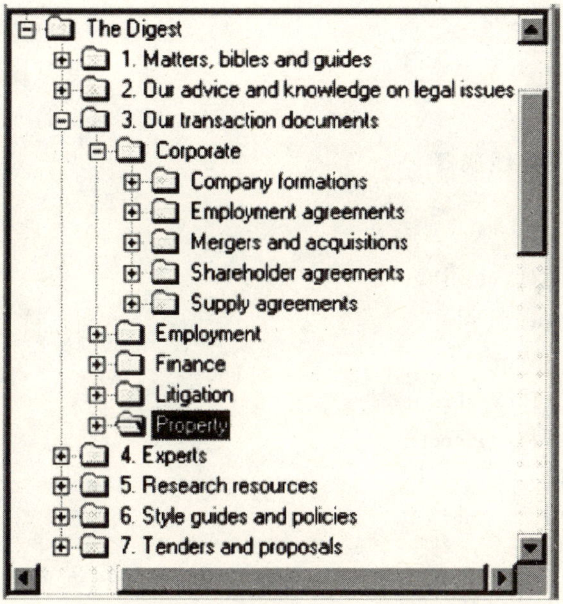


图 8.6　在线摘要的交易文件组成部分

## 法律专门知识标签

《钥匙》卷中的最后一个标签是关于法律专门知识的，我常常用它查找在律师事务所中谁就特定问题有专门知识。你发现，你在律师事务所的时间越长，你就会开始构建你自己的关于人的知识，以便你能够找这些人获得特定帮助，但是当你遇到新的问题，你常常要找《钥匙》卷，看看你是否可以找到一名专家。这一清单并不像法律问题的清单那样详尽，因为某领域的专家通常是该领域所有法律问题的专家，它是一个比较简短的清单。

年度业绩评估的一个量度就是你是否是一个律师事务所内在某法律领域被认可的专家，并在摘要中发挥着重要的作用。业务团队的领导决定谁可以列为专家，当我被列为公司重组的专家后，我开始从整个律师事务所得到工作，这些工作常常来自我以前从没有见过的人，这些工作都是很有趣的交易事务。

## 卷 4:《研究与软件：你需要知道什么》

知识书柜中的下一卷是《研究与软件》，这也是实践性的，就像《钥匙》卷一样，它也是有着标签的活页夹。它并不像《钥匙》卷一样经常更新。

它有两个主要部分："研究"与"软件"。每个部分的具体要素是：

### *研　究*

- 常见的研究战略
- 图书馆提供的服务
- 判例
- 立法

- 法案
- 规章
- 文章
- 网站
- 我们的在线摘要

*软　件*

- 电子邮件（Outlook）
- 文件管理
- 文件（Word）
- 演示（PowerPoint）
- 电子表格（Excel）
- 互联网
- 内部网
- 时间记录
- 账单开具

每一部分后面都有一个一致的格式，重点是强调我需要知道的信息和该卷中作为参考资料我需要知道其存在的信息之间的区别。

例如，大多数基础研究工作被清晰地标记为“需要知道”，我也需要知道这些。然而，并不经常使用的研究来源被标记为“需要知道其存在”。就软件而言，原则是一样的，这些页面清晰地标出了我需要知道的具体的事项和功能，与之相对的就是我需要知道其存在的信息，这样以后当我需要时，我就能在材料中找到该信息。

从律师的角度看，这些材料写得非常好，关注的是我们必须做的事情。它的说明也非常好，能帮助我迅速上手。

在每一部分的后面，都有一页说明常用功能的快速指南。我把最常使用的拿了出来钉到了墙上。

如果你使用特殊软件，例如诉讼支持软件或者在线交易室，你就会有额外的材料要加入该卷中，说明在使用这些应用时你需要知道什么。

## 卷5:《个人知识手册》

卷5是最难描述的，但是对我而言它是非常有用的。《个人知识手册》是被律师事务所说成是其知识战略的第一个组成部分，即个人知识战略。就像《研究与软件》卷一样，这一卷总是就我需要知道的信息和我需要知道其存在的信息进行明确区分。

以下是这一卷中的标签清单。我已经标出了在我拿到该卷之前律师事务所已经完成的清单。

1. 价值观和信仰

- 律师事务所的价值观（已完成）

- 我的个人宗旨陈述（指导性说明）
- 我的价值观和信仰
- 我的目标

2. 需要知道的知识

- 需要知道的知识（已完成）
- 我需要阅读的书籍（已完成）
- 我已经阅读的书籍和我学到的内容
- 介绍、对话、倾听和后续行动（已完成）

3. 知道去哪里查找的知识

- 我所写的文章
- 我参考的信息
- 用于反思的励志名言
- 个人行政管理信息
- 需要记住的重要数据
- 资源知识图（已完成）

4. 我的知识更新战略

换言之，律师事务所已经完成了几部分，明确规定了律师事务所认为我作为该律师事务所的一名出色融资律师所应当知道的知识。知识涵盖了法律和非法律技能，表述为一系列的问题，我需要有能够作出正面回答的自信。

对于每个问题，都提供了一个用于研究的信息来源，这样我就能够找到信息。例如，其中一个问题是：

你是否知道关于内幕交易的规则，你是否阅读了 *Jones v. FAI* 案件和 *Hughes and Anor v. Thomson* 案件？

当我第一次看到这个清单时，我有些气馁了，我需要知道那么多事情，而我当然根本不知道这些。但是事情的伟大之处在于它使我清晰地认识到，我需要学习，我需要关注什么。不同的业务领域的律师有不同的清单，以与其不同的业务领域相对应，尽管我认为大多数非法律技能材料对于所有律师而言都是一样的。

看到我的团队的合伙人为我准备了一份阅读清单，该清单既包括法律书籍也包括商业书籍，我感到很奇怪。我感到有点像电影《律师事务所》中的 Tom Cruise 在办公室的第一天，当时其他律师轮番造访其办公室，放下他为通过律师资格考试所需要阅读的各种书，并笑着说，“你要知道，律师事务所没有人通不过律师资格考试”。你知道场景是什么样的，他的桌子上最后堆满了大厚书。

在“我读过的书和我所学到的”之下，我记录了我阅读的书籍和文章的细节，并将我从这些材料学到的记下来。在绩效评估中，你要与你的监督合伙人共享和讨论这一信息。

下一个项目，即“介绍和对话”，在我翻阅了之后，真的使我感到奇怪。为什么我的律师事务所要告诉我如何谈话？我已经知道了如何谈话了啊。这个项目帮助我们思考在不同背景下如何介绍我们自己，使谈话开始，在商业和社交背景下如何彼此介绍，如何倾听。在我的整个正式教育中，我当然从没有读过如何进行谈话、如何进行介绍和如何进行倾听的书。

我曾经认为要么你善于交谈，言谈自如，要么你终其一生不擅长谈话。

然而，知道了要以一致、有组织的方式进行介绍和谈话的基础后，在职业和社交背景下我与他人的交流的质量真的发生了重大变化，这也当然给了我更多的自信。这并不是律师事务所在克隆，它是关于交流技能的。律师事务所清晰地说明，我们的行业是帮助人们，人们期待我们律师事务所的律师能够通情达理地与人们打交道，而不仅仅是知道就法学院案例研究中的指名当事人的问题作出正确的法律回答。确实，在律师事务所调查中，我们的委托人总是评论说我们律师事务所在倾听、回应和交流方面有多么好。它确实使我们与众不同。

## 卷 6：*律师事务所出版物文件夹*

知识书柜中的最后一卷是卷 6，这是一个文件夹，包含了一套近两年来律师事务所在我的业务领域的出版物。

管理合伙人向我解释说，我应当阅读文件夹中的所有出版物。在未来，我将收到我的执业领域发给委托人的出版物副本，我应当阅读它们，和委托人谈谈它们，并将其放入文件夹中供参考。

我在其他律师事务所的朋友不再将其律师事务所的出版物寄给我。在某些律师事务所，作为削减成本运动的结果，律师们现在收到的仅仅是律师事务所出版物的电子版，他们并没有时间或者倾向将其打印出来并阅读，因此，它们除了出版外，并无思想或者营销价值。这对我没有意义。当文件放到了我的桌子上后，我总是确保我要阅读它们，并给相关的委托人打电话。

事实上，当出版物到了我的办公室时，它们都附有一个稍加策划的工作单，让我计划并至少给 10 名委托人打电话。这就是我需要做的。

这些就是我们的知识书柜，是六卷有形资源的集合，每一卷都有具体的目的，一起放在律师事务所所有律师的书架上。并不是那么绚烂，也没有很多的技术，但是很有用。

这就是律师事务所给我的。现在我将告诉你我必须做什么确保所有这些正常运转。

为了帮助其他律师和律师事务所，我需要去做七件事情：

1. 经常谈话：就别人在做的和我在做的事情，我在不断与他人谈话。

2. 积极参与：我是我的业务共同体的积极参与者（两周一次的业务团队会议）。

3. 正确立案：我要确保事务立案是按照正确的事务分类进行的（或者在必要情况下创建新的类别）。

4. 正确写作：我要按照律师事务所的样式撰写文件，并在文中有适当的知识线索。

5. 正确完成：当我完成了（或者放弃了）我所创建的文件后，要在文件管理系统中予以标记（使用格子旗按钮，我一会要告诉你）。

6. 正确结案：当交易需要填写交易圣经时，我要制作交易圣经。

7. 考虑分享：每天我都在考虑我所学到的东西对他人是否有价值，我要么告诉他们，要么发送一封简短的含有该知识的电子邮件到律师事务所的“知识”电子邮件地址，供更大范围的人予以思考。

就是这些，就是七件事。我们都做这些事，我们可以为便于记忆就此列个清单。

经常谈话。

积极参与。

正确立案。

正确写作。

正确完成。

正确结案。

考虑分享。

我前面说了，我们律师事务所的知识战略有三个维度：

- 个人知识战略
- 人际知识战略
- 非人际和数字化知识战略

我分别就此跟你谈谈。

## 个人知识战略

我们的个人知识战略所围绕的，是帮助我尽我所能成为最好的律师，这所涉及的就是我知道什么，我有什么技能，以及我如何管理我所掌握的信息。

《个人知识手册》（书柜中的卷 5）是律师事务所个人知识战略的一部分，在个人知识手册中，律师事务所已经投入了大量时间，很具体地说明了要成为一名成功、出色的律师，我需要掌握的知识。它是走向成功的具体路线图。

律师事务所还教给我如何提高我的阅读和倾听技能，如何改善我的记忆，在解决问题时如何考虑不同的思维方式，以及如何开发我的智力的其他部分。它确实相当不同，其中的许多是为了去掉从法学院带来的坏习惯。我实际上希望在法学院之前就知道这些事情，就有这些技能，它使人处理事情容易了许多。

我清楚地记得管理合伙人在第一周给我这些书时对我说的话。她说，“你和你的合伙人之间的差别，就是你们头脑中的东西是不同的。你要么等候获得经验，在多年后开发出你最重要的资产，要么你可以承担个人责任，走上快车道。我想让你走上快车道，我想给你一张路线图”。

## 人际知识战略

我们的人际知识战略所涉及的就是我们如何开发我们自己的知识，并在人际联系中将我们的知识投射给他人。

律师事务所的其他人是我们最珍贵的资源，律师事务所的每个头脑都要好于当今几千个最快的计算机。

我们的人际知识战略既有正式要素，也有非正式要素。正式要素是定期的、组织化的团队会议，每两周一次。这些会议被认为像委托人会议一样重要，你必须有资格成为这种会议的领导者和召集者，领导你的业务团队会议，是律师事务所内卓有声望、备受珍惜的角色作用。取得资格的程序包括你的团队的合伙人进行的技术评估，关于如何有效和高效地在业务共同体中创建、维持和提供价值的培训项目。为了提供帮助，律师事务所为业务共同体领导者制定了一流的指南、阅读材料和其他材料。在大多数团队中，领导者是雄心勃勃的下级合伙人或者接下来几年将被吸纳入伙的律师。

我们的人际知识战略的非正式要素与构建我们的人员参与社会话语时的技能有关。律师事务所强制性的培训项目包括倾听、对话技能，在不同的背景下和关系网络中介绍你自己和你的同事。这些课程都是强化进行的，我对当时一开始我对课程介绍的看法有着深刻记忆。我当时想，“这还能有多难?”

接着他们将我置于各种职业和社会场景中，对我进行了录像。我要就律师事务所的同事，以及我刚刚见到的人进行介绍。我真的必须注意人们的名字，确保我不会弄错。成功地介绍我的律师事务所中我的业务团队的同事，与介绍我并不认识的其他领域的律师事务所的合伙人，是相当不同的。录像和审阅的价值是，指导我在邂逅他人时如何保持自信，我如何代表律师事务所，我如何可以帮助我在与之谈话的人，以提供谈话的关联点。

我一开始的举动是很糟糕的：“这是来自诉讼部的 Bob Jones”，然后是不可避免的沉默（熟悉且令人不爽）。

在受到指导后，我的最后的举动是令人难以置信的：

“John，我给你介绍一下 Bob Jones，我们重要的诉讼合伙人之一。在过去 10 年中，在艰难的环境诉讼中，Bob 曾代理了许多财富 100 强委托人。最近，他在同政府一起工作形成可行的环境修复框架中的领导地位，得到了律师协会的认可。”

“Bob，我给你介绍一下 John Hamilton，他来自 Granger Enterprises。John 在 1995 年与 Harrington 合并后，就一直担任 Granger 的首席执行官，我们在这次合并后就代理 Granger。”

在这前后两次练习之间，他们教给了我关于如何管理介绍，如何帮助开始对话的知识。我从来忘不了早期的练习中我在录像中的形象，我就是不专业、不自信，不是我想成为的有效的职业人员。在一定程度上，看到我拙劣的表现所带来的刺痛，激励着我投入整个培训中。

这也是我第一次遇到律师事务所具有独特风格的培训。在各种指导和培训发生之前，我必须在各种场景下表演，被录像。通常的计划都有教育或者培训要素，然后是案例研究或者角色扮演。但是这些培训所关注的是评估当前的称职性，然后进行具体指导，以提升称职水平。这能很有力地让我们所有人直白地看到并承认我们的现行技能水平，这决定了我们想要加以改善。

当我们聚在一起小酌时，一个很有名的故事是，我在第一起案例研究中是如何表现的。这个案例是在一个房间中工作——我是典型的花瓶——即使当时我真的很努力。我从吧台拿了杯饮品，从桌子上取了些食物，正在吃喝的时候，两名女士走过来介绍她们自己。当我试图握手时，我把食物掉到了地板上，把饮品洒在了她们的衣服上，当我试图把它擦干净时把事情弄得更糟了。此后，我必需的名片在我的钱夹中，它太长了，结果弄得皱皱巴巴，脏兮兮的。我拿到了录像带，但是我的朋友有着深刻的记忆!

也许因为这一令人痛苦的经验，我总是确保为我工作的律师要登记参加第一场关于倾听、对话技能和介绍自己和同事的培训课程。

## 非人际和数字化知识战略

我们的知识战略的最后一个维度是我们的非人际和数字化知识战略。这所涉及的是律师事务所创造的或者提供的脑外资源。

我们的数字化知识战略有四个部分，即在线摘要、工具栏、内部网，当然还有图书馆。我们就这些都包含什么有一个图，其概要可见表 8.1。

**表 8.1**　　　　**数字化知识战略的关键要素**

| 在线摘要 | 律师工具栏 | 内部网 |
|---|---|---|
| 事务和典籍 | 新文件 | 虚拟礼宾部 |
| 文件 | 先例 | 人员数据库 |
| 法律问题 | 条款 | 委托人和寄发数据库 |
| 专门知识 | 签署条款 | 图书馆数据库 |
| 研究 | 表格 | 分类广告 |
| 样式指南 | 简历 | 求职公告栏 |
| 投标 | 投标条款 | 方针和程序 |
|  | 与摘要的链接 | 委托人安排和团队 |
|  |  | 业务团队主页 |
|  |  | 在线分类标准 |
|  |  | 在线培训 |

就在线摘要我已经告诉你了。现在我跟你说说工具栏。律师的工具栏是一种特殊的工具栏，是律师事务所创建并显示在 Word 上的。这相当于律师的瑞士军刀。工具栏的图片可见图 8.7。

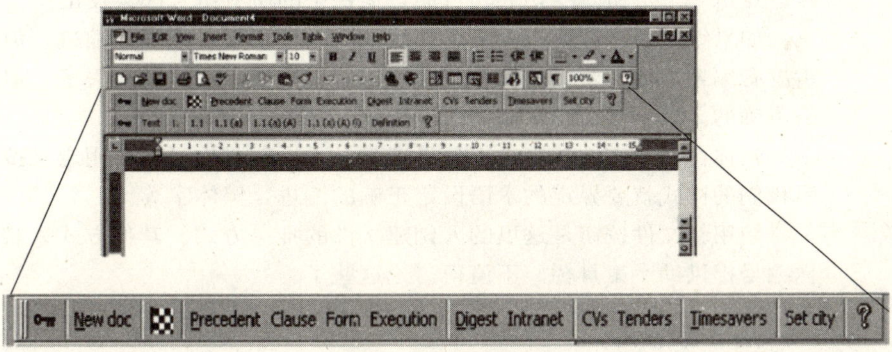


**图 8.7　律师的工具栏**

我一直使用工具栏，甚至在我进行培训之前，我就能够使用它，因为它很容易上手。同样，因为我一打开 Word 它就显示出来，我忍不住要探索和点击所有的按钮！我来告诉你这些按钮都是干什么的：

## 钥匙按钮

钥匙符号出现在与我们的知识计划有关的任何事物上，它就像是这一计划的品牌。如果我点击这一按钮，就会获得这样的信息，即这一工具栏的名称，为什么创建该工具栏，以及将这些工具集中在一起并为律师事务所维护它的人。

## 新文件按钮

新文件按钮使我能够按照律师事务所的正确样式创建文件，例如信函、传真、协议、诉讼文件等。取决于我所选择的文件的类型，系统会问我该类型文件所需要的信息，例如某封信的姓名和地址，或者法律协议的当事人姓名。我甚至可以点击按钮在我的联系人目录中查找姓名和地址，而不需要重新敲击信息。我也可以将委托人姓名和事务编号输入，这就会将我正在创建的新文件存储在文件管理系统中。

当我完成后，文件管理系统自动生成文件概要，文件创建后，我所提供的信息会自动填写进新的文件，供我开始工作。

取决于我使用"新文件"按钮所要创建的文件的类型，一个具体的"助手"工具栏会加入 Word 中（见图 8.8）。例如，如果我创建了一项法律协议，图 8.8 中的助手工具栏将会自动加入我在 Word 中的工具栏，为我提供正确的编号样式，以与律师事务所特定文件的样式保持一致。

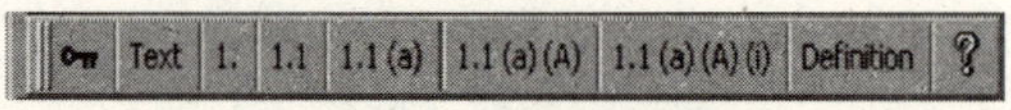


**图 8.8　编号工具栏**

就像主工具栏一样，钥匙的一致性要素在前端，问号帮助按钮在后端。其他的按钮帮助我处理特定文件的编号方案。在这种情况下，我们律师事务所使用的编号方案可见图 8.9。就像你所看到的那样，这有五个复杂的层次，每个都有其自己的编号和缩进要求。有了编号工具栏，设定这些就不能再容易了。我所需要做的就是点击按钮，将我所要的编号层次适用于我的光标所在的段落。就是这样。点击一下按钮，一切大功告成，文件中的所有编号都会校正。

如果编号条款有第二段或者其他段落，你想要有同样的缩进，但是在段落开头没有编号，你所要做的就是再次点击编号按钮，编号就消失了，但是所有缩进是正确的。

当你在你的文件的定义部分界定某个术语时，你可以使用定义按钮，它将按照我们的样式就要界定的术语设定正确的缩进、黑体字等。

使用新文件按钮是这里的人创建文件的唯一方式。其他方式太难了，也不为你编号提供助手工具栏。不值得讨论这些了。

## 格子旗按钮

工具栏上的下一个按钮是格子旗，我前面提到了这一点。当我完成一个文件时，我点击这一按钮，表明我已经完成了该文件。

我们的律师事务所每天创建几千个文件，其中一些从没有完成过，其中的一些很重要。为了实现我们的价值观，即"我们的委托人有权获得我们的集体专门知识"，我们必须能够表明哪些文件已经完成了，以能够利用我们正在开发的知识。这意味着我要就我的文件承担个人责任，就像律师事务所其他每个律师所做的那样。

点击按钮会打开一个对话框，这有四个选项（参见图 8.10）。在这个屏幕上，你要标明文件是否已经被放弃，是否是要继续工作的文件，是否是已经完成但是不建议（例如是关于某事务的报告，或者其他与程序有关的交流），是否已完成并得到了批准。选择任何这样的选项意味着文件不再显示在你的未完成文件报告中了。

1. Clause heading
   1. 1 First paragraph of the clause 1. 1
      Second paragraph of clause1. 1, which does not need a number, but has two subparagraphs:
      (a) The first of which has one paragraph
      (b) The second of which has two subparagraphs:
         (A) The first of which has one paragraph
         (B) The second of which has two subparagraphs:
            (ⅰ) One
            (ⅱ) Two

**图 8.9 我们律师事务所的编号方案**

它并不难，也不耗费时间，我们都使用在线摘要所带来的好处是巨大的。我们的委托人有权获得我们的集体专门知识，这是我需要确保实现这一点的。我们在这里就是这样工作的。

当文件发送给委托人时，我的秘书知道她必须就该文件点击这一按钮。每天晚上，负责摘要的人员自动抓取所有已经完成的文件进行审查，纳入在线摘要。在绩效评估时，我与我的监督合伙人讨论的报告之一，就是我所做的和完成的工作，负责摘要的人员要向我的合伙人发送一份一年来我完成并纳入摘要的所有文件的报告。

我曾听说一些人在律师事务所内的晋升被推迟了，这是因为他们并不能在其文件完成后加以标记，以保证我们的委托人能使用我们的集体专门知识。这被很认真地对待了。

## 先例按钮

当我寻找律师事务所已经创建的交易文件作为先例时，我使用先例按钮。律师事务所已经创建了各种高质量的先例，包括各种变量、使用说明，用于我们所处理的常见法律交易。大约有 500 个这样的先例，包括我们执业的各种地方的所有法院表格。

选取一个先例真的很容易。你首先选择你的业务领域，它就会默认你的业务领域。接着，你从用于该业务团队的文件类别的简短清单中挑选。我是融资律师，因此该类别清单包括：

- 欧洲债券发行
- 抵押贷款
- 项目融资

- 担保贷款
- 银团贷款

当我点击其一时，我们已经有的该类别的先例清单就会显示，通常每个类别仅有少数文件，因此可以进行快速选择。当我点击我想要的文件的名称时，就会为我创建一份该先例的复制件供我使用。就是这么简单。

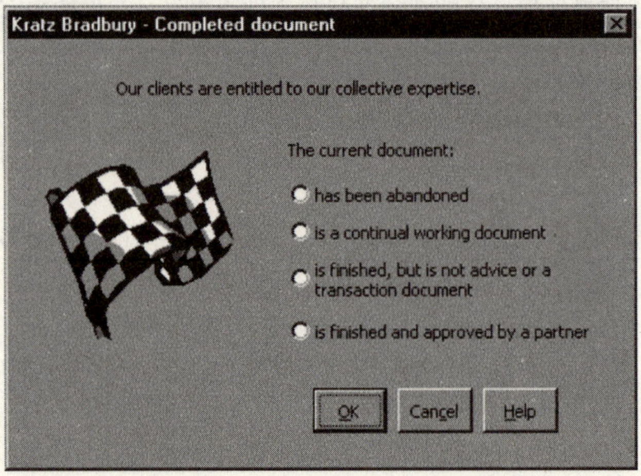


图 8.10　已经完成的文件对话框

不用检索文件，并审阅命中列表。不用启动其他软件，在 Word 内就全做了，仅仅点击三次，不用键入！

当创建了新的先例后，它们就加入了菜单和选项供我们使用，并立即可以使用。它极其强大，但是真的很简单。它还有文本检索选项，但是我知道没有人使用它。

我们还就具体的委托人有某些具体先例。同样，你要选择一个业务团队，你也可以选择“委托人”选项，这就会为你提供一个委托人群体的清单，以及为这些委托人群体所创建的作为模板的文件。律师的工具栏是使整个律师事务所共享其知识的方式之一。一旦加入了工具栏，委托人文件或者先例很容易在整个律师事务所、每个办公室、每个办公桌被获得，不用检索，不用命中列表，就会有经律师事务所批准的第一流的文件。

## 条款按钮

下一个按钮是关于条款的。在起草法律协议时，我通常使用各种常用条款和定义。律师事务所已经就这些创制了标准表达方法，通过点击按钮我很容易将其整合进我正在撰写的文件。我所需要做的就是将光标移动到我想要插入条款或者定义的地方，点击条款按钮，然后选择我想要的条款或者定义的名称。有些时候，同一条款既有短的也有长的，我可以预览选择我想要插入我正在处理的文件中的一个。

不出你所料，有一个支持我们的条款和先例的法律研究和商业历史的汇编。所有这一研究都是公布的，可以在在线摘要中查到。当另一方想要改变你所使用的条款时，或者你要给你的委托人回应和审查他们的文件时，了解这一材料特别重要。

## 表格按钮

规制者规定了一大堆的公司法和财产法表格，必须填写完毕才能完成交易。律师事务所有所有这些表格的 Word 文件，点击表格按钮就能找到这些表格，然后选择你要使用的表格。

这里也可以找到内部管理表格。界面就像先例和条款按钮一样，选择文件类别，它就展现该类别中的文件清单。你选择“管理表格”后，所有的行政管理表格就显示了。

## 签署按钮

这一组中的下一个按钮是签署按钮。在每项法律协议后面，总是有协议的每个当事人的签署条款（或者签字条款）。取决于当事人的类型——公司、合伙、合资、个人等——有不同形式的签署条款。当我到达我所起草的文件的结尾时，我点击这一按钮，为我的文件的当事人选择适当的签署按钮。

在我点击完我所想要的签署条款后，就会提示我这种类型的签署条款所必需的信息，当条款插入文件时，这些信息会为我自动完成。

例如，如果文件是公司职员根据授权委托书签署的，就会要求我提供公司的名称、职员的姓名和头衔，授权委托书的日期，以及授权委托书是否已经进行了登记。这样所有的信息就会自动插入条款的适当地方。不能比这再容易了。

## 摘要按钮

工具栏上的下一个按钮能打开在线摘要。这是律师事务所的主要知识库。就像我前面提到的那样，在线摘要就像是有着链接的书籍。在线摘要的主要分类可见图 8.11。

当我查找类似文件时，或者我们就以前的问题提供的建议时，我使用在线摘要。我可以浏览左侧的类别，根据类别向下钻取，对所有内容进行全文本检索，或者首先查阅有形的《钥匙》卷，找到我寻找的参考资料，直奔主题。

一旦你使用格子旗按钮将文件标记为已经完成，我们的负责摘要的人员通常在 7 日内要对它进行审阅，将其纳入所有应当去的地方。

我在前面说过，当我就某事务立案时，我要说明它的类型。可是一些时候就

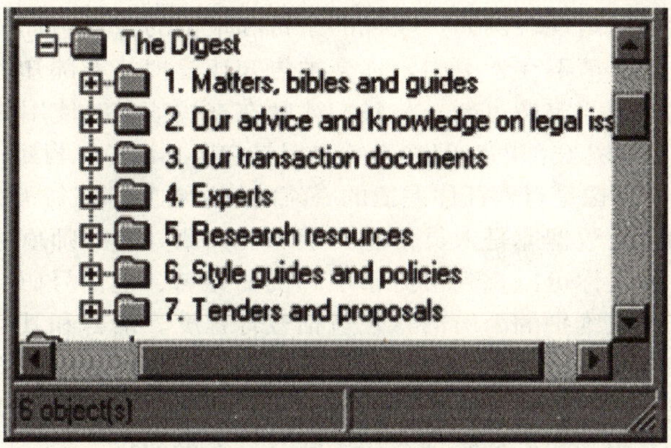


图 8.11　在线摘要的主要分类

新的交易而言，在《钥匙》卷中还不存在该事务类型，这样我就给负责摘要的人员打电话。我要就我在着手的新事务进行解释，他们要考虑是否要在事务清单中加入什么，并在24小时之内让我知道使用什么类别。他们接着要确保新的项目能自动加入索引，接着加入《钥匙》卷。

就此而言，很重要的一点是，当我就新类型的事务打电话时，他们能够告诉我律师事务所是否有他人也在做同样的工作。这真的很有帮助，很多次，当我在一个新兴法律领域工作时，我能够与国家另一端的处理同样问题的团队合作。我们都在那里重复劳动是没有意义的，如果给出了不同的建议，就更糟了！

## 内部网按钮

工具栏上的下一个按钮链接的是我们的内部网。点击内部网按钮就能打开Internet Explorer，其默认网页是律师事务所的内部网主页。内部网主页是个人化的，它知道我是谁，其展示的链接涉及我的具体信息、我的业务团队、我的委托人和联系方式、我的事务以及我可能需要的信息。

内部网也有我们的知识资源汇集，包括：

- 虚拟礼宾部
- 我们的人员数据库
- 委托人和寄发数据库
- 图书馆数据库
- 委托人安排和团队
- 团队主页
- 在线分类标准
- 在线培训
- 方针和程序
- 分类广告
- 职位公告板

这些我都给你讲讲。

虚拟礼宾部是从A到Z的关于律师事务所所有过程、程序和信息的索引。它有着与律师事务所任何地方的恰当人选（包括电话号码）的直接链接，包括有帮助信息的适当的内部网页。虚拟礼宾部是相当聪明的：同样的事项可以在索引中以不同的名目出现。例如，投标的条目和报价的条目给你的信息是一样的。如果你在寻找的事情不在索引中，你会被告知让虚拟礼宾部知道你在寻找什么。接着，虚拟礼宾部要定期更新，与我们律师在查找信息时使用的语言更好地匹配。

我们有虚拟礼宾部的时间并不长，但是它极其出色，肯定优于通常在内部网进行的检索。它就像是有着任你差遣的一流的信息礼宾部，每天24小时，每周7天。

我们的人员数据库是人员信息的组织性典籍，为律师事务所内的所有系统提供支持。在这里你可以查到常见事项，例如姓名、电话号码、位置、地图、照片以及我们每个人维护的简历信息，包括教育程度、语言和其他细节。我常常使用人员数据库查找电话号码和办公室位置，在我见他们之前查查他们的情况。重要的是，这里的信息总是准确的，人力资源工作人员很认真地对待这种信息的准确性，这可能是因为我们的管理合伙人就是这么做的！

委托人和寄发数据库是我们用于各种寄发目的的委托人姓名和地址的组织性

典籍。在这里，我能够轻易查清我的委托人收到了什么出版物，修改其职位细节和其他信息。并确保它们得以正确公布。这里还有每个出版物的链接，这样我就知道它们是什么样子，以及出版物的编辑说明。在过去，我曾使用这些关于出版物的小说明，让我的委托人知道它们会收到什么，我为他们订阅了什么。他们真的很欣赏这些电子邮件的个人格调，把它们剪贴在一起并不需要花很长时间。

图书馆数据库是完整的图书馆目录，它在就书籍和其他事项进行分类时，使用的是与《钥匙》活页夹中法律问题标签同样的分类。这意味着当我在在线摘要中查找什么东西时，我接着可以使用同样的类别在图书馆数据库中查找信息。实际上，每个在线摘要条目都总是有超链接，能打开图书馆目录，自动检索与我在在线摘要中查找的主题有关的书籍，简洁又简单，就像是 Amazon. com。

当我第一次来的时候，图书馆馆员向我反复灌输的一件事是，最好的材料常常是在书中，而不是在在线信息中，因此，我常常使用图书馆目录查找智慧。尽管偷懒和仅仅用你的手指敲击键盘进行研究很诱惑人，但有些时候你必须动动你的腿，还有你的大脑！

委托人安排和团队，是我们的委托人关系合伙人为我们的大型委托人团队维护的主页，就如何服务于我们的委托人所做的安排，提供有关信息。这一信息涵盖诸如利益冲突、小时费率、垫付费用、阅读进展报告的格式和内容、具体条款和文件的使用、关系历史、就委托人的商业进行的商业讨论等信息。如果我在为我们的主要委托人工作，我就要熟悉与我们的委托人达成的条款，熟悉委托人的背景信息、历史和其产业。如果我是为大型委托人服务的团队的一部分，这一信息的变化会自动通知我，确保我与时俱进。

团队主页是我们每个业务团队的主页，它主要支持我们的业务共同体会议。我需要总是出席我们的业务共同体会议，主页并不能代替出席和参与。主页所做的就是为在会议上传阅的文件、会议记录等提供一个存储场所。

我们的一些业务团队在一开始试图把它们在内部网上的团队主页弄得过于庞杂，但是它们并没有时间或者兴趣维护它们。把团队主页做成无所不包的资源是没有意义的，因为在总体上它们重复了已经存在于在线摘要或者人员数据库中的信息。重复劳动是在浪费时间，几个月后它们认识到了这一点，缩减了它们的规模。

这些网页的关注点，现在是支持业务共同体，也就是我们的业务团队。就是这样。不过如此。

在线分类标准是就我们的桌子上的《钥匙》活页夹的内容进行电子检索的手段。律师事务所提供这个，是因为某些人喜欢在屏幕上进行文本检索，而不喜欢浏览有形的活页夹。我自己喜欢使用有形的活页夹，这是因为它总是在我的书架上，很容易使用，并不会干扰我在计算机上打开的文件。但是我的一些朋友喜欢在线的分类标准。

它的许多工作尽如人意，当你找到你感兴趣的主题以后，你点击一下超链接，在线摘要的正确条目就打开了。

律师事务所制作了一套在线培训模块，涉及各种分类、非法律和与技术有关的技能。有一个电子调查，我们每年都要填写，涉及的是我们知道什么，不知道什么，具体包括根据我们的倾听、我们的移交、我们处理压力的情况、我们是否能将文件添加到电子邮件附件中发送给委托人、我们是否能够使用在线摘要等，以便给我们的技能分级。这些都是相当具体的问题。根据我们的回答，我的个人化的内部网主页的一个链接将提供与我的技能水平相适应的在线课程和阅读材料。此后我可以在任何时候观看这些内容。

调查中的问题涉及我的个人知识手册中列举的我应当知道的信息和知识，这关注的是很具体的技能。例如，它不仅仅是关于如何使用电子邮件的一般指南，而是就如何使用电子邮件做我的工作所需要知道的十个具体事项。

方针和程序是展示所有律师事务所方针的链接的主页。我们并没有许多方针，但是这里的方针是你确实需要知道的。你需要知道它们并遵循它们。

主要方针涉及：

- 价值观和信仰
- 保密
- 绩效预期（这包括收费和不收费时间预期）
- 风险管理和质量（这包括提供建议的授权问题）
- 知识战略和预期
- 毕业生和横向招募：特性和原则
- 文件样式的使用
- 电子邮件使用和标准
- 计算机使用和隐私
- 晋升为高级非合伙律师
- 入伙

所有这些方针都有编号，按照同样的样式公布，这在律师事务所内被认为是很正式的。我们被鼓励贡献我们的思想，如果我们认为这些方针可以改进的话。

分类广告是“发售”数据库，供律师事务所内就发售个人的物品做广告使用。因为我们有这样一个数据库，电子邮件方针中的基本规则之一是，在任何情况下，就个人发售的物品或者其他个人保密材料，电子邮件信息都不得发送给整个律师事务所。在我们的每个办公室，分类广告生意相当兴隆，它与我们的人员数据库完全整合在了一起，因此，你可以点击出售者的姓名，向他们发送电子邮件信息，或者使用广告旁边自动展示的电话号码打电话。

律师事务所内的所有空缺岗位都在求职公告栏广而告之。横向雇用和毕业生招募方针规定，所有空缺岗位的招募广告都要在求职公告栏张贴至少一周，以使内部的候选人可以申请。

## 简历按钮

我们的工具栏上的下一组是两个按钮，用于帮助新工作的投标和报价。这一组中第一个按钮是关于我们的律师和关键管理团队的简历的。

点击简历按钮，打开一个窗口，你可以选择一个业务团队（例如融资）。这样该团队成员的姓名就按照层级展开。例如，第一个清单中的项目就是这样的：

合伙人 A-K

合伙人 L-Z

高级非合伙律师 A-K

高级非合伙律师 L-Z

律师 A-J

律师 K-S

律师 T-Z

管理层

一旦你选定了层级，第二个清单则展示与你选定的业务团队相匹配的人员。每个简历都是 Word 文件，有着一致的结构和外观。一些合伙人的业务范围有多个组成部分，在这些领域的投标需要更为专业化的简历的情况下，他们能有多个简历。

我们每个人的责任之一，是保持我们的简历处于最新状态，营销部门有质量保证人员帮助我们。

在准备投标时，将简历材料汇总在一起形成团队很容易，就是按一下简历按钮，然后选择团队的简历，汇总在一起用于投标。当然，有些时候就特定的投标可能要就简历稍加修改，但是它已使你处于巨大的领先地位了。

## 投标按钮

在这一商业开发组群中，第二个按钮叫做投标按钮。如果在线摘要含有过去的投标的所有例子，我就能使用投标按钮近用已经创立的用来描述律师事务所、其工作方式、其业务领域和在招标中可以提供的附加值的标准说法或者条款。它就像条款按钮一样，只不过它所提供的是投标和出价文本，而不是法律条款。

就在投标中委托人所提出的典型问题，所有的答案都在这里。当然，你的投标必须具体针对出价要求。但是，这是起点，使我能够知道律师事务所如何处理这种问题，并且如有必要，我可以与管理层讨论，确定在具体的投标情况下不采用标准方法是否合理。

这些条款的表述也不时变化，以反映律师事务所的动态性，也反映了在投标中向我们提出的典型问题。

你点击投标按钮时打开的窗口也提供与某些培训和其他材料，以及营销部门就委托人服务、投标程序和管理演示过程为我们收集的某些文章相关的链接。其他材料包括委托人评价、律师事务所完成的关键业务、我们在调查中的表现、关于律师事务所的关键细节，包括用于宣传的 PPT 模板和中标的例子。

在所有这些资源可以为整个律师事务所的任何人在任何地点和任何时间所使用的情况下，应对投标真的很节省时间。

## 省时按钮

下一个按钮叫做省时按钮，这是一个真正的省时工具，能使 Word 做我想要它做的事情，而不需要任何复杂的工作。律师事务所创造的这些小程序，能使 Word 为我自动进行复杂的文字处理工作，并且在各方面与我们的律师事务所就我们的各种文件规定的样式保持一致。这不仅仅是就如何处理复杂事务提供帮助，实际上只要一点按钮，省时按钮就会为你干活！

点击省时按钮，打开一个窗口，这有熟悉的两个清单的结构。第一个清单是你想要做的事情的分类，第二个清单是你可能想要采取的具体行动。

例如，第一个清单的条目中，你想要做的事情的类别是：

文件转换

封面页

货币和其他符号

页眉和页脚

邮件列表

分节

目录
工具栏
追踪修订（红线显示）
水印
使用先例

根据你在第一个清单中的选择，将会展示第二个清单。例如，选择第一个清单中的“目录”，就会显示下列第二个清单：

插入律师事务所目录样式
删除现在的目录，代之以标准目录

## 更新目录

我所需要做的只是选择我想要的动作，它就为我处理了一切，不需要我知道Word是如何做到这一点的。按照这种方式，我所做的总是与律师事务所的样式和标准保持一致。毕竟，我们都不是文字处理人员。令人发笑的是，我所认识的文字处理人员也都在使用这个省时工具！

律师事务所鼓励人们就其他可以纳入的省时工具提出想法。我们不时被告知已经添加了供我们使用的新的工具。

## 设定城市按钮

工具栏中倒数第二个按钮叫做设定城市。当我使用律师的工具栏的所有其他按钮时所得到的文件，有时取决于我在哪个城市。例如，与其他州的法院相比，某个州的法院就宣誓作证书、证言庭前存录笔录和诉状有不同的要求。城市会默认设置为我通常工作的城市，但是这一按钮使我能够变更工具栏，选择另一个城市。

如果我所做的工作将用于另一个城市，我需要使用适用于该城市的正确文件。我所需要做的就是使用这一按钮选择另一个城市，然后我可以使用工具栏上的表格按钮，这时就会只显示适用于该城市的表格。

## 问号按钮

工具栏上的最后一个按钮是律师事务所创建的任何系统都共有的一部分。问号按钮是用于提供帮助的，如果你不知道工具栏是什么，或者如何使用它，点一下这个按钮。

当你点击该按钮时，就会展开这样的窗口：

- 为你提供工具栏的简单描述
- 提供联系用电话号码，供你提问或者寻求指引
- 链接到在线教程，告诉你如何使用它
- 链接到打印快速指引页面

这是律师事务所引入的任何系统或者程序都有的标准组成部分，无论是工具栏，内部网上的东西，还是如何使用新的复印机。它们总是显而易见（就像工具栏上的问号，或者复印机上的问号贴纸），能为你提供四个一致的帮助要素：描述、能帮助你的人、在线材料和教程，以及快速指南。

这就是我们的律师工具栏，我们所有人每天都要使用。

就像我前面所说的，律师事务所就知识还做了大量其他事情，使我们的生活

更加容易。我真的没有时间现在全都告诉你，但是它们包括：

- 日常电子邮件服务，将法律和商业新闻总结为容易查阅的片段
- 每周总合律师事务所各行政管理部门的电子邮件信息
- 个性化的图书馆磋商，以确立每个律师的更新战略（然后这要记录在我们的个人知识手册中）
- 就大型交易，制作光盘和 PDF 格式的交易账簿
- 就重要事务进行事后审查

当然，所有这些事情都推行了好些年了，但是在过程的一开始，他们制作了挂图，给所有的战略命了名。因此，我们都知道我们行进的方向。

我常常将这里的所有支持视为当然，但是我的合伙人告诉我，在律师事务所认识到如何有效地推进律师事务所的知识战略之前，会是一幅多么糟糕的样子。显然，律师事务所曾有重大投资并建立了许多数据库，但是律师事务所从没有按照其价值观——即我们的委托人有权获得我们的集体专门知识——来提供服务。我们总是陷入叠床架屋的麻烦中，有些时候不同的办事处甚至就同一委托人的同一问题给出了不同的建议！

我作为一个繁忙的交易律师，认为我们的知识战略是有效的，这是因为四件事：

1. 我们的价值观，即我们的委托人有权获得我们的集体专门知识。这一只言片语就是据以评估我们所作所为的价值观，它是我们赖以为生的价值观。

2. 我们知道，知识战略应当支持知识工作者，而不是想法。我们的知识战略是个人第一，人际第二，然后才是数字化战略。

3. 律师事务所的敬业团队作出的突出、被认可的贡献，这确保了我们的核心文件和条款是市场中最好的，它们还审查分类标准，并将我们新形成的经验整合进在线摘要。

4. 作为我们的知识战略的一部分，我们必须做的七件事情简明扼要：

经常谈话。

积极参与。

正确立案。

正确写作。

正确完成。

正确结案。

考虑分享。

# 第三部分

## 关于你的个人、人际和非人际知识战略的建议

第二部分上一章中John的故事，说明了在一个创建并贯彻了本书所倡导的知识战略的律师事务所中，律师会有什么样的体验。他的律师事务所关注的是人而不是技术；关注的是价值观，而不是数据库；关注的是提高绩效，而不是投资于平台。John从他那没有概念性的知识框架或者结构的角度，为我们提供了重要事项的总结，也就是他认为重要的事情。

第三部分各章列举了你在创建和贯彻你的律师事务所的个人、人际和非人际知识战略时，应当考虑的各种知识行动计划。

下面的表列出了你应当考虑的各种行动计划的指标。其中一些是不需要加以说明的。其他的则更为复杂，将在这一部分的各章中加以讨论。在步入各章的细节之前，你应当阅读这一表格的内容。

在许多情况下，各章的详细内容都提到了John的故事，例如，在使用在线摘要或者律师的工具栏方面。尽管John的故事从律师的角度提供了一个序曲，后面的各章就如何创建和维护各种行动计划提供了更详细的说明。在表中，这些行动计划按照知识战略的三个维度分门别类：个人、人际以及最后的非人际和数字化战略。

个人行动计划在第一列中。它们是应有行动计划。它们不是律师事务所运营所必需的，但是它们能在没有什么成本的情况下创造不同的绩效。

**表Ⅲ　有效知识战略内的行动计划**

| 个人 | 人际 | 数字化/非人际 |
|---|---|---|
| 应有 | 应有 | 基础 |
| 第9章 | 第10章 | 第11章 |
| 关于下列事项的强制培训：<br>快速阅读和倾听课程与奖励<br>个人有形和数字化知识管理<br>有效使用计算机、语音信箱、电子邮件、口述录音机、PDA、远程访问、黑莓手机等。<br>如何定制你的计算环境<br>开发律师的多种智能<br>重新撰写培训材料，明确指出哪些是应当知道的，哪些是应当知道其存在的<br>创建个人知识手册<br>包括知识在内的律师事务所信仰和价值观系统<br>结合了包括知识在内的价值观的奖励和绩效制度<br>附属事项，包括笔记本电脑上的贴纸、挂图、快速指南、《智慧书》 | 关于下列事项的强制培训：<br>谈话和介绍<br>工具支持下的移交和监督<br>有效的工作和团队关系<br>关于教导者和团队成员的有效的指导和绩效评估程序<br>有效的业务共同体，将其生命周期内的学识记录下来并分发给领导者<br>创造机会将律师事务所的不同群体的人员混合在一起<br>对人们的组织信任和关心<br>编制和起草样式标准 | 嵌入并使用文件样式的文字处理工具，包括Word和PowerPoint中的工具栏<br>事务、文件、法律问题和专门知识分类标准<br>有着适当域的文件管理系统，与律师的授权环境简洁整合在一起<br>有着适当规则、指引、培训和定制的电子邮件系统<br>准确、简洁的人员名录服务 |

续前表

| 个人 | 人际 | 数字化/非人际 |
|---|---|---|
| 应有 | 应有 | 基础 |
| 第9章 | 第10章 | 第11章 |
| 自动插入文件的常用条款库，附有使用说明和基础研究<br>委托人期待的必备先例<br>外部法律和商业材料（有形的和电子的）及图书馆数据库<br>关于最新情况通报材料的电子邮件提醒<br>核心性技术性和非技术性技能文件化，并嵌入培训和个人知识手册<br>领导者关于有效业务共同体的指导，以及群体生命周期管理 | 关于委托人投标承诺、委托人收费安排等事项的登记簿<br>关于委托人反馈，以及委托人所需的信息的登记簿<br>律师和竞争者小时费率登记簿（竞争者情报——律师事务所的差异化、费率和制度安排）<br>关于最新情况通报材料的公告栏<br>律师事务所内的日常电子邮件战略，以及需要注意的交流的层级制度<br>律师必读清单和其他信息和研究的来源<br>律师简历<br>投标条款和辅助信息<br>出版物分发数据库<br>非收费项目和投资登记簿<br>内部非收费项目的项目方法<br>事务库，包括利润率、事务利润模拟装置<br>有意义地查阅先前交易工作成果，包括培训 | 标准的计算环境，包括有着所有适当插件的浏览器<br>高级技术性和非技术性知识：文章、出版物和研讨会论文<br>具体委托人的条款和先例<br>非核心条款和先例<br>内部专门知识登记簿<br>交易过程指南、故事和案例研究<br>《智慧书》<br>客户关系管理/联系人数据库<br>参加外部课程和知识再循环<br>外部演讲者造访律师事务所<br>在线培训 |

人际行动计划在第二列，这也是应有行动计划。它们的大多数是过程和行为变革，不涉及重大投资，尽管严格地说，这些都非事务所运营所必需。然而，一经适当贯彻，它们将改善律师事务所的经济和运营绩效。

最后，关于非人际行动计划，这分成了四类：

1. 基础行动计划
2. 必备行动计划
3. 应有行动计划
4. 投资行动计划

# 9

# 个人知识战略：隐性为王

伟大的精神永远会受到平庸的暴力反对。当一个人不是愚蠢地屈服于传统偏见，而是诚实而勇敢地运用其智慧的时候，平庸对此是不能理解的。

——Albert Einstein

律师事务所的知识战略的第一个维度是其个人知识战略：它是开发个人可用知识供其律师使用的战略。它涉及这些战略，即将可用知识构建入律师的头脑，帮助律师建设个人的脑外资源。

想象一下你的律师事务所最受人尊敬的律师与同一业务领域的刚入职 1 年的律师比肩而立。他们之间有什么不同？二者都可以近用你的律师事务所图书馆架子上摆放的任何书籍。他们都能近用律师事务所提供的大量电子资源。使二者有别的仅仅是他们的大脑内的东西。记住，知识工作者的首要技能是他们脑子内的东西，而不是他们所拥有的品牌电脑。

在法律服务中，律师的大脑是唯一最重要的工具，然而大多数知识管理行动计划花费了大量时间让律师了解、解释并劝诱律师使用叫做计算机的相对有限的工具。

想想头脑，群集的头脑，然后再想想电脑。

我在观看 BBC 优秀电视纪录系列片《人体》的某个情节时，在了解大脑方面有相当“顿悟”的一刻。这一特定情节探讨了幼儿大脑的发展。作为一个有幼儿的父亲，我怀着浓烈的兴趣看了这个节目。节目中的知识是通过我的眼睛和耳朵进入我的大脑的，鲜活的画面仍然历历在目。这个系列片让我就我女儿的智力发展有了新的责任感。

使用先进的医学成像技术，纪录片使我们能够从婴儿的颅内进行观看，了解大脑是如何成长的——不是从外部维度，而是大脑内的生理通路如何回应反复的体验而成长的，以及活动是如何强化这些通路的。知识和技能的获得，反映在了大脑内部的生理变化上——通路的成长常常是相互关联的。

把你大脑内的环境想象为正在成长的相互连接的公路。如果知识不使用或者没有强化，则婴儿大脑内的生理通路就会死亡，就会被其他成长所取代。这真是惊心动魄。

这说明了一个简单的事实：

你的大脑是一个系统，其成长取决于你的选择。

在《头脑先行》（*Head First*）中，大脑权威 Tony Buzan 说得很直白："你知道吗：当你就你的思想进行精神上的联结时，你是在你的大脑内进行生理联结？你实际在使你的超级生物学计算机更为复杂、更为精密也更为强大。"①

就像前面在第 4 章所讨论的那样，在律师的头脑中，在他们的超级生物学计算机中，有着下列类别的知识：

- 隐性技术性知识
- 关于来源的隐性知识
- 关于人的隐性知识
- 技能
- 价值观
- 信念
- 动机

每类这样的知识度都存在于律师头脑内的通路中——大量的知识和经验。这样，律师的质量将取决于其头脑中存储的每个类别知识的质量、完整性和平衡。

因此，在制定战略提高作为知识工作者的律师的绩效时，我们需要思考和了解：

- 知识是如何进入律师的大脑的
- 如何可以帮助律师养成更好的头脑、留住知识并构建思维技能
- 在这些类别中，什么样的具体知识能够装备我们的律师，使其最出色地发挥其在我们的律师事务所中的作用（律师需要知道什么？）

## 知识是如何进入律师的大脑的

一个相对简单和显而易见的真相是，知识进入律师的大脑的唯一路径是通过人的感官。从生物学角度看，知识是通过眼睛、耳朵和——更小程度上的——鼻子和手进入大脑的。

作为一名前执业律师，没有什么气味能够像图书馆书架上的法律汇编的味道那样强烈，令人难以忘怀；没有什么感觉像捧着布制封面、皮革装订的精装书那样令人愉悦。穿行于图书馆的书架，徜徉于装订好的一个多世纪的案例汇编的海洋中，对于律师而言，既是一个令人谦卑也是一个令人充实的体验——律师会情不自禁地感受到与过去、历史、传统和历经多年的推理演化而培养出来的法律的美丽的关系。令人奇怪的是，即使这些书很早就被电子书所替代了，这些书仍然被律师事务所和法律图书馆所珍视，常常被称为"壁纸书"。

律师喜欢书，对于律师而言，书包含着知识和智慧。

最使我妻子懊恼的是，我坦白地说，只要有可能我就准备花更高的价钱购买精装本。它就是令人感觉良好。我认为这一偏爱是法律教育训练的结果——法律中珍爱书籍，书籍被用作具有持续价值的参考。无论是因为使用上的原因（精装书更耐用）还是要保持法律的印刷传统，大多数律师都有对精装书的独特的、持

① Tony Buzan, *Head First* (London: Thorsons, 2000), 20.

久的偏爱。

看一下 Dan Poynter 在《自出版手册》（*The Self-Publishing Manual*）中的建议："你将发现，每个架子上的大多数书籍都有其自己的面孔和感觉。给你的顾客他们想要的、期待的、值得拥有的书。如果这是一本商业书，它应当是有着封套的精装书；如果它是供医生、律师或者会计师使用的专业书，它应当是有着封套的精装书；如果它是儿童书，它应当是大开本、四色印刷、有封套的精装书。"②

因此，触觉作为一种感觉，会影响律师赋予书面材料的意义和力度，它当然会影响材料的可记忆性。在你就知识战略工程策划实现方法时，你应当记住这种偏好。与只能通过键盘进入的无形的数据库相比，精装书将获得很不同的注意和尊重。即使是光盘，虽然含有整个图书馆的书籍，与成架子的书籍相比，感觉起来也是有些不可靠和不令人满意。

然而，律师用于获得知识的主要感官是眼睛和耳朵。眼睛和耳朵真是奇妙，就像 Buzan 解释的那样。首先，是神奇的眼睛：

● 你的视网膜，即你的眼睛后面的光接收表面，仅仅比剃须刀片厚一点，却含有 130 000 000 个光感受器（感光）细胞。

● 就这 130 000 000 个细胞而言，仅仅是其中的 6 000 000 个叫做视锥的细胞，处理所有的色觉。

● 这 6 000 000 个视锥细胞能够处理和区分 8 000 000 不同的色调。

● 剩下的 124 000 000 个光感受器叫做视杆细胞。它们非常敏感，能够发现和区分一个光子。

● 在晚上，为了帮助你在黑暗中生存，这 124 000 000 个视杆细胞会将其敏感度提高 75 000 倍。

● 每一秒钟，数以亿计的光子撞击着你的视网膜。这相当于每秒 100 兆字节的信息！③

想想看，一睁开眼睛就是每秒 100 兆。即便最强大的个人计算机也相形见绌。接着，是神奇的耳朵：

● 你的内耳有 16 000 个听毛细胞，它们的反应速度比你体内的任何其他细胞都要快。

● 你哪怕把指尖移动一个原子那么短的距离，都会触动这 16 000 个听毛细胞！

● 你的听毛细胞，在你听古典音乐的高音时，按照每秒 20 000 次的频率颤动。④

大多数律师都被赐给了两只眼睛和两只耳朵，这些强大的信息处理器官，是知识进入大脑的主要通道，特别是通过阅读和聆听。

因此，不论外界环境中律师可得的知识（也就是可得的受管理的知识）有多少，进入大脑的知识的数量受到阅读和聆听两个主要通道的速度和质量的约束。当然，阅读的方法和速度将取决于所阅读的内容的性质，但是与那些小学后在阅

② Dan Poynter, *The Self-Publishing Manual: How to Write, Print, and Sell Your Own Book* (Santa Barbara: Para Publishing, 2001.

③ Buzan, *Head First*, 118.

④ Buzan, *Head First*, 119.

读习惯方面就没有取得什么进步的人相比，有着高超、灵活阅读技能的人在获得知识和知识工作方面，存在重大差别。

### 关于个人知识战略的建议

为了帮助你的律师提高阅读技术和通过非技术性阅读材料获得知识的速度，所有律师在其职业生涯的早期，都应当完成一个重要的快速阅读课程。在每次课程中，对阅读技能（测量速度和理解力）提高最快的人应当重奖。

为了帮助你的律师提高其聆听的质量和有效性，应当为所有律师提供（并要求完成）一个重要的、高要求的聆听技能课程。在每次课程中，对聆听技能（测量速度、理解力和与说者的人际关系）提高最快的人应当重奖。

## 可以做什么帮助律师养成更好的头脑？

人们常常犯下的一个错误是，认为 IQ 甚或 EQ（情商）⑤ 是固定的。确实，正式的智商测量程序和“科学”还不到 100 年。在《头脑先行》中，Buzan 概括了十项不同的智力，每一项都能发展。每一项的发展都能在关系和领悟的良性循环中，放大其他智力的发展。

按照 Buzan 的说法，十项智力被分成了三类：

***创造性和情感智力***

创造性智力（进行创造的能力）

个人智力（为自己感到幸福）

社会智力（你的交流智商）

精神智力

***身体智力***

体质智力

感觉智力

性智力

***传统的智商智力***

数字智力（关于字母和数字的知识）

空间智力

语文智力（词汇和看出字词与概念之间的关系的能力）⑥

从这个角度看，有实力的、传统上成功的律师都是那些长于语文智力的人，语文智力在传统智商测试中所占的高比重使律师处于智商测试结果的高端。高水平的语文智力，以及在传统智商测试中取得的高峰，常常使律师不能更深刻地理解智力和发展其他智力的机会。

---

⑤ See Daniel Goleman, *Emotional Intelligence* (New York: Bantam Books, 1995).

⑥ Buzan, *Head First*, xix.

然而，律师作为帮助委托人的职业人员的知识工作者，要求许多在传统上被视为律师的弱项的智力，特别是创新智力和情感智力。

看看你的律师事务所中最有成效的律师。他们长于这些智力中的哪些？作为一个人，他们的兴趣和活动是否跨越了其他智力，还是他们是一维的，仅仅是在语文智力上出类拔萃？最优秀的律师常常在其智力上有广博的一面。

因此，如何帮助你的律师发展其最重要的工具——变得更加多维，与此同时也更加聪慧？更好地使用我们所蒙赐的生物计算机的第一步是了解它，然后参加具体活动开发这十项智力。

我常常感叹并没有关于大脑的使用手册，尽管 Buzan 的好多本书，以及该领域其他作者的书，都是发现思想和培训项目的沃土，你的律师阅读以后将变得更有自知之明，更加聪慧。

### 关于个人知识战略的建议

为了开发你的律师的多重智力，让他们可能成为更好的律师、更好的人，应当扩大他们对智力的理解，为他们提供开发非语文智力（例如喜欢艺术鉴赏）的机会和活动，在思维和记忆技能方面对他们进行训练。

## 你的律师脑海中应当有什么样的知识？

法学院的成功，像大多数现代教育环境中的成功一样，是通过表明在某个时间点以可以测量的方式掌握了某个科目的方式来实现的。评价主要还是通过考试和论文进行的。课程大纲提供了各种科目选项，在每个科目上，学生所要投入的精力，就像在绩效评估的方法上投入的精力一样多。换言之，在法学院，学生的目标是课程的成绩，而不是构建（并维持）关于法律的知识。

如果我们将前一句话中学生这个词替换为学习者，这句话的悲剧性就显而易见了。重申一遍，现代教育是，学习者的目标是课程的分数，而不是学习。

在学生表明其已经掌握并通过课程后，知识快速从学生的大脑中泄漏。就像奥林匹克运动员，在其职业生涯的最后一战中逐渐式微，终点线就是一切。因此，进入律师事务所的年轻律师在法学院已经完成了许多科目，记得他们所学的一些，通常缺少过程在学习过程结束后保持该知识。

大多数大型律师事务所为新加入律师事务所的律师提供了强化性的教育和入职程序。然而，这些项目很少明确针对他们的律师的头脑应有的隐性知识类别中的特定知识。你的律师事务所是否曾经明确列出你期待你的律师的隐性知识中所含有的知识了呢？作为对你的律师的指引，这些细节是否采取了文件化的形式？

你可能有课堂上的培训课程，但是仅仅是上了课，课堂笔记躺在律师的书架上，还是不够。对于某些类型的知识而言，这就足够了，在这里，关于来源的隐性知识就是适当的学问。但是，还有其他知识需要成为律师的隐性知识的一部分，成为律师进行法律分析时其心智模式的一部分。

不要将你的思维局限于关于法律的知识——也要着力关注技能、价值观、信念和动机。律师头脑中的这些类别的隐性知识值得用同样的时间进行同等程度的关注。确实，最缺乏的、对一名职业人员的成功贡献最大的技能，常常并不是法律上的技能。

Victoria Ruttenberg——华盛顿特区的律师和调解人，为执业人员和高级管理人员提供职业问题咨询——在《法律时报》上撰文指出了新律师最缺乏的技能——它们并不是法律技能。在“非法律技能对于成功至关重要”这一标题下面，她写道：

取得了受雇为暑期实习生的必要资格的许多学生，通过遵循指示而知道了他们是在哪里。他们按照课表去上课，他们阅读被告知阅读的东西，他们完成布置的家庭作业，他们学习被告知要学习的考试材料，他们因为高分而获得褒奖。

他们所缺乏的，也是迫切需要的，是在下列职业技能方面获得训练：

- 如何要求反馈
- 对批评性的反馈如何回应
- 采取行动澄清分配的任务
- 可以被找到的重要性，包括回复电话和电子邮件
- 在工作不堪重负的情况下如何处理
- 如何与其秘书和其他员工合作
- 委托人在与其会面时，对他们的期待是什么
- 面对多项工作，如何优先安排工作并兼顾
- 结识整个律师事务所人员的重要性⑦

实际上，这并不是一个很长的清单，却是一个很优秀的清单。这些有价值的技能，你的优秀律师只有通过反复试验才能学会——除非你帮助他们。当然，你的某些律师，除非你帮助他们，否则他们就不会学会这些重要的技能。

## 关于个人知识战略的建议

应当对所有的培训和材料进行审查和修改，以明确什么样的组织目标与正在讨论的知识有关。例如，就每个学习体验而言：

● 目标是不是在接触了知识后律师可能会记住它？需要指出的是，即使是课堂培训，平均记忆率在仅仅几天之后也是非常低的。

● 目标是不是律师记住了所讨论的知识来源的存在，这样重要的是律师构建了关于来源的隐性知识，而不是隐性的技术知识？

● 目标是不是律师实际上知道知识？换言之，它要成为律师的隐性和直接可用知识的一部分？需要指出的是，这要花费个人的精力，需要投入和学习。

如果我们并没有为我们的律师指明我们想要他们学习什么，即使他们准备投入精力，他们的精力也会无的放矢。不过目标是什么，要就此给你的律师发出清晰的信号。如果你并没有就此发出信号，他们就不会知道你想让他们就你所提供的信息去做什么。讲这样一个故事，即如何使用信息，将其视为隐性技术性知识

⑦　Victoria Ruttenberg, “Nonlegal Skills Crucial to Success,” *Legal Times*, May 17, 2001, http://www.law.com/jsp/statearchive.jsp? type=Article&oldid=ZZZM24JTQMC (accessed January 15, 2003).

或者隐性知识为什么很重要。

这样一个方法，将要求你的最出色的人员投入精力具体识别你想要你的律师的头脑中的每一类隐性知识类别中有什么样的知识。这将要求更为具体地分析律师在你的律师事务所和你的各个业务领域之职业生涯的各个阶段，需要具备什么样的知识、技能、价值观和信念。在这里要避免泛泛而谈。具体而言，律师要想在你的业务领域卓尔不群，最好要具备哪些知识？

记住，培训的目标是学习，而不是出勤。因此，培训应当关注过程的结果，而不是测量这一过程本身。为律师提供了许多小时的课堂培训这一事实本身，并不意味着全勤的律师知道期待他知道的事项。并不令人惊讶，最流行的《菜鸟指南》系列丛书，每一章后面都有一节，标题是“你至少需要知道的”。换言之，有这种最低限度的知识，你将能够用这些概念去工作，通过参阅书籍知道关于这些主题的进一步信息。也就是说，“你至少需要知道的”就是作者希望你记住的隐性技术性知识，作者希望你记住的关于来源的隐性知识，是在书中有关这些概念的进一步信息。为什么不在你的材料中采用这些或者类似的学习习惯呢？

上面所说的意思是，对于每个业务领域的律师而言，就律师事务所认为其律师“至少”需要知道的每类隐性知识，你应当制定和公布关于该隐性知识内容的详细说明。你还应当扩大“你至少需要知道的”材料，即确定什么样的额外知识将受到高度重视，以及该额外知识的来源，使高绩效的律师形成更好的可用知识。不要忘了，你的律师的最强大的文化驱动力之一，是竞争和对失败的多疑（paranoia）。利用这些文化特点帮助你的律师成为更好的职业人员。

## 个人知识管理战略：有形的和电子的

对于所有知识工作者而言，一个日益重要的关键技能是能够管理他们的注意力，处理他们所遭遇的日益增加的内部和外部材料。

在《注意力经济》（*The Attention Economy*）中，Thomas Davenport 提供了一个现在能够得到的乏味的信息清单：“想一想每年美国的出版社出版的这60 000本新书或者全世界每年出版的 300 000 册图书喷涌出的内容。想想仅仅是美国出版的超过 18 000 种期刊——以前最多是 600 种——这超过 200 亿页的杂志编辑内容……想想通过美国办公机构每年流转的 1.6 万亿张纸。去试试浏览全世界每年出版的 400 000 本学术期刊。”⑧ 好消息是，与以往相比，许多这样的材料获取起来更便宜。坏消息是，浪潮滚滚，越滚越大。上述这些评论所涉及的是传统媒体，即书籍、杂志和期刊，这些都发生了爆炸性增长。

然而，除了这些，在过去十年中，随着互联网的发展，线上材料也出现了急剧增长。UCLA Anderson 管理学院的 Jason Frand 和 Carol Hixon 提出，电子材料的增长是由许多因素所驱动的，包括：

- 微处理器性能的提高
- 电子存储的成本的持续降低（传统印刷信息的存储成本在继续走高，与此

⑧ Thomas Davenport and John Beck, *The Attention Economy* (Boston: Harvard Business School Press, 2002), 4.

同时，数字信息存储成本在持续下降。书籍不再是低成本媒体。1 太字节——1 000千兆字节——的硬盘存储空间，将存储 1 000 000 本完整的书。2004 年，这样的数字化存储的成本预计是 100 美元，即每美分 100 册书。）

- 个人计算机的增长，个人计算机互联网接入几乎无所不在
- 互联网信息的增长⑨

就像 Frand 和 Hixon 所说的那样："这里的困境是：纯粹数字化规模（数字化信息的兆兆字节）与内容的价值有什么相关性？全部网络信息与对于学者或者任何人而言有用的信息的比率是多少？"⑩

重要的是，在材料的性质，以及发表和评估它们的程序上，发生了根本性的转变。电子出版的显然优势，即速度、可近用性和生产与传播成本的降低，在许多情况下对质量产生了负面影响，在所有情况下，更难找到有质量的材料，因为在线发表的材料的体量的噪声也在日益增长。

表 9.1 所列的是 Frand 和 Hixon 就在线世界和印刷世界的不同所进行的非常有用的分析，这清晰地说明了对材料使用者的影响，特别是内容评估的责任。

**表 9.1　　从印刷到网络发表的转变所引发的变革**

| | 传统 | 网络 |
|---|---|---|
| 生产成本 | 高 | 低 |
| 更新成本 | 很高 | 相对低 |
| 周期 | 年 | 小时 |
| 分销 | 有形 | 电子 |
| 生产者数量 | 受控制 | 无限 |
| 编审 | 出版前 | 实际上没有 |
| 内容评价 | 职业人员 | 用户 |

来源：Frand and Hixon，*Personal Knowledge Management*：Who，What，Why，When，Where，How? Available：www. anderson. ucla. edu/faculty/jason. frand/ researcher/speeches/PKM. htm.

对于律师而言，这意味着在许多情况下，对内容加以评估成了律师的任务，以防止不权威、不准确或者不完整的信息直接按照剪刀加糨糊的方式被纳入建议，制成文件。律师曾经知道他们所依赖的信息资源，但是随着在线可得的内容的爆炸，大多数律师不再确定哪些信息可信，哪些信息不可信。这意味着你的个人知识战略就是你需要帮助律师掌握他们在其正式教育中不会掌握的技能。

Millikin 大学 Paul Dorsey 教授提到了个人知识管理的七个关键技能：

（1）检索信息。检索信息这一个人知识管理技能涉及很多，从提问、倾听和遵循的技术要求很低的技能，到使用互联网搜索引擎、电子图书馆数据库和相关数据库检索信息的更为复杂的技能。扩大和缩小检索范围、布尔逻辑、反复检索

---

⑨ See Jason Frand and Carol Hixon，*Personal Knowledge Management*：*Who*，*What*，*Why*，*When*，*Where*，*How*? 1999. Available：http://www. anderson. ucla. edu/faculty/ jason. frand/researcher/speeches/PKM. htm (accessed January 15，2003).

⑩ Frand and Hixon，*Personal Knowledge Management*.

等概念，都是有效运用这一个人知识管理技能的重要组成部分。

（2）评估信息。这意味着不仅能够判断信息的质量，而且能够确定其与当前某些问题的相关性。尽管贯彻这一点并无必然的计算机机理（尽管互联网搜索引擎有着粗略的相关性评价），在当前这个信息丰富的环境中，可得的信息越多，这一技能就越发显得格外重要。

（3）组织信息。这意味着使用各种工具找到各项信息之间的联系。在手工环境中，我们使用文件夹、抽屉和其他机制组织信息；在更具有高科技的环境中，我们使用电子文件夹、关系数据库和网页。有效的贯彻信息组织，背后必然有有效的组织原理，无论环境如何。

（4）分析信息。它带来了这样的挑战，即从数据中“拧出”意义。与信息分析密不可分的就是开发和运用模型——常常是定量的——从数据中“引出”关系。诸如电子表单和统计软件等工具为分析信息提供了手段，但是在形成体现在这些软件中的模型时，人的因素是核心性的。

（5）表达信息。表达信息的关键是以委托人为核心。表达信息，无论是通过PPT、网站还是文本，都是以信息组块化为原理的，为的是让“听者”理解、记住和进行联系。网站样式和关于网站可用性设计的专著，都为这一个人知识管理技能提供了具体内容。

（6）保证信息安全。尽管保证信息安全与其他六个个人知识管理技能不同，但它并非不重要。保证信息安全需要开发和贯彻保证信息的秘密性、质量和安全存储的做法。进行密码管理、备份、存档和使用加密技术，都是这一有效个人知识管理技能的重要要素。

（7）信息协同。被称为群组软件的信息“技术”工具越来越多地提供给了辅助性的协作工作。有效地使用该技术，不仅要求知道如何使用这些工具，而且要知道有效的合作工作背后的原理。电子邮件礼仪的原则就是有效运用这一个人知识管理技能背后的重要知识的例子。⑪

你需要教会你的律师如何管理他们的注意力和他们在你的律师事务所的工作日中遇到的各种有形信息和电子信息。这将包括：

- 保存什么样的信息，如何保存、在哪里保存这样的信息
- 如何管理电子信息助理（information aids）
- 如何管理有形信息助理
- 如何管理个人待办事项清单和联系信息
- 如何管理个人行政管理信息（对于繁忙的职业人员而言，这是一个共同的弱点）
- 如何与作为团队一员的秘书有效工作，最大化信息流和可近用性
- 如何有效地使用和管理其商业工具：计算机、语音邮件、电子邮件、录音电话、个人数字助理、远程访问、黑莓和其他工具（包括每个人都应当知道的使其生活更加容易的捷径）
- 如何定制他们的计算环境，使生活更容易、更快捷

把这些当成你的律师的生活技能吧，这些技能将对劳动生产率、减少压力、工

---

⑪ Paul A. Dorsey, *What Is PKM? Overview of Personnal Knowledge Management*. Available: http://www.millikin.edu/webmaster/seminar/pkm.html (accessed January 15, 2003).

作满意度产生重大影响（对于财务主管而言，就是降低持续的行政管理辅助水平）。

## 关于个人知识战略的建议

围绕Dorsey教授的个人知识管理框架，为你的律师重新配置并创建培训计划。确保有快速指南和参考资料帮助你的律师贯彻个人知识管理。设计并建设有形和电子工具与模板，便于你的律师进行个人知识管理。

需要注意的是，对于许多第一代知识管理者（和在知识战略方面没有受过适当教育的合伙人）而言，这似乎是知识管理的异端邪说。帮助知识工作者创设个人知识资源库，而组织内的所有其他人不能对此加以分享和查阅，这是耻辱！当有缺陷的范例告诉你知识管理的目标是捕捉和抓取知识，以便它在组织内得以分享时，容忍、促进甚至更糟糕地去鼓励个人的、兼容并蓄的、非标准的和非机构性的知识汇集，这种观念似乎是完全不可理喻的。然而，对于作为知识工作者的律师而言，建设个人脑外资源是开发和维护可用知识，成为更优秀的律师的关键措施。

我所认识的大多数第一代知识管理者哀叹这样的事实，即他们的许多律师继续在保持着各种个人知识汇集。在一些律师事务所，个人知识汇集是被明确抑制的。然而，维护这些汇集的人，常常是律师事务所最有知识的律师，常常是最尽职的、最专心、委托人至上和最成功的律师。对于这些律师而言，建设脑外知识是其工作方式的必要组成部分——他们认识到，关于来源的隐性知识有其用途，除非他们建设了有效的脑外知识，否则他们作为知识工作者将更乏有效性。

这些汇集的结构说明了特定律师是如何看待世界的，以及他们就这些事项作出的职业判断：什么是重要的，组织材料以便于（他们）有效使用的最佳方式是什么。需要说明的是，从单一来源材料、材料的链接和硬盘空间的最小化使用角度看，律师所选择的组织方法可能并不是最有效的电子组织方法。对于律师而言，在多个有形文件夹中保存一份文章的有形复制件可能很重要，这样，在多个地方可以在与相关材料有关的背景下审阅该文章。对于技术人员而言，就同一材料有多个复制件几乎是犯罪。然而对于执业繁忙的知识工作者而言，这是帮助他们查阅、理解和运用材料的最有效的材料组织方式。

当然，就个人知识管理活动的范围进行指导总是很重要的。我并不是说不存在进行机构性的知识汇集的空间。然而，在每个律师事务所，总是存在个人知识汇集的空间。通过用进行个人知识管理的工具和概念帮助律师，能够产生效率。例如，如何使用文件管理系统？存储的机构性知识如何可以用于帮助个人知识管理？新的辅助服务是否需要图书馆馆员走访律师的办公室，设立各种有形和电子系统帮助该律师成为更好的知识工作者和律师几乎每天都要遇到的各种有形、电子和听觉信息、知识和垃圾的管理者？

好好反思一下这个问题。它将是对你的知识气质的一个检验。知识管理是关于一群人维护和改进其个人和集体可用知识以提高绩效和创新并降低风险的行为和过程。律师事务所知识管理项目几乎完全忽视了个人维度。事实上，我认为对于法律服务的质量和律师事务所的绩效而言，与律师事务所知识管理项目如此痴迷的集体可用知识的增加相比，个人知识作为驱动者要重要得多。

# 10

# 人际知识战略：创造和投射

理想的对话必须是思想的交换，而不像许多担心其短处的人所认为的那样，是对才智或者演讲术的雄辩展示。

——Emily Post

律师事务所知识战略的第二个维度是其人际知识战略，也就是其用于帮助律师在其人际交流中，从他人那里获得知识，并将其知识投射给他人的战略。换言之，去谈话，作为社会的人，去开发律师事务所的社会资本。

Thomas Stewart 就软件和湿件之间的竞争，讲了一个有趣的故事：

Jack Whalen 是一名社会学家，在施乐公司 Palo Alto 研究中心工作。几年前，他被派到了学习研究所，这是施乐资助的一个非营利性群体。他在那里花了几年时间研究得克萨斯州 Lewisville（达拉斯北部）的一个客服中心里，人、计算机和专家系统软件是如何互动的。

软件（在这个案例中，是 Inference 公司的 CasePoint）被认为能够帮助雇员告诉顾客如何修理出了故障的复印机，例如卡纸、模糊不清等。当呼叫中心的接线员键入顾客说出的词——例如“卡纸”——时，软件就在其诊断和解决方案的存储器中进行检索。

问题在于雇员们不使用新软件。管理层确定雇员们需要一个进行改变的动机。公司举办了一场长达一个月的竞赛，在竞赛中雇员们每解决一个顾客问题——不论什么方式——都会赢得点数（这会兑换为现金）。优胜者是一名叫做 Carlos 的服役 8 年的退伍老兵，其点数超过 900 个。经理们并不看好 Carlos——“他就是个二流货”，他们其中的一个人说——但是他的胜利并不令人惊讶。他几乎从不使用软件。

亚军令人震惊。Trish 来到这个公司刚刚 4 个月，以前并没有关于复印设备的经验。她的 600 个点是第三名的一倍多。她甚至没有新的软件，仅仅是一个比较旧的、不是那么精细的系统。但是她有一个秘密武器：她坐在 Carlos 对面。在他说话时她能够听到。她自己做了他的学徒，说服他在午餐休息时间向她说明复印机的内部结构。她个人收集了关于如何解决问题的各种手册和手写笔记。[①]

我们从这一案例研究中获得了两个重要的教训。第一个教训，Trish 建立其

① Stewart，“The Case against Knowledge Management”.

知识的方式之一是个人开发了个人性的脑外资源——收集了关于如何解决问题的各种手册和手写笔记。这呼应了上一章，我们在该章中讨论了知识战略的第一个维度，即个人知识战略。尽管她能利用集中化的大型问题和解决方案数据库，即使这一庞大的受管理知识可资利用，为了建设其自己的可用知识，她的战略是个人以一种对她而言有意义的方式收集编排并注释好的笔记。这证明 Trish 的个人知识战略比组织的非人际或者数字化知识战略更为有效。

从这个故事中可以得出的第二个教训是人际交流和对话对于在组织内获得和传播知识的重要性。我们在本章将讨论第二个教训。尽管人际交流看起来很容易，这是一个我们在 10 岁之前都已经获得的技能，但在现实中它是相当复杂的，人们常常做得很不好。

在律师事务所背景下，律师的人际交流在提供获得知识和投射知识的机会时，有几个关键的点。回想一下在第 4 章讨论的律师事务所知识生态图（复制在了图 10.1）。就像这个图所表明的那样，律师事务所中几个关键的知识互动在性质上是人际性的，包括：

- 与律师的人际网络和委托人进行互动
- 与律师事务所的其他大脑进行非正式互动
- 在办理特定事务的背景下，与律师事务所的其他大脑进行正式互动
- 在有组织的学习机会背景下，与律师事务所的其他大脑进行正式互动

这些互动的有效性，是一系列因素的功效，这些因素包括：

- 参与互动的人员的技能，
- 参与活动的人员的关系信任程度，以及
- 律师事务所内展现的信任程度和社会资本。

换言之，互动的有效性取决于参与活动人员的人际技能，以及他们愿意进行开诚布公的交流的性情或者准备状态，这又是当前的关系和整个律师事务所内展现的社会资本的效能。即使是伟大交流者，在与他们并不信任的人交流时，也会言辞谨慎。

在就你的人际知识战略提出建议之前，我们首先需要回答这个问题：人际知识战略是否值得花费精力和投入。是否值得花费精力促进更高水平的人际交流技巧和你的律师事务所的更高水平的社会资本？它是否会转化为改进的绩效，从而产出服务和底线效应？

回想一下 David Maister 就职业服务公司利润绩效的变动原因进行的研究。他的统计学研究表明，就其对全世界职业服务公司的研究而言，有 9 个关键因素解释了全部利润变动的 50％以上。② 无论国别、业务规模、杠杆模型和业务范围，都有这 9 个因素，它们一起解释了半数以上的利润变动。这几个因素，在该研究中被表达为陈述，这就是：

1. 委托人满意度是我们律师事务所的最优先事项。

2. 我们不能容忍那些将其个人日程置于委托人或者律师事务所利益之上的人。

3. 那些为整个律师事务所的成功贡献最多的人，是得到最高回报的人。

4. 管理就是让律师事务所的每个人人尽其才。

② Maister，*Practice What Your Preach*.

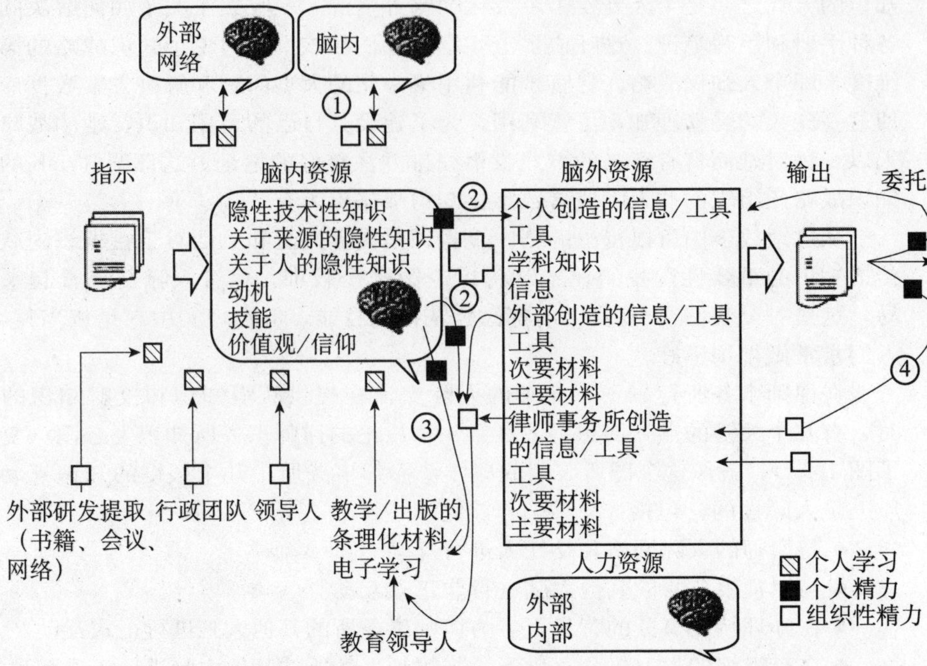


**图 10.1　律师事务所知识生态**

5. 在这里，你需要——而不仅仅是被鼓励——学习和发展新的技能。
6. 我们在未来会有回报的事情上投入了大量时间。
7. 我们律师事务所的人总是尊敬他人。
8. 对委托人项目监督的高质量是统一的。
9. 我们律师事务所的职业人员的质量高如预期。③

审视这一清单，你会发现许多事情取决于人际互动、信任和社会资本。人们相信，不能容忍那些将其个人日程置于律师事务所利益之上的人。人们相信，那些为整个律师事务所的成功贡献最多的人，是得到最高回报的人。管理就是让律师事务所的每个人人尽其才的信念，只能是管理的各个层面的人际交流和努力的结果。按照律师事务所的人总是尊敬他人的标准，高水平的社会资本是显而易见的。需要注意的是，“总是”是一项高标准，许多职业服务公司并不能达到——一个非常高但是可以企及的标准。最后，对委托人事务的高质量监督管理职能是在办理该事务时和处理监督管理关系时的人际交流和信任的结果。

因此，显而易见的是，这 9 个因素中至少有 5 个解释了律师事务所利润率的变动情况，这 5 个因素与律师事务所内的信任程度和社会资本密切相关，并取决于这些信任程度和社会资本。

当我们考虑律师/委托人关系，以及与委托人选择律师事务所和律师有关的因素时，信任甚至更为重要。在选择律师事务所和律师时，委托人有需要解决的法律问题，在寻找一位可信的咨询者提供帮助。Maister 提出了下列可信咨询者的共同特点：

1. 似乎能够轻松理解我们，像我们一样

③ Maister, *Practice What* 你的 *Preach*, 64.

2. 始终如一（我们能依靠他们）

3. 总是帮助我们从全新的观点看待事物

4. 不会试图强我们所难

5. 帮助我们进行彻底思考（这是我们的决定）

6. 不会用我们的判断替代他们的判断

7. 泰山崩于前而色不变，或者不喜形于色（他们保持冷静）

8. 帮助我们思考，使我们的逻辑不为情感所左右

9. 温和、慈爱地批评和纠正我们

10. 并不言而不尽（我们能够靠他们告诉我们真相）

11. 从长计议（关系比当前的争议更重要）

12 告诉我们理由（帮助我们思考），而不仅仅是他们的结论

13. 为我们提供选项，增加我们对这些选项的理解，给我们他们的建议，让我们选择

14. 挑战我们的假设（帮助我们揭露我们所依据的错误假设）

15. 使我们感到舒适和惬意（但是他们在认真地对待问题）

16. 行为像一个真正的，而不是扮演某个角色的人

17. 是我们的可靠朋友，似乎总是把我们的利益铭记于心

18. 记得我们曾经告诉他们的每件事（不需要做笔记）

19. 总是体面可敬（他们并不对他人流言蜚语，我们相信他们的价值观）

20. 帮助我们在背景之下思考问题，常常通过使用比喻、故事和奇闻轶事（很少有问题是完全独一无二的）

21. 有幽默感纾解我们在困境中的紧张感

22. 精明强干（有时我们缺少这一点）④

可信的咨询者的这些特点，有多少取决于人际交流和信任？它们其中有多少要以咨询者建立作为人与委托人的有效关系的能力为中心？回答是，所有这些都与人际交流和信任有关。

我们得出的结论是，信任和人际交流，无论对律师事务所的财务绩效而言，还是对律师和律师事务所被委托人视为可信的咨询者从而吸引和留住委托人的能力而言，都是关键因素。

## 人际知识传送生态学

为了提高人们之间知识传送的速度和数量（可称为知识传送的“速度和黏度”），我们首先需要了解影响知识传送的因素。我们的开始前提是我们有两个律师。第一个律师所知道的知识，对于第二个律师而言有用。如果没有心有灵犀，在这两个律师之间就没有完美的知识传送；确实，任何人传送的过程都将总是导致所传递的“有用”知识少于总量知识。

图 10.2 描绘了这种情况下的知识生态——律师事务所两个律师之间的知识

④ David Maister，*The Trusted Advisor* (Boston：Free Press，2000)，4.

传递。第一个律师知道的知识存量对于第二个律师是有价值的，该生态图左侧的高柱体代表的是该知识存量。右侧的短柱体代表的是实际传递给第二个律师并由其获得的知识存量。这反映了这样的事实，即接收者所得总是少于发送者所知——并不存在两个大脑的联合，传递总是有限的。

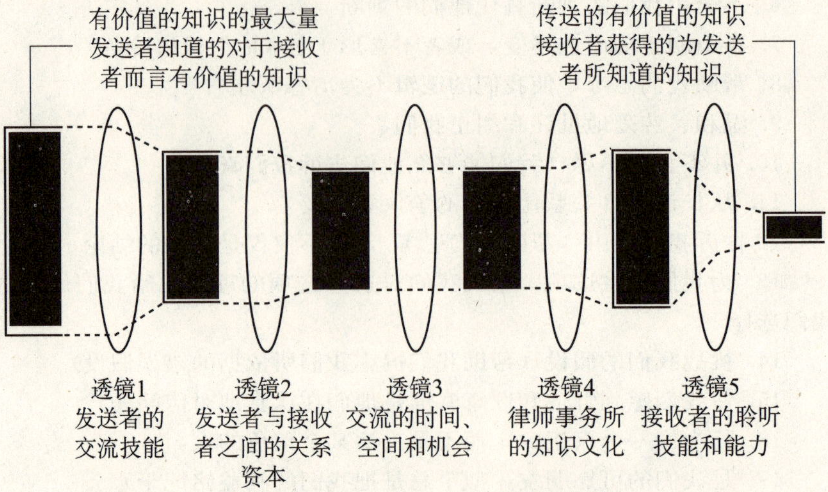


**图 10.2　人际知识传送生态**

该生态图的中央是一系列的透镜，这些透镜在第一个律师所知道的知识存量进入第二个律师的心灵之旅中发挥着作用。一共有五个透镜，以下分别讨论之。

## 透镜 1：发送者的交流技能

影响潜在知识存量传递的第一个透镜，是发送者的交流技能，具体而言，就是他知道他所知道的事项，并以一种接收者能够近用的形式加以交流的能力。

首先，存在即使是伟大的律师也不能用言辞将之传递给他人的知识，包括通过人的全部生活经验建立起来的判断、直觉和复杂的心智模式。大多数人并不能理智处理和区分影响这些世界观的相互矛盾的因素和细微差别。因此，发送者的这部分知识仍然不能传递给接收者（尽管指导或者学徒更可能传递这种类型的知识）。其次，律师将概念和经验传递给其他律师的能力参差不齐。将概念进行充分简化，使他人能够在不失去概念固有的必然复杂性的情况下理解概念，是一个伟大的技能。词汇也很重要：除非发送者的词汇与接收者的词汇相匹配，否则就得不到什么知识。发送者也必须仔细地采用其他相关知识，没有这些知识，接收者就不能领会被传递的知识。交流并不是一个简单的过程。

在这一透镜中，发送者的交流技能水平只能减少可以传递给接收者的知识存量，减少程度是发送者的技能水平作用的结果。换言之，发送者的交流技能水平越高，所传递的知识存量衰减得越少。

## 透镜 2：发送者与接收者之间的关系资本

影响传递的潜在知识总量的第二个透镜，是发送者和接收者之间的关系资本。

像第一个透镜一样，这一透镜仅能够减少可能传递给接收者的知识存量。例如，如果发送者并不认识接收者，也就是说，他们是这个国家另一端的律师，素未谋面，则发送者并不知道他所掌握的知识传递给接收者时，会对交流者有用。相反，如果发送者和接收者是好朋友，是关系紧密的职业同事，有着高度的信任、合作和协作，则发送者有可能知道这种知识交流给接收者时是相关的，是有价值的。在这些情况下，知识存量的衰减可能是微不足道的，或者是零。

当讨论整个律师事务所内的知识传送程度时，律师事务所的社会资本的质量将决定这一透镜将在多大程度上减少律师事务所内传送和共享的潜在知识总量。

## 透镜 3：交流的时间、空间和机会

影响传递的潜在知识存量的第三个透镜，是发送者和接收者是否有时间、空间和机会进行交流。如果两人从没有机会进行交流，则这一透镜将把传送的知识存量减少到零。从工作环境的物理设计，到组织对流言蜚语和闲谈的态度，每件事都会影响发送者和接收者是否可能进行实际交流。在特定的组织背景下确定这一透镜的影响时，电子邮件或者其他虚拟或者有形协作环境都是要考虑的因素。人们最近很关注培养业务共同体，以通过改进这一透镜提高知识传送量，并提高发送者和接收者之间的关系资本。

## 透镜 4：律师事务所的知识文化

影响传递的潜在知识存量的第四个透镜，是律师事务所的知识文化，这一透镜既可能提高也可能减少传送的知识存量。如果律师事务所的知识文化积极地支持个人和集体知识，知识显然在管理、领导和褒奖的安排中，则这一透镜可以用来消解前面的透镜所造成的缩减。发送者积极采取的措施，即有意识地考虑可能有传递价值的知识，将个人精力投入这一投射过程中，产生了这样的效果。

相反，如果知识文化是消极的或者负面的，则这一透镜将进一步减少发送者传递给接收者的知识总量。如果组织性文化和奖励制度积极地抑制信息共享，或者如果它们排除了用于知识传送行为的时间，则这一透镜就可能将潜在知识传送窒息为零。就是这一透镜常常给律师事务所知识管理行动带来灾难性后果，大大地减少行动计划的影响。

## 透镜 5：接收者的聆听技能和能力

影响传递的潜在知识存量的最后一个透镜，是接收者的聆听技能和能力。这一透镜只能减少所获得的知识总量。

这样，你如何播撒种子提高你的律师事务所的社会资本？你如何促进信任和有效对话？你如何在你的律师事务所内以正式和非正式互动促进有效获得知识和投射知识？

如果我们想要增加律师事务所内人际知识传送的数量，则我们需要了解上面所描述的每个透镜，并要有具体的战略应对它们。因此，你的人际知识战略应当有四个要素：

- 培养知识交流技能（发送者和接收者）
- 培养律师之间的关系资本，具体而言，就是律师事务所的社会资本
- 提供并促进交流的时间、空间和机会
- 培养律师事务所的知识文化

这最后一个，即培养律师事务所的知识文化，已经在第 6 章加以讨论，这里不再重复。下面依次讨论其他三个因素。

## 培养知识交流技能（发送者和接收者）

律师事务所培训的一个关键主题，应当是在人际交流的所有方面进行质量培训。律师是很差的交流者，这一点众所周知，在这种艺术方面的培训，将提高律师事务所的社会资本，知识投射的质量，以及委托人服务的质量。

你的人际知识战略，应当包括在下列能力方面的具体训练：

- 谈话和介绍："谈话的乐趣"
- 交办和监督，用工具加以支持
- 有效的工作和团队关系
- 有效辅导，关于辅导和团队成员的评价程序
- 与你的秘书和辅助人员进行交流
- 倾听："倾听的更高乐趣"
- 尊重，以及律师事务所如何进行交流
- 建设律师事务所内的信任
- 建设与委托人的信任关系
- 有效的电子邮件：如何写，何时用，如何保持社会资本
- 建设社交网络

## 开发社会资本

Cohen 和 Prusak 把社会资本定义为："人们之间的积极关系的存量：将人际网络和共同体成员联系在一起并使合作行为成为可能的信任、相互理解和共享的价值观与行为。"⑤

在律师事务所背景下，社会资本是律师事务所的律师之间、律师与辅助人员以及辅助人员之间的人际关系的存量。这种关系越广博，信任就越深，社会资本的水平就越高。律师事务所的社会资本使它能够运行，并指导其组成人员之间关系的质量和有效性。

根据 Cohen 和 Prusak 的说法，对组织而言，高社会资本能够带来几个重要的好处：

⑤ Don Cohen and Laurence Prusak, *In Good Company* (Boston: Harvard Business School Press, 2001), 4.

● 更好的知识共享，这是因为建立了信任关系，共同的参照系和共享的目标

● 更低的交易成本，这是因为有高水平的信任和合作精神（无论是在组织内，还是组织与其客户和合作者）

● 低人员流动率，减少了遣散费成本和雇用、培训费用，避免了人员经常变动带来的中断性，维护了有价值的组织性知识

● 行动步调更加一致，这是因为组织具有稳定性，有共识⑥

尽管我们的主要兴趣是提高律师事务所内的知识共享程度，更多的社会资本的其他每个好处，都会对律师事务所的经济和人员流动率有影响，特别是人员流动率这一困扰并继续困扰律师事务所的问题。

为了更好地理解更高的社会资本如何能够导致更好的知识共享，我想将知识共享的概念分解为四个不同的活动：

● 在别人请求帮助时回答问题

● 常常在非正式讨论中主动告诉他人我知道的事情

● 积极地将我的知识投射给我认为对其有用的人（即传播我的知识）

● 积极采取措施将我掌握的知识投射到非人际资源库，或者投射给这样的人类知识中介人，他们不会直接运用信息，但是在他们认为适当的时候将组合、重新包装、发布和传播这些信息

如前所述，知识共享的概念常常仅仅被解释为相对消极的活动，就像上面第一点所表明的那样，即在别人请求帮助时回答问题。这种互动的深度和提供的帮助，是律师事务所社会资本水平和人与人之间社会资本水平的一项功能。如果人与人之间的关系的特点是互惠、尊敬、友谊、信任和尊重，则提供的帮助程度就可能很高。然而，如果这种关系的特点是自私、不信任、缺少尊重和缺少互惠，则可能就不会提供什么帮助。与此类似，如果律师事务所的价值观是合作和帮助他人，就可能发生高质量的帮助和共享。相反，如果律师事务所的社会资本的特点是根据你“自食其力”这一规则获得报偿，即个人收费活动被测量、报告和评价，则只有在为收费目的能够提供当前的委托人代码的情况下，才可能提供帮助。

在知识共享过于简单化的讨论中，上述其他三个要素常常被忽视，事实上，它们比简单地回答问题这种知识共享更具有价值。

这三个要素中的第一个，是在非正式背景下的主动投射知识。换言之，典型的饮水机边或者走廊对话。“你听说了吗，Jim 又在办理一个兼并辩护案件?”“你就新的立法准备这么做？我已经就此与许多委托人有了讨论”，“你曾和 Joe 共事吗？他在电信方面的行业知识无与伦比，因为他过去曾在 Telco 工作了 15 年”。

现在，饮水机边的对话有可能点缀着许多不同的内容，从运动到流言蜚语，从工作日到周末。一些管理层过于试图减少或者消除流言蜚语和社交性聊天，因而降低了律师事务所的社会资本水平。目标是扩大和建设非正式讨论，以产生这样一种文化，即投射与工作有关的知识，是对话的有价值的一部分。

如果没有信任文化，职业人员可能无意于在非正式背景下讨论职业知识。职业人员很关心感觉——人们怎么看待他们——贸然非正式地讨论技术性问题，可

⑥ Cohen and Prusak，*In Good Company*，10.

能会暴露他们不想表现出来的无知。在许多律师事务所，饮水机边上的谈话往往完全与工作问题无关。与他人共享我们正在承办的工作，我们发现有趣的问题，或者法律发生了哪些变化的概念，在入职程序早期就应当讨论，并要在律师事务所的合伙人和舆论领袖与办公室其他人的行动关系中加以强化。如果舆论领袖的非正式对话风格缺少这些事情，大多数下级律师的谈话风格也会缺少这些事情。

这三种情形中的第二个，是有人积极地将知识投射给他们认为对其有用或者有价值的人。图书管理员或者我的同事因为认为我会对某些材料感兴趣而花费时间挑选资料并交给我，没有什么能比这些材料更引起我的关注了。这样的无私行动提供了一种获得知识的来源，没有他们的帮助，这是不可能的——实际上，它对收集的情报进行了过滤，提供了又一层质量保证。

这种形式的高价值知识投射，取决于两个关键因素：

- 投射者和接收者之间的高度社会资本
- 投射者知道接收者的兴趣所在

现实是，图书馆馆员并没有将选择后的有趣材料发送给律师事务所的每个人，只是发送给了他所认识的人。对于局外人而言，这看上去好像是厚此薄彼，但是如果他们仍然是与图书馆馆员的关系的局外人，他们就永远得不到该服务。如果没有关系，就没有关于兴趣的充分知识，这种形式的知识共享发生所需要的图书馆与特定律师之间的社会资本就会不足或者为零。

我们现在不再讨论图书馆馆员这个明显的例子，看看律师事务所内的合伙人和律师的行为。我们如何能够帮助每个人就他人在对什么感兴趣形成一种意识，时刻准备着将可能有趣的材料转发他人？当然，这里所需要的是进行选择性的材料分发，而不是将每件似乎相关的信息送给某人，否则该人很快就不会再感谢你的好意了。律师事务所应当考虑采用什么方式在文化上嵌入合伙人和律师积极策划和建设的行为，并审查他们在律师事务所的社交网络，然后积极地利用机会在适当情况下在这些社交网络内转发材料和其他知识。

这样，律师事务所的管理行为必须与社会资本的发展相一致。管理层的成员需要是下列活动的领导者和活生生的榜样：

- 构建信任
- 构建和培养社交网络
- 不能容忍与律师事务所的价值观和社会资本相背离的行为
- 领导和指导
- 伟大的交流者，能够进行出色的倾听，能够作出和接受建设性的（诚实的）积极和消极反馈

如果领导层在这个领域不能率先垂范，则号召律师事务所建构其社会资本就是缘木求鱼。

## 进行交流的时间、空间和机会

交流——面对面、视频或者采取其他方式——的发生要求有时间、空间和机会。你需要考虑如何增加律师事务所内交流的时间、空间和机会。作为一个练习，你需要观察一下你的办公室内非正式交流发生的地点。你还应当审查当人们

在早上从你的门前走到其办公桌时，当吃完午餐后返回时发生了什么，以及他们是如何从其办公桌来到前门的。在一些办公室，这样路径被视为令人遗憾的烦扰，因此律师默默地迅速路过她不认识或者不在乎认不认识的律师和辅助人员的办公室和办公桌。在其他办公室，人们相互致意，正式和非正式信息和知识得以共享，更高程度的知识投射发生了。

20 世纪 90 年代，许多办公装修计划的设计目标是最大化地使用办公空间，以减少租赁成本，提高办公空间的产能。这些行动可能会稍微降低租赁成本，但是常常严重地损害了律师事务所的社会资本，减少了非正式交流的机会，以及不期而遇的机会。办公空间的主要设计者们现在开始这样设计办公环境，即走动空间的设计要最大化不期而遇互动的机会，迫使人们更好地认识彼此。

除了考虑物理办公环境外，另一个方式是提供交流的时间、空间和机会，以提高知识投射程度，支持和促进业务共同体。关于业务共同体的主要著作是《学习型业务共同体》，在你策划你的人际知识战略之前，你必须读读这本书。⑦

业务共同体实际上是因为共同兴趣聚在一起的人，而不是作为某个项目或者为委托人服务的一部分而聚在一起。在这方面，律师事务所的业务团队是典型的业务共同体。然而，许多业务团队会议就不是有效的业务共同体。《学习型业务共同体》的作者将业务共同体定义为“共享关于某个话题的关切、问题或者激情的一群人，他们通过在这一领域持续互动，深化其知识和专门知识”⑧。重要的区别在于业务共同体的成员渴望并确实在通过持续互动深化他们在某领域的知识和专门知识。在许多律师事务所，业务团队会议就是这样一种机制，即满足律师继续教育的需求，并常常通报发生在业务团队内的管理和其他问题。

你关于律师事务所内业务共同体的战略，需要集中审查你现行的业务团队会议结构，以及律师事务所内存在的任何其他业务共同体。例如，人们如何认真地看待这些会议的出席率和参与率？所有合伙人是不是都参加了？谁在运营团队和日程，选择了谁来介绍材料？他们在团队内是否很受尊重，在业务团队内这一角色被视为团队的必要组成部分，但是对于那些承担这些角色的人而言并不是荣誉？是否存在不断学习的文化培养法律领域的突出能力，或者不断学习要求被视为令人厌烦的琐事，要用极可能最容易的方式对付——宁愿是从图书馆借出录像带但是从来不观看？

你应当考虑建立独立的法律问题和学科业务共同体，独立于你的行政管理业务团队结构。按照这种方式，以业务为取向的共同体成员可以通过清晰的目标加以管理，而不是屈尊于业务团队的业务。出席和对业务共同体的参与应当是绩效评估过程中考虑的一个方面。业务共同体应当能够获得所有法律论文和会议上发生讨论的电子资料库的支持，该资料库应当作为一个供回顾的档案库。你还应当考虑维护一个你的业务共同体的律师和其他办事处或者国家的同样的业务团队的律师发表的文章和著作的登记簿并加以公布。

这样，管理会议为讨论营销、当前事务、竞争情报、投标的得失、经济和运营绩效以及律师事务所内的任何重大行动提供了论坛。这些管理细节也应当进行

---

⑦ Etienne Wenger，Richard McDermott，and William M. Snyder，*Cultivating Communities of Practice*（Boston：Harvard Business School Press，2002）.

⑧ Wenger，McDermott，and Snyder，*Cultivating Communities of Practice*，4.

电子存储供随后查阅，但是应当与法律资料的保管分开。

我们现在已经讨论了在制定你的知识战略方面的前两个组成部分，即你的个人知识战略和你的人际知识战略时，应当考虑的项目。你应当在律师事务所优先发展这两项战略，然后再开始策划你的知识战略的最后一个组成部分：你的非人际或者数字化知识战略，这将在下一章讨论。

# 11

# 非人际和数字化知识战略

知识代表着人们知道的事物。如果并不知道什么事情，就不会有知识。我们已经看到，每个科学，也就是每一个知识分支，都是由特定的事实组成的，我们的感觉提供了关于这些事实的证据。如果没有这样的证据，我们就没有数据。我们并没有第一个前提。在没有这些的时候，我们就试图构建一门科学，我们所做的，就像那些在没有打下基础的情况下就盖高楼的人所做的一样。这些建设者在建设什么？空中楼阁而已。

——Frances Wright

本章将就你的知识战略的第三个维度，你的非人际和数字化知识战略，提供一些思想供你参考。

对于律师事务所而言，并不存在唯一的数字化知识战略蓝图，它取决于你的文化，你的组织战略和你为你的委托人所做工作的性质。记住，知识管理这样的学科，即与你的律师事务所自然发生的可用知识相比，促进更高程度的可用知识，释放最大价值的特定的行动计划将因律师事务所的性质及其发展阶段和对知识战略要素的贯彻有很大不同。

然而，说完这些，某些事项对于所有律师事务所而言是共同的，特别是就支持所有随后行动计划的基础而言。无论你的律师事务所的知识成熟度如何，你的知识战略将需要解决这些问题，我们首先关注这些基础。

## 效率基础：经常被忽视但是必需的基本条件

就知识战略的第三个维度——非人际的和数字化知识战略而言，你的战略和行动的成功，取决于某些基础。令人悲哀的是，在许多律师事务所的知识行动中，常常找不到这些基础，这些基础的缺失限制了这些数字化行动的成功和可持续性。这些基础常常被忽视，却是必需的基本条件。

数字化知识战略的基础是：

- 律师事务所通常制作的所有文件类型的文件和起草样式标准

- 自动嵌入律师事务所文件样式标准的文字处理工具
- 事务、文件、法律问题和专门知识的分门别类标准
- 简练地整合入律师授权和编辑环境的创新性地配置有适当元数据的文件管理系统
- 有适当规则、指引、培训和用户化的电子邮件系统
- 准确、唯一的人员名录服务
- 标准的计算机环境，包括具有所有适当插件的浏览器

我将一次性讨论这些基础。我们首先讨论特定的基础，然后再就你的数字化知识战略提出建议。

## 所有文件类型的文件和起草样式标准

就像在第 4 章所讨论的那样，律师做的主要事情之一就是生成文件。事实上，他们生成各种各样的文件。因此，第一个基础就是就你的律师事务所提供的各种通常文件，制定并公布样式标准。

对某些律师事务所而言，样式指引的重要性在于，这是关于律师事务所身份和出售给委托人的产品品牌的核心信仰。对于其他律师事务所而言，制作、编辑和重复使用创作材料纯粹关乎劳动生产率和效率。如果在律师事务所内允许各种各样的文件样式和方法，则会需要更多的辅助和文字处理人员来处理同样数量的工作，这仅仅是因为处理非标准化的材料存在难度。即使是从一个文件中把材料剪切然后粘贴到另一个文件中，也会充满困难。

在 20 世纪 90 年代早期，我的律师事务所像许多其他律师事务所一样，使用的是专有的 Wang 文字处理系统，该系统虽然没有生动的用户界面，但是如果你喜欢整个文件使用某种类型的字号和字体，也能制作出相当令人满意的文件。重要的是，在当时，只有那些向文字处理主管领导令人满意地表明他们能够按照律师事务所的风格制作文件并适当使用 Wang 软件的律师，才有 Wang 系统的编辑权。如果你不能以适当方式展现出你在制作文件方面的足够知识和技能，你就没有使用权利。他们就是不想让文字处理员花费时间对好高骛远的律师制造的文件灾难去做大手术。

虽然按照今天开放和以用户为中心的计算环境中的标准，这听起来有点过于苛刻，但这一方针保证了律师事务所制作的所有文件具有一致的质量和样式。文字处理操作者并不需要处理文字处理环境的新手常见的结构上不合理、有着大量空格和制表符的文件。

随着律师事务所从 Wang 系统转型为个人计算机系统，突然之间每个人都有权制作和编辑文件，在操作文字处理软件制作和编辑文件之前，不再需要证明他们的能力。

这样，结构、样式和文件制作的普遍质量实际上变得更糟。这里的信息是，如果你让律师制作和编辑文件——我鼓励你这么做——你就需要确保存在标准，他们知道他们在做什么。你需要确保制作的文件与律师事务所的标准相一致，这很容易。你需要投入时间和精力确保你的律师的文字处理技能合乎标准。否则，律师浪费时间修修补补，会变得垂头丧气，你在花费额外的辅助时间和成本对你

的缺乏技能的律师进行补救——产能工具实际上会耗费你更多的钱。

制作和公布文件标准，以及你的律师事务所的写作样式，是你的律师事务所知识战略的重要基础。这些标准规定了制作先例和表格的格式和方法，并辅以制作和编辑文件的产能工具。在你开始关于制作文件模板、表格或者先例的任何项目之前，你当然必须明白你的律师事务所的样式。否则，你随后将不得不修改你创建的每个文件，更糟糕的是，你将不能利用文件的常用要素和条款，因为文件内的样式不兼容。

律师在为委托人提供服务、在竞标和营销交流中，要制作各种文件。这些文件的清单见表 11.1。你应当就这些文件类型，都有标准的样式和模板。

**表 11.1**　　有具体样式的文件类型

| 法律文件 | 营销文件 | 管理文件 | 事务程序文件 | 在线文件 | 内部出版物 |
| --- | --- | --- | --- | --- | --- |
| 信函<br>传真<br>电子邮件<br>协议<br>备忘录<br>律师诉状<br>PPT<br>研究备忘录 | 投标书<br>律师简历<br>业务领域宣传（印刷品或者更新的网上材料）<br>更新的电子邮件<br>更新的传真 | 委员会方针<br>律师事务所方针<br>业务团队业务计划<br>个人业务计划<br>个人知识战略<br>合伙人提名文件<br>高级非合伙律师提名文件<br>用于内部项目或者投资的项目计划 | 账单<br>事务更新报告<br>交易账簿 | 内部网内容<br>互联网内容 | 业务团队通信或者更新<br>图书馆和营销部门每日提醒服务<br>辅助部门电子邮件交流<br>图书馆的最新情况通报<br>技术手册（计算机手册、软件手册）<br>法律培训材料<br>快速指南（一页纸指南，便于参考） |

在设定这些标准时，你需要小心地确保你的样式能够快速创设和编辑（无论是对你还是你的委托人而言），否则这种样式就会变得消耗劳动生产率，给委托人造成严重的挫败感。这一工作的输出应当是一流的样式和样例手册，发给所有的律师和文件制作人员。样式手册的公布也提供了机会向律师和文件制作人员发出其他信息。例如，该出版物应当包括一个前言，与律师事务所的历史和长项联系在一起，说明希望其合伙人和职业人员采取公认的律师事务所样式，以及在为委托人提供服务时在质量和方法上保持一致性的需要。

样式指引应当以有形和电子形式公布。你应当考虑出版精装书，就每种格式有解释性内容和文件样本。这些文件不应当经常改变，采用精装形式是告诉律师内容的重要性。这些书目应当有连续编号或者条形码，律师一旦离开律师事务所应当交回。在理想情况下，这些书籍的保管应当通过图书馆借阅系统作为一个图书项目加以管理。

样式指引和例子本身应当是文字处理文件（不是桌面印刷文件），通过纳入文件创建和先例查阅工具栏（参见下面），能够在文字处理环境中获得。在你的内部网上，也应当有样式指引和例子的 PDF 版本（有适当的缩略图和书签浏览菜单)。

将这些要素发布给律师的时机也很重要。发布要素的命令和日期应当宣布，然后严格遵守。与许多其他知识管理行动不同的是，这些行动将立即为律师事务所的所有律师所用，他们在程序中所体现的职业主义，将确定知识管理团队未来行动的基准。应当利用每个机会确保这些期待得到管理、实现并（在可能的情况下）得以超越。

律师和辅助人员的绩效评价程序应当修订，要包括对律师事务所的法律和非法律文件样式的熟练性和符合性要求。委员会应当将样式指引作为委员会方针加以批准，并且应当制作律师事务所方针说明，说明律师事务所期待人们使用并遵守律师事务所的样式指引。

## 自动嵌入律师事务所文件样式标准的文字处理工具

许多主要的律师事务所有着优秀的样式手册，然而，它们并没有采取进一步措施来创设文字处理工具，以自动形成与所倡导的样式一致的文件。结果就是符合率很低，因为如果没有工具和帮助，制作与样式一致的文件太难了。

现代文字处理系统具有巨大的知识工作者劳动生产率潜力，但是也常常是开箱即用，而不是为支持商业程序而定制的。我怀疑这未能将文字处理环境与律师事务所及其律师的需求相适应，是各种不同的原因造成的，这些原因与主要负责文字处理环境的设计规格团队的身份有关：

● 如果信息技术职能部门负责文字处理环境的布局、支持和更新，它们的关注点是软件布局和保证其稳定性。如果不了解律师和辅助人员实际在就软件在做什么，信息技术人员能够作出的贡献，将限于保证稳定性。

● 如果信息技术合伙人负责文字处理环境的规格，他通常就 Word 的可能功能及其程序语言没有足够的技术性知识，或者就律师和辅助员工实际在用软件创新性地制作和编辑文件时在做什么并无足够的了解。

● 如果文字处理和文件制作人员负责该规格，这些员工关于编程和软件环境定制的技术性知识通常相当有限。文件制作或者文字处理部门的领导常常是律师事务所的老人，很少是计算机精英，只会用灵巧的手指快速、老套地使用 Word。或者，在一些律师事务所文件制作部门的领导更像是文字处理资源的调度者和项目管理人，而不是专业技术人员，因此他像信息技术部门一样，关注的是确保可预测性和确定性。确实，他可能积极地支持就文字处理软件进行缺乏特色的布局，以减少对新的文字处理人员的入职培训。

记住这一点，我们要做的第一件事情就是，就平凡的文字处理软件可能会发生什么敞开胸怀。

这么做最快和最容易的方式，是谈谈关于 Word 的一系列认识。下面所列的是我关于 Word 的认识，在想到文件和律师时我使用的心智模式。这些是第 8 章 John 的故事所强调的支撑律师事务所的认识。这六个关键认识是：

1. 我认为，Word 的所有菜单和工具栏都可以按照我们的选择进行修改，以使我们的律师和员工能信手拈来。

2. 我认为，我们的律师和员工日常所做的所有程序都可以自动化，按一下我们创建的按钮就能调用。

3. 我认为，我们可以制作工具栏和对话框与我们的文件管理系统互动，而不需要我们的律师人工检索诸如先例和表格等文件。

4. 我认为，我们可以制作创制按键和对话框直接近用和使用 Outlook 中的信息，并将该信息与创建信函、传真和其他文件整合在一起。

5. 我认为，我们可以制作创制按键和对话框直接近用我们的内部网和互联网上的内容，帮助我们的律师找到与其所做的工作相关的内容，包括法律内容、培训材料和快速指南。

6. 我认为，我们能够制作优雅的、用户友好型的对话框使我们的律师避免在创建新的文件时，不得不从我们的文件管理系统填写文件配置屏幕。我们可以在简洁的界面征集必要信息，并根据我们的律师和员工正在创建的文件的类型智能，自动地完成文件管理系统中的信息。

在定制你的文件制作环境时，这些信念应当指导你的思维过程。就是这些信念指导着故事中的 John 的律师事务所的思维。你没有必要了解如何使用 Visual Basic、Word 程序语言编程的细节实现这些，这些很容易雇人来做。你绝对需要有的是一种关于什么有可能的感觉。如果不知道什么是可能的，你就不会有梦想。

你的战略至少应当包括 Word 中的工具栏，例如律师的工具栏，你的律师据此能够制作与你的样式手册一致的新的文件，并查阅样式手册的各个组成部分。在你的数字化知识战略中，这种工具栏具有核心重要性，你的律师就是通过这种方法使用各种常用的工具的。

律师的工具栏和编号工具栏样本，可见图 11.1。

对所有这些按键的详细解释可见于 John 的故事，这里不再重复。然而，我想让你知道的是，将 Word 定制为这样，既不困难，也不是很昂贵。每个律师事务所都应当为其律师做这个工作。没有借口不去这么做。

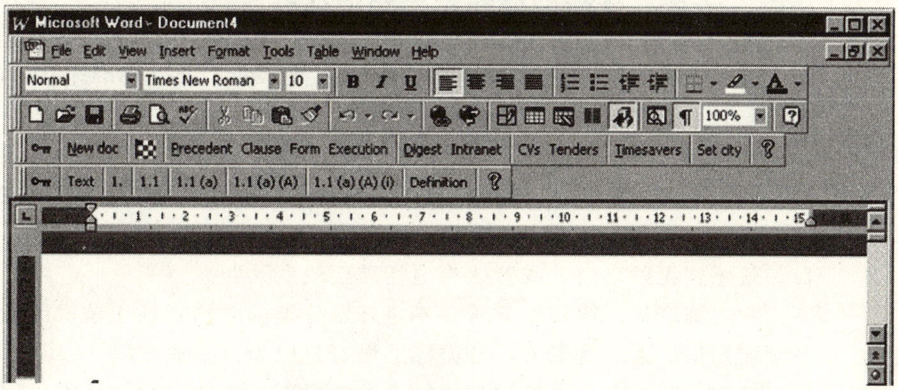


图 11.1　律师的工具栏样本

就像 John 的故事中所提到的那样，典型的法律文件在结构和编号方案上很复杂。记住所有有关样式的名称，或者让繁忙的律师在没有他人帮助的情况下弄懂成堆的编号方案，真是太难了。如果它不是那么容易，则善意的律师和秘书将确保委托人收到的文件在打印出来后看起来是正确的，无论是人工编号、人工目录、字号，还是混乱的缩进。它必须很容易，否则律师和秘书就会直接对文件破口大骂，比通常花费更长的时间，带来更多的咒骂。

样式和编号工具栏是一种简单易行的方式，能够使律师和秘书确保他们所编辑的文本使用了特定文件样式所要求的正确格式，而所花费的精力不过是点一下按键。尽管每个与你的设计匹配的模板的编号工具栏都是不同的，图 11.1 有一个编号工具栏的范例。

John 的故事就编号工具栏的操作进行了全面描述。总之，所有你要做的，就是将你的光标放在你在编辑的段落中，然后就该段落的编号层次点击按钮，所有的事情就为你做好了。太容易了，律师事务所没有借口不为其律师提供这一功能。

此外，有各种应当自动化的常用文字处理功能，例如创建和恢复目录，为文件插入封面页，将文件类型转换为其他类型。与律师和秘书进行讨论，将发现许多工作如果能够智能地、简洁地自动化，将节约大量时间，并增加对样式手册的一致遵守。

就样式指引和工具栏，还应当有几个相关的教育材料，包括：

● 电子文件转换工具，以帮助将旧样式文件转换为新样式（在许多情况下，只能获得有限的帮助，在所适用的材料是先前的文件的情况下，对先前的文件进行人工文字处理将是必要的）

● 关于如何使用电子工具的快速指南（一页纸的帮助指南，打印出来贴在墙上）

● Viewlets 就工具和文件样式的使用提供了在线教程

● 律师事务所内部网上的律师事务所样式主页，这要存有各种资源，律师事务所的样式的历史和管理的细节，以及其他大型律师事务所使用的样式范例和说明

## 事务、文件、法律问题和专门知识分类

下一个需要关注的效率问题是各种分类标准。分类标准是用于说明分类清单——分类方案——的奇特术语。

我要坦白的是，我就分类标准有个人的体验。我曾看到一个词典项目，这得到了全国性图书馆领导者的最大的善意支持。当该项目被放弃时，它已经荒废了 3 年以上了，它陷入了无法摆脱的僵局，无人问津的窘境。人们一提到这个项目，就感到无可奈何，或者认为迫切需要改变话题。

我的结论是，律师事务所并不是开发分类标准的肥沃土壤，因此，在具体业务领域知识汇集的背景下，分类标准最好是更为自由地发展。

然而，在缺少三个关键分类标准的情况下，这些自由放任的、以业务领域为特点的活动变得支离破碎，难以形成规模，它们将永远没有整合价值。这些自由化的项目常常到达阈值，因为缺少条理，不能与律师事务所的综合信息架构和内容重叠的其他业务领域的活动整合在一起，而不能取得进一步的进展。这种凝聚力的缺乏使系统处于风险中，即因为缺乏一致性或者通用性而受到内部攻击，这些系统的开发和使用很快就会受到唱反调的人的破坏，它们很容易被指出因为缺少一致性而存在显然的致命缺陷。

取决于律师事务所作出的投资选择，可能需要多达四种的不同的分类标准。然而，不论投资选择如何，都有一项必备分类标准，这就是律师事务所承办的事务类型的分类方案。其他三项分类标准只有在律师事务所决定着手投资项目以先前工作的知识工作输出形式共享集体知识，或者有着组织性的技能黄页的情况下，才是必要的。

为完整起见，下面说明并讨论四项分类标准中的每一项。然而，只有第一项，即事务类型分类标准，是所有律师事务所必备的标准。这四项分类标准是：

- 事务类型分类标准（唯一的必备标准）
- 交易文件分类标准
- 法律问题分类标准
- 法律专门知识分类标准

## 事务类型分类标准：必备标准

这一标准用于事务分类，至少要用于律师事务所业务管理系统，描述律师事务所承办的事务。在许多律师事务所，就这些类别要制作一个很短小的清单，能展示在一个有形的表格中。这个表格要简短，是因为类别数量过大会导致混淆。但是如果是一个简短的清单，律师常常就手边的事务找不到适当的主题词，因此，他们建议在表格中要不可避免地有一个一般性的、无所不包的类型。在一个大型律师事务所，正是出于这个原因，全部公司法事务中，高达 80%被开立为"一般公司事务"。

但是为什么这很重要？准确和具体的事务分类，对于一系列功能而言很重要，这些包括以下：

- 通过根据量和利润率区分和分析特定业务领域所做的工作，为更好地进行业务管理提供信息
- 就特定种类的事务提供关于成本和利润率的信息，未来就该类型的工作进行投标时，可以用于估算成本
- 减少遵行第三方就律师事务所办理的事务的排名调查所需要的成本

有人说，创设完整的事务分类标准的第一个大型律师事务所之所以这么做，是为了能够更有效率地遵守关于律师事务所绩效及其所办理的事务的外部调查。Neil Cameron 说，一些律师事务所刚刚弄明白了这一点："大约 20 年前，Linklaters 开发了叫做 Transaction Indexing 的系统。这与时间和收费没有关系，仅仅用于特定类型的大型商业交易，但是它使他们能够分类和找到与具体的描述标准相配的过去的交易。它在很大程度上被法律期刊用于大的业务的排名。"①

就这种事务分类系统的好处，Cameron 接着说道：

但是想想你可以用这样的系统所处理的事情。你可以打开屏幕，极度渴望找到"与此类似的事务"的信息，并实际找到它们。例如，你在准备投标和成本计算，这是一个大买卖，涉及合资投资于政府在远东的水电开发。你可以在综合诀窍系统中进行检索，一下子找到按照相关性顺序排列的下列内容：

- 五件事务（并附有以前的成本估算和实际的超出量）；
- 负责投标的收费人和参与该工作的人；

---

① Cameron，"Knowledge Seeking".

- 为投标制作的演示材料和经验说明，以及制作的文件；
- 所有相关的标准表格和先例，以及其他信息库类型的材料，例如法律期刊文章、律师的意见和内部说明；
- 相关的网上信息，例如判例、法律和新闻故事

事务分类标准有可能是多层次的，换言之，这要能够进行深度探索，就像Microsoft Outlook中的文件夹或者Windows Explorer中的文件夹一样。这将可以用于为帮助委托人准备建议书或者战略性业务评估之目的，根据类别就信息加以概要总结。这样，在绩效评估期间，事务分类标准也将提供律师就其参与的工作类型制作报告的能力。

在许多律师事务所，就他们所做的工作，为了激发其兴趣或者促进其职业生涯而想要做的工作，律师并无与其监督合伙人进行讨论的捷径。业务管理系统所能提供的，常常不过是一个事务清单，记载了律师记录的时间，开具账单的时间量，以及已经记录但是被勾销的时间量。就律师参与的工作的类型，业务管理系统并不能提供什么识别帮助。

合伙人的能力，特别是利用律师事务所关于过去完成的类似事务的通常成本及来之不易的知识的能力，不能被高估。在一个逾150名律师的大型律师事务所，在我主持的业务团队磋商过程结束后，一名高级合伙人在陈述结束后走过来对我说，“Matthew，所有这些都棒，我也同意，但是你最能为我们有所作为的是，并且在我们最能挣钱的时候，需要知道在过去、在类似的事务上、在什么上花了多少钱。我们每年因为低估了委托人事务的成本而损失了那么多钱，因为这样就勾销了我们实际花费的时间”。

当且仅当律师事务所根据商业取向的分类标准创建、维护和扩展事务的时候，所有这些信息才能获得，还有事务利润率分析。

很重要的是，分类标准将需要具有动态性。随着律师事务所跨入新的领域，委托人要求其处理新的问题，它将有必要对分类标准进行适当的扩展。人们应当对此有所预期，对分类标准进行扩展的程序应当在最初的规划中加以明确，不要受到程序的不当约束。

当进行事务立案时，如果律师或者合伙人在《钥匙》卷的清单中找不到适当的分类，则应当打电话讨论事务的类型，就适当的现行分类标准获得指导，或者要求对分类标准进行适当扩展。这一呼叫中心（这可能是只有一个人）也服务于这样的目的，即在新的业务领域协调整个律师事务所的活动。当最近创建了一个新类别，另一个呼叫者也就类似的事务打电话时，呼叫中心可以提供代表律师事务所正在忙于类似的新交易的律师的姓名和联系方式。在理想情况下，这一呼叫中心应当设置在营销部门或者图书馆，而不应当设置在财务部门。

## 取决于投入决定的任选性分类

如果律师事务所就服务向委托人提出，委托人有权获得律师事务所的集体专门知识，则需要有三种额外的、不同的分类方法。重要的是，律师事务所要就投入作出抉择。就像前几章所讨论的那样，为了有知识管理而进行知识管理，是在大笔地浪费钱。然而，如果律师事务所的部分身份和吸引及留住委托人的价值观定位，与一致的服务质量和使用律师事务所的集体知识办理委托人事务有关，则适当管理知识就不再是任选的，而应当是必需的。

因此，三种额外的分类方法是：

1. 交易文件分类

2. 法律问题分类

3. 法律专门知识分类

人们提出的一个常见问题是："为什么律师事务所需要三个以上不同的分类标准，为什么它们不使用或者扩大事务类型分类，因此在整个组织内仅有一个一致使用的分类标准?"这一问题出自这样的假设，即一体化本身在任何情况下都是好的，然而并非如此。

看看越来越复杂的移动电话。我妻子已经使用了最新的电话，它没有按键，有触摸屏，可能还有掌上电脑的所有特色和功能。令人悲哀的是，只要她在打电话的时候想要查一下电话号码，或者看看日记簿，她就被困住了，因为察看日记簿将中断电话。不用说，她不久就重新捡起了有按键的电话拨打电话。不同的需要要求有不同的解决方案。一体化而没有虑及功能性和目的，本身并不好。

交易文件分类标准完全不同于律师事务所的事务类型分类标准。特定的交易文件在各种不同的事务中可能卓尔不群。当律师试图定位特定的交易文件时，这样更容易找到文件，而不是要首先考虑可能适用文件的交易的类型，然后再试图找到正确的文件。律师是从文件角度思考的，这一分类标准是用作摘要索引的(关于对摘要的描述，参见第 8 章 John 的故事)，使律师能够就特定类型的文件，迅速找到律师事务所的知识和资源。

看看律师是如何维护其个人的参考文件汇集的。在通常情况下，对每个文件类型都有一个有形的文件夹，而不仅仅是就每个类型的事务有一个文件夹。你的机构性系统应当大大借鉴律师进行知识管理的方法，而不要介入知识行动。

法律问题分类标准是对交易文件分类标准的自然补充。同样，看一下律师是如何整理其个人知识汇集的。除了关于用于特定交易文件材料的文件夹外，律师通常也围绕法律问题收集材料。特别是，你会在咨询业务中看到这种行为，这里的工作输出并不是交易文件，而是为提供咨询目的，将法律适用于某事实情况。在这里，律师将收集与特定问题有关的先前建议，还有会议论文、文章、公布的判例——与特定法律问题相关的任何材料。

重要的是，与交易文件分类标准相比，这是一个完全不同的分类标准。确实，当律师就特定法律问题寻找信息时，看到关于各种交易文件的索引，是令人困惑的。法律问题分类标准更像是法律百科全书的索引结构，而不是一卷表格和先例的目录。它们是实质不同的知识集合，应当根据其特定的内容和结构加以管理和编制索引。

它们之间的这种区分必须加以保留，以与律师在使用材料时的思维产生共鸣：要么寻求帮助起草交易文件，要么寻求帮助理解某个法律问题。

法律问题分类标准既有可能用于知识库（在线摘要），也可能用于图书馆数据库，以就图书馆材料进行分类。在任何律师事务所内，图书馆总是已经有了现行的分类标准，用于就图书馆资源进行分类，正是这种分类标准应当加以修改，然后与知识行动计划共享。

## 有着适当元数据的文件管理系统

数字化或者非人际知识战略的下一个基础是文件管理系统。任何一个大型文件管理系统（iManage、PC Docs、Documentum）都能够存储文件、分配文件编号，以便相对简单地进行检索。然而，重要的是，你在律师事务所内你就文件管理系统进行布局的方式。在该布局中，需要考虑三个主要问题：

*第一个问题是*，就这些文件需要存储什么信息。也就是说，你要把什么样的文件信息记录在文件管理系统中存储的文件配置中。换言之，你要存储什么样的信息组。

*第二个问题是*，你准备如何将文件管理系统与授权环境整合在一起，你准备如何利用业务管理系统中关于委托人和事务的信息，使你的人员在创建文件和填写文件配置方面更加容易。

*第三个问题是*，你将在文件管理系统中存储什么样的文件——仅仅是工作文件，还是它也包括你的律师事务所或者其他律师事务所创设的文件的知识资源库。

在前面，我们讨论了某些关于 Word 的关键认识，这些认识能够使你专心思考就文字处理环境有哪些可能。对于文件管理系统而言，也是一样的。这里有一个关于文件管理系统的关键认识的简短清单，一旦知道了，你就可能大开眼界。就文件管理系统而言，关键的认识是：

● 我认为我们的文件管理系统使我们确定就文件存储什么样的信息，尽管就我们可以存储的域的数量和类型有所限制。可以为我们提供三个数字域，六个文字域，以及可以查找我们提供的受控的值列表的一些域。并不存在适用于所有律师事务所的“标准的”域的集合，我们应当投入大量的创新实践考虑在我们的文件管理系统中如何设定我们的域，以与我们的律师和我们的业务实现最佳匹配。

● 我认为我们能改变文件配置屏幕和检索屏幕的外观，使它更具有使用者友好性，为我们的人添加有用的信息，以一种简洁的方式汇集类似信息。

● 我认为文件管理系统的所有功能，包括检索文件、填写文件配置、变更安全密码——每件事情——都能够在 Word 内以编程方式访问，不需要律师自己去做艰苦的工作。例如，当创设一个新的文件时，我们可以创建一个简洁的对话框，它可以智能地预先为我们的律师填写信息，使用来自 Outlook 或者任何其他来源的信息，然后将所有信息发送文件管理系统，以创建新的文件并完成配置。

作为你着手审查你当前的文件管理系统设置的建议，你应当看看你的文件配置中是否有表 11.2 列出的域。

故事的寓意是，你的文件管理系统应当有强有力的检索能力（检索文件内容和文件配置中的信息），如果你在你的域中包含了适当的信息，你可以使用它使行政管理程序更为简便（例如识别被存储到摘要中的文件）。

**表 11.2　　　　建议文件配置中应有的域**

| 文件编号 | 系统分配 |
|---|---|
| 创建日期 | 文件加入系统的日期 |
| 文件标题 | 根据律师事务所的标准做法创建，例如“信函——Bob Smith re Acme 有限公司” |
| 作者 | 创建文件的律师 |
| 责任合伙人 | 负责该事务的合伙人 |
| 委托人姓名 | 委托人姓名 |
| 事务编号 | 业务管理系统为该事务提供的事务编号 |
| 事务描述 | 业务管理系统就该事务所作的文本说明 |
| 编辑者 | 使用计算机创建文件的人 |
| 状态 | 未完成的交易文件、完成的交易文件、继续工作中的文件或者完成但是没有继续使用价值的文件 |
| 文件类型 | 文件类型（信函、备忘录、传真、协议、投标书等） |
| 文件分类标准 | 特定类型的文件的分类标准条目 |
| 来源 | 文件来源——是律师事务所创建的、委托人提供的，还是其他律师事务所制作的 |
| 原初来源日期 | 电子文件原先标明的日期（这不同于将该文件纳入系统的期日） |
| 先例 | 是/否——该文件是否是先例 |
| 先例编号 | 在可行情况下为先例分配的编号 |
| 已经输入的摘要 | 是/否域，默认为否。文件完成后，负责摘要的人员将检索已经完成但是没有输入摘要的文件。当他们将文件输入到摘要的适当位置后，该域将设定为是 |
| 文件描述 | 文件的可选描述 |
| 办公室 | 办公室坐落位置 |
| 业务团队 | 使用文件的业务团队 |
| 电子文件类型 | 用于创建文件的应用（Word、Powerpoint 等） |

## 有适当规则、指引和培训的电子邮件系统

现代律师事务所或者知识工作办公室，如果没有电子邮件——通常采用的形式是 Lotus Notes 或者 Microsoft Exchange/Outlook——就不能存在。不论是什么类型的电子邮件，你都需要确保你的数字化知识战略包括关于电子邮件的方针和程序，以及具体的培训，以确保富有成效地使用电子邮件。

你的电子邮件方针应当涉及：

● 隐私：律师事务所是否有权阅读其律师和辅助人员电子邮件中的任何进出信息？

● 内容：给委托人什么样的内容可以用电子邮件，而不是要用电子邮件的附件。例如，因为在创建大多数电子邮件时具有非正式性，速度很快，一般缺乏考虑和审阅，这使电子邮件可能很不适合于提供法律建议。考虑是否确立这样的方针，即任何法律建议总是应当采用四平八稳的附件形式（这可以安全存储在文件管理系统中），而不能采用电子邮件形式。

● 邮件列表：什么样的方针和纪律应当用于调整“全所性的”邮件列表，以防止所有员工都收到雪片似的电子邮件中的经常信息？你需要考虑什么类型的信息适当，什么信息不适当。例如，如果你确定产品销售广告类信息是不当的，努力确保为这类邮件提供另外一个论坛，否则你的规则将被阳奉阴违。

● 存储：由于电子邮件中有着那么多关于事务的通信，你需要考虑你的关于与事务有关信息的打印或者电子存储方针。如果你的事务案卷仍然是有形的，我怀疑这样还会持续许多年，则你应当考虑这样的方针，即将所有收发的与事务进展有关的信息及其附件打印出来，并将其归档到事务卷宗中。

● 教育：所有的律师至少需要知道如何将文件设为附件，如何将来自文件管理系统的文件重命名，即赋予一个对于委托人而言有意义的名称，如何设定不在办公室的信息，如何设定电子邮件规则，如何避免使用“回复所有人”按钮。你应当考虑将标准化安装的电子邮件中的回复所有人按钮重命名为诸如“小心：回复所有人”这样的形式，这做起来很快、很容易，将避免大量不幸事件。律师和辅助人员也需要就如何驯服电子邮件这只怪兽获得培训和指引，否则他们就可能成为在屏幕上晃来晃去的徒劳的游手好闲者，因为他们的注意力会从一封新的电子邮件游动到另一封新的电子邮件上。

## 准确和简单的人员名录服务

下一个基础因素是可检索的、准确的、可近用的律师事务所人员和服务信息数据库。这一数据库需要有关于律师事务所每个律师和辅助人员的典型的人力资源信息，包括姓名、办公室所在位置、业务领域和联系信息（包括办公室电话号码、手机号码和电子邮件地址）。对于许多组织，人员名录是其内部网点击最高的服务，唯一的原因就是它所含的信息很容易理解，有用，为人们所高度需求。在数字照相机很便宜的情况下，每个人的条目也应当有一张照片。

人员名录服务展示的信息必须总是准确的，这意味着它将有必要使用来自律师事务所人力管理系统的数据，或者有严格程序使二者保持同步。如果最近雇用的人的联系信息细节几个月后还没有展示出来，或者如果它们看上去不完整或者不准确，数据库的可信性将大大降低。如果律师事务所也制作有形的电话号码簿，在有形号码簿印刷之日，号码簿中的信息和在线人员数据库必须是一样的。换言之，就在线数据库随后可以进行更新，但是有形号码簿不应当比电子版本更为准确。尽管我们在谈论打印版本，有强烈的理由确保律师事务所制作一流的有形电话簿。这不仅是因为在不启动计算机的情况下可以使用电话簿，也是因为在不中断计算机屏幕上正在展示的信息的情况下也可以使用这些信息。当然，对于某些人而言，电子版本就足够了；然而，对于许多人而言，有形的、简洁的号码簿将更有利于工作。

## 标准的计算环境，包括有着所有适当插件的浏览器

最后一个基础要素，是为所有律师和辅助人员提供标准的计算环境，并有适当的插件。建议计算环境的标准化，出于两个原因：

第一个原因是减少辅助的成本和复杂性，这样将确保更高比例的技术预算花在培训和产能工具上，而不是为多样性的环境提供支持。你的技术团队在为你的合伙人、律师或者辅助人员解决问题提供帮助之前，首先要了解特定计算机的配置，这成本过于高昂和复杂。应当为典型的律师计算机创设标准化的“面孔”，也应当为典型的辅助人员计算机创设标准化的“面孔”。大多数大型律师事务所多年以来已经采用了这些方法，所有律师事务所都应当采用这种组织方法，无论规模大小。如果要在特定计算机上安装其他专门应用，安装它们的方式和方法也应当标准化，包括计算机上的物理布局，默认设置和模板也要准备就绪。最后，需要考虑套装软件进行更新时所适用的程序，以及这些变化对特定用户为支持其特定工作程序而创建的任何本地设置所产生的影响。当提供全所性的“更新”时，破坏了智能用户仔细定制的环境，将是不可原谅的。

提供功能齐全的标准化环境的第二个原因与个人的互联网浏览器的使用和可用性有关。典型的浏览器（例如微软公司的 Internet Explorer，或者网景浏览器）的操作，常常取决于其他软件公司提供的增强功能或者插件。例如，Adobe 公司创造的 PDF（portable document format）常常被用来交换电子文件，因为它能真实地保留原始文件的界面外观，并不要求使用者有最初创设该文件的软件，并提供了各种工具，便利了屏幕阅读和打印。除非你有 Acrobat Reader 软件——这可以从 Adobe 公司免费获得——作为浏览器插件安装在你的计算机上，否则你就不能审阅 PDF 文档。更糟糕的是，当你试图审阅 PDF 文档时，你将获得错误信息，说明你之所以不能审阅该文件，是因为你的计算机没有安装阅读软件。想想你的合伙人和律师的计算机屏幕上出现了这样的信息，要求他们访问 Adobe 公司的网站，选择适当的软件版本和位置，然后要有勇气将其安装到计算机上。

同样的情况适用于另一种常见的插件，这叫做 Flash，是 Macromedia 创造的。Flash 是一种应用，支持计算机培训、仿真、产品演示、更复杂网站中的导航结构中的复杂动画。如果你并没有安装 Flash 插件，律师将不能适当使用这些站点和内容，当他们成功地找到他们想要使用的内容，但是因为其计算机没有使用这些内容的设置时，他们将变得垂头丧气。

## 必备：进行竞争的核心法律知识工具

下一类非人际知识战略，是在市场中与其他律师事务所进行符合成本效益要求的竞争所必需的法律知识工具汇集。如果你初创一个新的律师事务所，对于这些要素而言，你别无选择，必须建立，以吸引和留住委托人。与这些工具有关的

战略目标，是识别所需要的项目，仔细地界定需要的范围，然后在保持适当的质量水平的情况下，尽可能地符合成本效益，创建和维护这些工具。

这类工具存在的主要危险是这样的自然而然的诱惑，即认为所需要的这类工具非常广泛，一些律师事务所花费了大量时间和精力，实际上在很大程度上成了法律出版商，大大超过了服务委托人或者使业务有利可图的必要程度。那些参与行动计划的人需要知道，可能要创造的这类工具非常广泛，任务是识别出这类可能的工具中，哪些才是必需的。只有必需的才应当创建并维护。

因此，你需要制定并在整个律师事务所清晰说明有关标准，即确定什么条款和文件需要作为先例进行开发和维护，什么样的条款并不会有组织性的蓝图。此外，一旦设定了优先事项，就需要有透明性，并经常报告进展，关于可得性的期待，以及全所都接受继续提供建设性反馈的责任。

对于这些核心性知识行动计划的成功而言，先例具有严格质量这一现实和感受至关重要。如果整个律师事务所认为这些条款、文件和其他知识物品并不具备高质量，它们就得不到使用，投资就打水漂了。因此，很关键的是，那些参与创造条款和文件的人应当是最优秀的、在整个律师事务所德高望重的律师，作为明确规定的审阅和授权程序的一部分最出色的合伙人。如果并不被高度尊重的低使用率律师转而从事知识管理活动，为律师事务所创制关键条款和文件，他们的工作将不会被认为具有充分的质量，从而不会得到律师事务所所有律师的支持。

确定优先性、保证质量、获得批准、保证质量维护的方式，与条款和文件中使用的措辞同样重要。你需要严格的、明确规定的程序，并关注法律上的卓越性。

在考虑程序时，你还需要确定方法获得其他律师事务所的律师日常提供给你的律师的文件的样例。人们必须认识到，在律师事务所中，至少40%的案件是回应其他律师事务所起草的文件。这些文件也是智力资本的来源，能够为你的律师事务所开发和保持核心条款和文件的计划作出贡献。你的方法需要解决这些情况下所要遵守的程序问题：这些文件是电子邮件附件中的电子文件，或者这些文件是有形或者通过传真获得的。电子版本应当加入文件管理系统，并在文件配置中加以适当说明，便于参与知识项目的律师识别和审查。这些文件为你提供了这样的能力，即根据你的竞争者生产的法律工作成果确立你的工作基准。竞争者的法律工作成果是一种被大多数最新成立的律师事务所忽视的知识来源。

在讨论这类知识工具中常见的行动例子之前，很重要的是要了解测量的一般命题，它必须纳入下面所讨论的所有项目的创建和实现机制。

首先，创制阶段的测量。每个被确定为具有优先性的知识物品，都需要进行有效管理，这包括审视需要创制和保持这些物品需要投入的时间和精力。例如，就每个层次的条款或者文件，你都应当根据你投入的律师时间所代表的机会成本进行估计。从行政管理角度看，这意味着需要为每个知识物品创设一个非收费事务，需要就累计成本、完成的估算成本进行定期报告和再预测，并追踪至预定的发布日期。你应当分别确定最初起草过程耗费的时间和维护程序耗费的时间，以准确预测为保持已经创建的知识存量的质量，在未来需要多少既定投入。为抓取信息，获得有意义的管理报告，需要与你的财务团队讨论，需要训练参与知识项目的律师，保证记录准确信息。

其次，使用阶段的测量。这些知识工具几乎处处都要通过使用某些技术因素加以访问，敲击键盘上的某个按钮就能访问已经提供的工具或信息。很关键的是，你要在技术工具中设计一个关键步骤，以便所进行的活动得以适当记录，以便于以后的管理评审。例如，在提供了供律师使用的标准条款的情况下，你需要能够记录数据，回答诸如这些条款是否被使用了，哪些被使用了，哪些没有被使用，谁在使用它们等问题。如果你并没有能够就使用状况进行测量的数据，就没有办法确定其价值，并有效调整你的投资。在记录信息时，不需要使用者参与，也不会降低使用者体验，它能够提供丰富的信息支持适当管理的项目。当然，这一数据不应当收集了但是不加以审阅。使用数据应当定期评审，反馈给合伙人和律师，并应当采取适当的行动。此外，基于数据，你应当积极对那些为职业判断而使用工具的特定因素的人进行调查，确定内容或者实现机制是否可以在质量和为其委托人提供的工作类型的适配性方面进行改善。

再次，年度评审阶段的测量。每一年你应当就与核心知识选集有关的各种问题调查你的所有律师。应当考虑的问题包括：

● 他们对你的核心知识选集要素的最新性的评价

● 相对在市场上遇到的其他律师事务所持有和使用的知识，他们对你的核心性知识选集的相对质量和范围的评价（例如市场是否已经相对于你创建和维护的文件类型进一步向前发展了?）

● 他们对项目现在据以运行的优先事项评估的持续有效性的评价

● 他们对这些事项的确定，即其他新的条款或者文件在多大程度上需要创建且现在达到了律师事务所的投资标准，以及律师事务所的当前库存哪些现在不再需要了

最后，尽管测量行为很重要，你也需要测量律师们经常寻找但是还没有提供的事项。例如，你为你的合伙人和律师提供了各种条款用于起草文件。你已经就这些条款部署了记录方法，记录谁在什么时候使用了什么条款，但是你不知道的是律师在找什么而找不到。换言之，你需要弄清楚在实现的时候，你能从你的合伙人和律师那里就他们在寻找什么但是找不到而获得信息。这一信息提供了准确的数据来源，即提供给你的律师的核心工具在多大程度上需要加入新的或者不同的因素。

用于竞争的必备核心性知识工具的要素是：

● 常用条款和定义库

● 用于常见商业和诉讼文件的模板或者先例

● 外部法律和商业材料，包括用于管理这些材料的图书馆数据库

下面依次讨论这些内容。

## 常用条款和定义库

第一类必备知识工具就是在起草文件和协议时常用的条款和定义的资料库。律师事务所创制的文件经常使用一系列条款，这些通常是机械性的或者后备性的规定。例如，协议的解释或者定义条款常常要列明常见商业术语的定义。此外，还有各种常用条款，包括：

● 通知规定

- 终止
- 可分割性
- 管辖法律
- 全部协议
- 保密和公开
- 特约条款
- 税务影响
- 执行条款

对于这些条款或者定义，你的律师事务所应当创设包含下列要素的知识汇集：

- 就特定问题进行的法律研究，以及反映在你起草特定条款的方式中的你对法律现状的看法。

- 为使用条款的律师提供的使用说明。这些说明需要列出律师在使用条款时需要考虑的重要的选项或者其他因素。在这里，就律师事务所在审查其他律师事务所的其他条款方案时应当注意的问题的看法进行说明，也是适当的。换言之，当你的律师事务所在审查其他律师事务所提供的文件时，你的委托人面临什么样的危险，是否取决于该其他律师事务所起草文件的方式？

- 应当提供条款文本，以及清晰表明的任何选项。所提供的条款应当很容易纳入律师使用文字处理系统正在起草的文件。你应当提供一种自动化方式，选择条款并将其纳入文字处理文件中，也要把条款文本纳入可以与以上所讨论的其他信息一起访问的文件中。文件中的文本版式应当与你的文件中使用的通常的编号方案和样式保持一致，因此，如果律师将文本从一个文件剪贴到另一个正在起草的文件时，就不需要浪费时间进行格式修改。

## 常见的商业和诉讼文件

第二类必备知识工具是常用商业和诉讼文件库。在向委托人提供服务时，经常使用一系列文件，包括：

- 出售商业协议
- 授权书
- 贷款和融资协议
- 抵押贷款
- 股份出售协议
- 公司注册文件

对于每个文件，你的律师事务所都应当制作一个有着下列要素的表格或者先例：

- 与特定文件或者交易有关的法律研究，以及反映在你起草特定文件的方式中的你对法律现状的看法。

- 律师使用文件时的使用说明。这些说明需要列明律师在使用文件时需要考虑的所有重要选项或者其他因素。像就条款提供的信息那样，你也应当在这里说明在审查其他律师事务所的替代性文件时需要注意哪些问题的看法。换言之，当你的律师事务所审查其他律师事务所提供的文件时，你的委托人面临什么样的危险，是否取决于该其他律师事务所起草文件的方式？

- 应当提供的文件的正文，以及清晰标注的任何选项。

## 外部法律和商业材料，包括图书馆数据库

第三类必备知识工具是可近用的适当的法律和商业参考资料。这些资料是律师事务所的基本资料，这已经存在许多年了，尽管它们在购买、查阅和使用方面，随着越来越多的信息采用了电子形式而变得有些复杂了。在许多律师事务所，花费在法律和商业资料上的金钱数量增长得很快，这是出于对更广泛的并且常常是国际性材料的内部需要，以及常常需要就同一材料提供打印版和电子版的需要。律师事务所需要仔细审查购买的整个律师事务所使用的电子材料的适当性，特别是应当考虑整个律师事务所都能查阅的材料是否必要。这很重要，因为出版社常常根据律师事务所律师的数量就这些材料收费，因为任何一个律师事务所律师都能从台式机访问这些材料。虽然这从理论上听起来很好，当然对于出版社的收入而言也是正面的，律师事务所需要考虑用图书馆的单机计算机限制对某些材料的查阅是否更为合适，这当然会更省钱。

律师只有到图书馆才能查阅有关资源这一事实，不应当被视为反对对近用施加更多限制的理由。

## 应有战略：服务于委托人和增加 PPEP

第三类非人际或者数字化知识战略是应有战略，成本不高但是能够提高律师在非收费工作中的效率和劳动生产率的各种行动计划。这些行动计划将包括下列内容：

- 就律师事务所、其委托人、其竞争者的重要信息进行登记
- 写有法律和非法律信息的有形公告板
- 复制件传阅制度安排
- 就律师事务所的电子邮件和交流策略进行日常更新
- 推动非收费工作劳动生产率的各种行动计划
- 事务库，包括利润率
- 出版物分布数据库
- 内部非收费项目的项目方法

## 就律师事务所、委托人和竞争者的重要信息进行登记

任何律师事务所都应当建立并保存各种相对低廉的登记簿。这些登记簿就选定的关键问题，提供了集中化的、经授权的可信信息的来源，对这些进行管理，对于律师事务所的运营很重要。这些登记簿的技术维度会像电子表格、word 文档、数据库或者网页一样简单。公布的特定方法并不重要，关键的是所存储的信

息的最新性、完整性和有效性。下面讨论几个这样的登记簿。

## 委托人投标承诺登记簿

在回应招标时，律师事务所常常在一系列领域对潜在委托人作出承诺。这些承诺可能涉及服务水平、团队领导和团队成员的身份、冲突、科技运用、事务管理、事务报告、资料库近用、培训项目，当然，还会涉及诸如收费协议、小时费率、垫付支出等成本因素。这些事项通常都是起草投标书的人仔细起草和斟酌的结果，但是当中标后，除非提供服务的人可以获得、共享这一信息，就会存在这样的风险，即在提供的现实服务不同于律师事务所在其投标文件中所作出的承诺时，委托人将会变得不满意。

因此，所有的律师事务所都应当有一个关于在投标文件中对委托人作出的承诺的登记簿。除了记录所作出的承诺，该登记簿还应当包括对所作承诺的落实进展的定期评估，在理想情况下，应当包括委托人就承诺实现程度的反馈。这样的登记簿和信息的发布，将使委托人服务团队的人知道受聘提供服务的规则，也能使律师事务所的辅助职能部门知道以他们的名义作出了什么承诺，他们就此必须保证实现承诺。

这么做也是有用的，即使不是必须的，即要就投标中作出的各种承诺对于委托人的重要性，在投标后获得委托人的意见，并将其纳入登记簿，以更好地组织关于其他委托人的投标和出价。你也能够识别你的投标中哪些因素不是委托人要求你落实的增值服务。

这样，关于对委托人的承诺的登记簿成了一个重要的信息来源，将指导如何为现行的委托人提供服务，它也将成为管理关键委托人关系和就新的工作进行投标的重要参考资料来源。负责关键委托人关系的委托人关系合伙人可以审查投标承诺登记簿中的信息，决定可以向新的委托人提供哪些额外的或者不同的服务。这很重要，因为这将保证不会想当然地处理长期、很有价值的关键委托人关系，为其提供的服务水平不会低于为新的委托人提供的服务水平。如果发现律师事务所为新的、更小的委托人提供的服务水平更高，或者是更具有创新性的服务，这些服务却没有提供给他，常年委托人会变得很不满意！

## 关于律师和竞争者报价费率的登记簿

作为应有项目应当建立和保持的第二个关键登记簿，是关于律师和竞争者报价费率的登记簿。这一信息主要用于就新的工作进行投标，在考虑增加或者改变小时费率时使用。

律师事务所的业务管理制度应当有灵活性，同一人能够根据服务的委托人群体的不同而有不同的报价费率。采用这种方式，就与之签订了非标准小时费率协议的委托人而言，律师在准备和最后确定账单时，不需要调整收费信息。

然而，当就新的工作进行估算时，或者准备包括在投标中的费率时，你的团队所使用的律师需要知道标准费率，以及知道关于你的竞争者的标准和折扣费率的市场情报。关于其他律师事务所的费率和投标的大量竞争者信息，散布在你的合伙人和律师的头脑中，以及你的最好的委托人的手中和支票中。与你的最铁的、最倾向你的一个或者几个大型委托人进行讨论，将就你的竞争者的小时费率和增值产品带来大量信息。获得这一信息并记录在集中管理的登记簿中，并不是一个成本特别高昂的程序，但是它将为你的投标和整个律师事务所的委托人服务做法带来重大价值，并能就确定适当的费率带来更明智的讨论和决策。

### 关于委托人反馈和委托人想要什么的登记簿

下一个应有登记簿是关于委托人反馈的登记簿，无论该反馈是好是坏，是美是丑。建立、维护并在内部重视这一信息登记簿，有助于建立一种委托人服务文化，并就委托人看重什么、什么会损害委托人关系提供第一手的说明和例证。就委托人服务获得委托人的有利反馈，应当是每个律师的年度绩效评估的一部分。当这成为绩效评估程序的一部分时，律师更可能去从委托人那里寻求反馈，律师与委托人之间的这种对话行为，将导致对委托人需求的更深理解，并有希望建立一种更深刻的委托人关系，使委托人不再轻易考虑招标或者考虑使用其他服务提供者。

如果律师事务所就其委托人有满意度调查程序和反馈机制，这些程序的结果和委托人的回应也应当纳入登记簿。应当进行定期汇总，书面总结委托人的需求，即在与律师事务所的关系中什么对委托人很重要。登记簿的这一部分应当结合从 Maister 和其他人那里就委托人服务所学到的知识，并用律师事务所的委托人的第一手描述和看法加以扩增。这样，登记簿将被用于培训项目，并在整个律师事务所被定期传看。

像其他登记簿一样，用于实现目标的特定的技术形式并不是特别重要；然而，高级合伙人和高级管理层应当定期关注这一登记簿的内容，并应当在他们的领导人交流中定期提到这些内容。

### 关于非收费项目和投入的登记簿

下一个登记簿是管理性的登记簿，主要供合伙人、高级管理层和律师事务所辅助部门的领导人使用。

在任何律师事务所中，都有一系列非收费项目和投入，许多这样的活动都涉及律师的时间。这包括知识项目、技术项目、绩效提高项目、招募程序以及用于改进辅助功能的项目。在大多数律师事务所，这些非收费项目并没有得到任何追踪或者管理，结果就是成本超支，要么推迟落实，要么根本就没有落实。此外，许多这样的项目在创建时，并没有进行正式或者非正式的商业论证，或者确定该项目如何与律师事务所的战略相适配。

这一登记簿将提供一个集中方式追踪、测量和管理律师事务所内发生的各种非收费项目和投资。

## 公告栏

当思考你的非人际形式和数字化知识战略时，很容易就忘记除了电子形式外，还有其他非人际形式的知识战略。例如，适当安置并适当维护的不起眼的公告栏，是建立和共享知识的高度有效的工具。这一技术诱发的盲目，导致了许多行动计划用电子公告栏取代有形公告栏的形式，认为这样会有更低的成本、更容易检索、办公室会更不显得杂乱无章，并认为“无纸化办公”就是未来。这些行动计划的现实是，电子公告栏很少有人访问，与有形的公告栏相比，实现的知识传送更少。

你的人际和数字化知识战略应当包括有形组成部分，例如公告栏、书籍、有形信函和其他物件，这些要适合于最大化有价值的知识运动。这些行动计划也需要伴随有谁可以在公告栏张贴材料的方针，以及谁可以取走有关复制件的习俗。你可以考虑在公告栏下面设置一个书架放置人们可以拿走的材料复制件，以让原件仍然张贴在公告栏上。

## 对应复制件

在 cc 实际上意味着复写本（carbon copy）的时候，以及我们使用打字机或者菊轮式打印机，将复写纸插入两页纸之间的时候，与今天相比，知识共享常常发生得更为自然，因为这内嵌在了每天的执业活动中了。

例如，在普华永道会计师事务所，其 1985 年制作文件的标准做法是，将多页一起装入打印机。夹在各个复写纸之间的分别是信头、存档件、传阅件和参考资料件。各个复制件使用的都是轻磅纸，有不同的颜色，右上角有空白表格可供使用。当签署文件时，存档件需签写首字母，传阅件上面的表格将标记律师事务所内应当传阅人员的姓名首字母，并就参考资料件是否应当送知识管理团队作出决定。在不适用传阅件和参考资料件的情况下，这些复制件将丢弃在垃圾桶中。

随着激光打印机的出现，这些习惯一夜间就消失了，但是并没有被更好的知识共享实践所取代。不再有标准的传阅件，不再有标准的参考资料件。原件是激光打印的，经过签字后复印，用于存档或者其他委托人分发活动，没有人再去想为了通知进行传阅，或者为知识管理目的而提交。然而，并不是技术必然带来这一结果。在大多数律师事务所，为委托人开具账单要使用多联单，这一过程要遵守。你应当在你的非人际知识战略中考虑你想要如何将材料传阅给与之相关的人的方法，并创建支持它的行为和程序。然而，在制作了复制件但是没有使用的情况下，这当然将造成某种程度的浪费。除非材料的创制是制作文件的标准做法的一部分，否则知识共享的参与率仍然会很低；提交供知识管理行动计划使用的材料仍然会很少。

## 日常电子邮件

你的非人际知识战略中的另一个应有因素，是关于整个律师事务所处理法律和律师事务所信息的日常电子邮件的战略。图书馆是创造简洁的电子邮件的理想所在，这些电子邮件不要超过两页，要总结对于律师事务所的律师而言具有相关性的出版物和法律材料中的信息。这也应当含有关于律师事务所的关键委托人和目标的信息，以及关于律师事务所的竞争者的信息。电子邮件应当书写规范，每个项目不超过两三行，并具有关于其他资源的链接以供查阅进一步的细节。每个项目的开始应当是图书馆创建的黑体字标题，该项目说明应当标明这是一个短期项目、详尽项目、必读项目，还是仅用于通知的项目。这些应当进行存储以供检索。

你还需要考虑律师事务所行政管理交流的发布战略。这些不应当裹挟在每天的法律新闻电子邮件中，应当定期收集和发布，而不是允许律师事务所所有辅助部门发出雪片似的电子邮件。这些也应当保存以备后查。

### 应有行动：推进律师在非收费工作中的劳动生产率

你需要在你的非人际知识战略中考虑的最后一类应有行动，是使律师能够更有效地（也就是更快和更好地）从事非收费工作的行动。存在各种这样的行动，下面提供了一些思想，供你开始思考：

● 简历：你应当为你的每个律师制作格式一致的高质量简历，要易于使用，集中管理。这将使投标准备工作更快、更好。

● 投标条款：你应当有投标条款的标准版，对投标中通常提出的问题的答案，以及投标书中将要写入的关于律师事务所的关键统计数字。这将使投标准备更快、更好。

● 投标、统计和投标后总结报告数据库：你应当有这一数据库，从而从你的来之不易的经验中学习，并更好地集中你的精力。

● 事务库（包括利润率）：你应当有这一事务库，以便在就法律工作进行投标和承办法律工作时，迅速找到文件集、研究和财务信息。

● 出版物分发数据库：你应当有一个准确、深思熟虑的数据库，能够生成你的出版物分发和节日贺卡分发地址。在某些律师事务所，合伙人和律师每年花费了极大量的时间整理这些卡片清单和分发这些卡片。

● 内部非收费项目方法：你应当有一个一致用于所有非收费项目的有力方法，包括事后回顾，以及将研究材料、纸张、报告和贯彻时间表整理归档。这将减少律师花在这些项目上的时间，最大化其时间的效用和项目成功的机会。

## 投资决定：关于质量、委托人服务或者律师满意度的投资项目

你需要在你的非人际和数字化战略中考虑的最后一类项目，也是我在本书中提出的最后一组建议，是用来改进质量、委托人服务或者律师满意度的投资项目。令人奇怪的是，许多律师事务所的知识管理行动开始于这些项目，在推出时就对 PPEP 的影响进行的评估很有限。这些项目常常使用有趣的新技术，这些新技术诱惑人们以为它们能对律师事务所的所有知识管理问题提供全面回答，而不要求就律师事务所的行为和过程进行任何变革。这些项目之所以发生，在一定程度上是因为知识管理＝信息技术的看法，这种看法已经减少了律师事务所知识管理的成功机会。在试图进行知识投入之前，你的知识战略需要针对知识战略的个人和人际维度。

我的忠告是，就这些投资项目而言，如果没有商业论证能够表明其对 PPEP 的贡献，以及其与律师事务所价值观的关系，则千万不要开始这些投资项目。一些项目将投资于律师事务所的价值观和服务定位，而非投资于产生 PPEP。然而，很关键的是，所有参与行动计划的人和提供资金的合伙人要在一开始了解这个

特点。

就这些项目的设计和贯彻，可以另写一本书。这些项目都很大、很复杂，它们在获得资源、创建和维护等方面都很困难。这些是复杂的人员、程序、技术和交流因素。然而，为了便于你开始你的分析，下面列举了几个主要的常见项目供你考虑：

● 先前交易和建议工作成果、培训材料的数据库和摘要（见第 8 章 John 故事中的讨论）

● 具体到委托人的先例、非核心条款和文件（也就是不仅仅是前面讨论的必备项目）

● 专门知识登记簿（专门知识数据库将产生更好的委托人服务，但是其本身并不会造成 PPEP 的提高）

● 交易程序指引、故事和案例研究（这些只有在能够提高使用率、降低销账的情况下才能产生 PPEP；如果所有这些做得很好，它们将提高质量）

● 文章、出版物和研讨会论文（这些将会产生更好的律师、更好地利用出席研讨会的律师所获得的研讨会材料）

● 客户关系管理/联系人数据库（在委托人关系得以维护、委托人流失得以防止的情况下，将产生 PPEP；然而，如果没有有意义的律师行为，这一系统本身并不会实现这一结果）

# 附录 1：我所使用的精选网站

以下并不是要列举一个穷尽全部网上知识管理资源的清单。这是一个我日常访问以保持与时俱进的精选的资源清单。

你应当访问并阅读每个网站，并确定为了保持和发展你的关于知识管理的隐性知识，这些是否是你应当日常访问的网站，或者是否是当你就特定问题寻求帮助时应当查阅的参考资料性网站。我已经有意使这一清单保持简短，以鼓励你访问每个站点，并形成你自己的看法。构建知识要花费个人精力。

## 知识管理

美国生产力和质量中心

apqc. org

BRINT，关于商业研究者兴趣门户的知识管理门户网站

Km. brint. com

Etienne Wenger 的网站，关注的是业务共同体

ewenger. com

Integral Performance，home of Verna Allee

vernaallee. com

知识管理世界杂志及其门户网站

kmworld. com

知识管理国际联合会

kmci. org

知识管理杂志（2001 年已经停刊，但是有关存档仍可访问）

kmmag. com

CIO 杂志知识管理研究中心

cio. com/research/knowledge

《知识管理评论》（订阅杂志）

km—review. com

Knowledge —Nurture. com，Buckman 实验室的知识管理网站

Knowledge—nurture. com

Standards Australia 知识管理门户网站

knowledge. standards. com. au

Steve Denning 的网站，关注的是讲故事

stevedenning. com

SveibyKnowledge Associates，home of Karl Eric Sveiby

sveiby. com. au

TFPL

tfpl. com

## 法律知识管理和法律技术

Delia Venables 的互联网通信

venables. co. uk/newslett. htm

Excited Utterances，Joy London 的出色博客

excitedutterances. blogspot. com

Law. com Automated Lawyer

law. com/professionals/automated _ lawyer

Law Librarians Research Exchange

llrx. com

《法律信息技术》杂志

legalit. net

《法律技术知情人》，Charles Christian 的通信

legaltechnology. org

## 知识管理、领导力和职业服务

Business 2. 0

business2. com

《达尔文》杂志

darwinmag. com

David Maister

davidmaister. com

《快速公司》杂志

fastcompany. com

《麦肯锡季刊》

mckinseyquarterly. com

Tom Peters and Company

tompeters. com

# 附录 2：需要知道的软件和应用

以下内容并没有穷尽与知识管理有关的所有软件。这是一个精选的资源清单，我认为如果你在考虑或者负责知识战略或者行动计划，你应当知道这些。

你应当访问这些产品的网站，看看这些产品的说明和特点。我已经将其划分为应用（比较小的产品）和大型软件（这罗列了律师事务所使用的重要软件的主要生产者）。不论你当前使用的特定产品是什么，了解其他产品的特点和理念总是能够提供一些思想，使你能为你的律师提供更好的保障。令人好奇的是，即使读一读你已经拥有和使用的产品信息也肯定能进一步深化你的了解。

我鼓励你去访问下列每个网站，并形成你自己的观点。

## 需要知道的应用：一般应用

Auscomp Navigator（基于网络的导航系统）
　　auscomp. com
Google 工具栏（Internet Explorer 的插件，大大改善了网页搜索体验）
　　toolbar. google. com
Intralaunch（能从内部网链接启动程序和其他计算机操作）
　　particle. net
将文件转换为 HTML
　　avantstar. com/solutions/transit/transit _ central. aspx
Viewlets（很容易创建基于网页的动画和软件演示）
　　qarbon. com

## 文件组合/文件应用

Acrobat（出色的文件打包、分发和查看工具）
　　adobe. com
Business Integrity（文件组合）
　　business－integrity. com
Dealproof（校对工具，用以检查文件内的一致性和交叉引用）
　　dealproof. com
Deltaview（word 文件的最佳标记和比较工具）
　　workshare. net
Ghostfill（文件组合）

ghostfill. com

HotDocs and HotDocs Server（文件组合）

capsoft. com

Speedlegal（文件组合）

speedlegal. com

## 搜索和个人知识管理应用

dtSearch（搜索引擎）

dtsearch. com

Enfish（个人知识管理者，能从各种台式机、网络和互联网资源整合信息）

enfish. com

Isys（优秀的搜索引擎，命中标记和命中到命中导航）

isys. com. au

MindMan（出色的思维导图软件）

mindman. com

Retriever（个人信息管理者，有关用于 Outlookw 的非常高超的搜索插件）

80—20. com

## 大型软件：客户关系管理

Interaction（领先的客户关系管理软件）

interaction. com

## 大型软件：文件管理

DME（文件管理扩展）

80—20. com

Documentum—Xerox

documentum. com

Hummingbird—PC Docs

hummingbird. com

Interwoven

interwoven. com

Lawport

svtechnology. com

## 大型软件：知识平台/门户

Autonomy
autonomy. com
Hummingbird
hummingbird. com
Intraspect
intraspect. com
Lotus Notes
lotus. com
Plumtree
plumtree. com

# 附录3：你应当知道的术语

*Acrobat Reader*。Acrobat Reader 是 Adobe 公司的一款免费软件，可以安装于你的浏览器（叫做插件）。一旦安装，它能使你阅读 PDF 文档，该类型文档保留了原打印文件的格式和布局。Acrobat Reader 可以从 Adobe 网站获得并经常升级。对于律师而言，Acrobat Reader 是一个必备插件，应当由律师事务所的技术人员为所有员工自动安装好。

*事后回顾*。事后回顾（AAR）是在某个项目或者大型活动发生后进行的评估，以使雇员和领导能够查明并分析发生了什么，为什么会发生。这是一种关于某事件的职业讨论，使雇员能够理解为什么事情在进展过程中发生了，并从经验中学习。事后回顾是美国武装部队几个军种使用的标准程序，在知识管理行动中日益普遍。

*平均实现率*。平均实现率是四个驱动者之一。这四个驱动者之乘积等于每个股权合伙人利润（PPEP），这是律师事务所利润率的主要量度。平均实现率是 1 年内一群收费人的平均小时费率，用金钱来衡量。其计算方法是，全部收费除以所有收费人 1 年内的全部工作小时数。

*Blue Flag*。Blue Flag 是基于订阅的在线和光盘产品族，这是全球性公司 Linklaters 的产品。该公司生产了许多模块，包括 Regulatory、Derivatives、ESP、Funds、Pensions、Shareholding Disclosure、FSMA Litigation、NetMark 和 World Bank。进一步的信息可见于 blueflag. com。

*书状库*。书状库是律师事务所制作的建议文件的数据库。书状库也叫做信息库、意见数据库或者诉状库。

*浏览器*。浏览器是你用于介入互联网或者内部网资源的软件。最流行的浏览器是微软公司的 Internet Explorer。其他公司还发明了用于观看特定项目的其他软件，即“插件”，例如多媒体动画（该插件叫做 Flash）和格式化文件（该插件叫做 Acrobat Reader，来自于 Adobe 公司，用于阅读 PDF 文档）。

*CIO*。CIO 是首席信息官（chief information officer）的首字母缩略词，该雇员通常负责技术架构、硬件和安全，以及软件布局、支持和维护。CIO 也是一个优秀的技术和技术战略杂志的名字（参见 CIO. com），该杂志有一个很好的知识管理研究中心。

*CKO*。CKO 是首席知识官（chief knowledge officer）的首字母缩略词，该雇员通常负责知识管理战略和贯彻。

*条款库*。条款库是律师在起草文件时所使用的常见条款的汇集。律师事务所通常具有独特、专用的条款库。条款库是物理形态的（即打印的文件）或者电子形态的，从而可以将这些条款迅速纳入 Word 处理的文件。建议条款库也有关于适当使用条款的说明，起草条款所根据的研究和方针也已公布并可以查阅。

*业务共同体*。业务共同体是一个群体，他们具有共同的技术或者职业兴趣，形成该共同体的目的是讨论和构建集体知识，而不是落实委托人或者组织的项

目。例如，业务团队会议就是业务共同体。存在这样的学问，即如何形成、管理、指导和终止有效的业务共同体。

*CRM*。CRM是客户关系管理（customer relationship management）的首字母缩略词，是用来吸引和留住顾客、潜在顾客和商业合作者的一类软件的总称。CRM包括合同管理、销售能力自动化、机会管理、关系管理、营销自动化、公司网址、电话销售和电话营销系统。对于律师事务所而言，领先的CRM软件是Interface Solutions公司的Interaction，该软件管理委托人联系方式为数据库信息、有形和电子邮件与营销计划，以及内部联系和专门知识信息。

*最新情况通报*。最新情况通报是就新的信息（包括立法、判例和业务信息）进行通知，以帮助律师与时俱进。最新情况通报也可以用于关于新的图书馆资料（有形的或者电子的）的通知。律师需要一个最新情况通报战略，据此他们得以在其学科知识和做法方面保持最新并与时俱进。

*交易室*。交易室是一个安全的、协作性的互联网站，创建它用它管理与某个交易有关的文件和其他电子信息。交易室可以从第三方供应商获得，例如Intralinks（参见intralinks. com）和e—Room（eroom. com）。律师事务所使用这些供应商创建它们自己的平台，或者将这两个战略混合在一起。大型国际性律师事务所常常创建和将它们自己的交易室及委托人外联网平台品牌化。

*数字仪表板*。“数字仪表板”这一术语是微软公司创造的。数字仪表板是一个网页，能从许多来源提取信息，展示用户对重要信息的定制。因为数字仪表板是一个网页，它可以在Outlook内很容易地被访问，就像“Outlook Today”的展示一样。许多软件供应商在创建组件，以纳入组织的数字仪表板，展示来自其系统的信息。

*文件组合*。文件组合是一个程序，通过用户回答屏幕上的一系列问题制作电子文件。问题和所形成的文件会很复杂，但是能以一系列友好型提问框呈现给用户。文件组合软件是文字处理软件的附件，必须为每个运行自动文档的计算机购买许可。对于律师事务所而言，主要的文件组合软件是HotDocs from Capsoft（capsoft. com），或者GhostFill（ghostfill. com）。还请参见在线文件组合。

*文件管理系统*。文件管理系统（有时称为DMS）是编目和控制电子文件的创建、命名、存储、进入和安全的软件。对于律师事务所而言，典型的电子文件包括Word文件（内部或者外部创建的）、PowerPoint演示稿、表单、PDF文档、扫描图像和先例。对于律师事务所而言，最流行的文件管理系统是Interwoven（interwoven. com，即以前的imanage. com），Humming bird（humming bird. com）的PC Docs，以及Xerox（documentum. com）的Documentum。多年以来，律师事务所使用文件管理系统创建独一无二的文件编号，展示在文件的页脚中，以根据文件编号更容易地查阅文件。当把文件发送给委托人时，你应当考虑将文件从你的文件管理系统中复制出来，使用对你的委托人而言有意义的名称（例如“第A部分陈述”）而不是文件管理系统输出文件时分配的默认文件编号（例如“003213. doc”）。

*文件配置*。文件配置是就某个文件填写的信息，通常在文件管理系统中。所记录的信息范围是律师事务所的一项战略决定，将包括最低限度的信息，包括事务编号、作者和说明。文件配置屏幕（以及其他屏幕，包括检索）的布局是由律师事务所配置的。这些文件配置存储在独立的数据库中以便于检索，而文件则保

存在服务器的硬盘中。文件配置不同于文件属性。

*文件属性*。文件属性是 Microsoft Office 文件内存储关于文件的元数据（例如作者、主题、公司等）的地方。各种属性可以设置在 Word 文件属性中，还可以定制其他信息。当在屏幕上打开 Word 文件时，可以这样查看文件属性：选择文档，属性，然后点击摘要选项卡。使用文件管理系统的律师事务所通常并没有有意使用 Word、PowerPoint 和 Excel 的文件属性特点。然而，律师事务所在将文件提供给委托人时需要小心，因为文件属性中的信息填充自文件管理系统，向委托人提供了信息（例如其文件被作为模板的其他委托人的名字）。建议律师事务所确保从文件管理系统导出文件（用于作为电子邮件附件）时，那些域要显示空白。

*动态网页*。动态网页是互联网上的网页，在展示到你的屏幕上时，是构建页面的程序运行的结果，而不是展示已经存在的文件。在通常情况下，动态网页展示关于用户的信息，或者当网页加载时运行程序所访问的数据库。例如，Amazon. com 上的所有网页都是动态网页；它们从数据库中抽取信息展示在你的屏幕上。创建为动态网页的互联网、内部网和外部网站，更容易维护，因为内容更改所改的是所访问的数据库，而不是分别更改许多静态网页。

*EIP*。EIP 是企业信息门户网站（enterprise information portal）的首字母缩略词，这是一个网页，集中了一系列不相干系统的信息和功能，并将其以一种能够个性化的综合框架展示给用户。律师事务所使用的主要是 EIP，包括 Plumtree（plumtree. com）、Opentext LiveLink（opentext. com）和 Hummingbird（hummingbird. com）的产品。

*E—学习*。也叫做“在线学习”，E—学习是指通过电子方式提供的指导材料和课程，无论是使用光盘还是使用互联网/内部网。律师事务所能够从第三方供应商那里购买法律和非法律 E—学习材料，或者购买软件创建 E—学习课程（参见 macromedia. com、webct. com 和 click2learn. com），并主办和记录 E—学习课程的完成情况。委托人在使用 E—学习就法律合规问题进行培训（关于进一步的信息，参见 lrn. com）。

*ERP*。ERP 是企业资源规划（enterprise resource planning）的首字母缩略词，是旨在管理整个业务，整合销售、制造、人力资源、后勤、结算和其他企业功能的同类软件的总称。ERP 供应商信奉的重要优势之一是通过使所有的企业功能能够共享共同的数据库和商业分析工具所带来的劳动生产率。常见的 ERP 供应商是德国的 SAP 和美国的 PeopleSoft。许多人怀疑贯彻这些名声不佳的复杂系统是否能够产生价值。对于律师事务所而言，PeopleSoft 可以用于管理人员信息，Linklaters 已经宣布选用 SAP 作为其全球业务管理系统。

*专门知识数据库*。也叫做“黄页”。专门知识数据库是可检索的关于律师和辅助人员的法律和非法律专门知识的数据库。一个高效专门知识数据库将识别所达到的专门知识水平（以筛选出可以召集投标团队的业务领导人），也可以用作事务和法律问题的机构性分类标准。有条理的、得到维护的专门知识数据库的替代方案是电子邮件挖掘软件，例如 AskMe 公司的 AskMe；参见 askme. com。

*显性知识*。显性知识是明确的或者有形的知识，采用某种形式独立于作为知识来源的人。显性知识包括文件、方针和数据库中采用电子形式存储的材料。显性知识不同于隐性知识，后者是一个人大脑中的知识。知识管理中的许多早期工

作用于从知识工作者的隐性知识中获得显性知识。

*Flash*。Flash是一种软件工具，用于创建在互联网上和演讲中使用的复杂动画。为了观看动画，使用者必须在其浏览器上安装Flash插件，这是免费的。Flash常常用于导航、展示和推广材料，以及用于网站的介绍。冗长的动画常常提供一种“跳过简介”链接，以此终止动画。

*HRIS*。HRIS是人力资源信息系统（human resources information system）的首字母缩略词，这个系统用于获得、存储、使用、分析、检索和发布与组织的人力资源有关的信息。常见的HRIS是PeopleSoft。

*HTML*。HTML是超文本标记语言（Hypertext Markup Language）的首字母缩略词，这是互联网上的文件的主要格式。HTML文件（根据其扩展名．htm可以识别出来）是文本文档，指令你的浏览器在互联网网页上如何展示文本和对象。与Word文件相比，HTML提供了简单得多的文件控制和布局。作为网页展示在互联网上的信息需要以这种特殊格式创建和保存，这种格式允许超链接、图形和快速传输。可以将Word和其他常见文件格式转换为HTML的软件，包括HTML Transit和Avanstar（avanstar. com）发售的Transit Central。

*HTML Help*。HTML Help是微软公司的WinHelp的继承者，这是微软创建的特殊文档格式，用来发布其软件产品所附带的电子帮助信息（通过敲击键盘上的F1进入）。HTML Help允许用目录和检索功能很容易地进行导航，有参考书的感觉。HTML Help的优点是它可以通过互联网（或者内部网）部署，而不用像WinHelp文档的布局那样要复制到计算机和周边网络上。微软的HTML Help的功能不同于WinHelp，其他供应商已经创建了更具有功能性的基于HTML的帮助格式：ForeHelp（forehelp. com）的InterHelp，和RoboHelp（robohelp. com）的WebHelp。创建HTML Help文档需要特殊软件。HTML Help或者WinHelp文档是高度成功的电子方式，用于参考信息（包括样式指南、条款库和研究以及其他知识内容）的打包。

*超链接*。超链接是计算机屏幕上的文本（或者图形），在点击后会有一个动作，例如进入另一个网页，或者跳出另一屏信息。超链接在网页中很常见，通常有下划线。超链接也可以在Word文件、PowerPoint演示稿、表单、WinHelp和HTML Help文档、PDF文档中创建。超链接可以链接到当前文件中的地点（例如参考条款）或者链接到不同文件中的具体地点。

*信息库*。信息库通常是电子的，常常是数据库。几个律师事务所使用了“信息库”这一术语描述其知识管理活动的组成部分，包括英格兰的Lovells和澳大利亚的Blake Dawson Waldron。

*内部网*。内部网是一个组织的网页（HTML）和网页传送的应用（动态网页）的汇总。对于律师事务所而言，内部网通常包括法律和非法律信息，越来越成为在整个律师事务所传送信息的汇聚点。律师事务所面临的挑战是用HTML有效率地创建内容、内容质量和协作。

*Java*。Java是一种程序语言，是Sun Microsystems发明的，运行于掌上设备和浏览器，并独立于特定的计算机。这意味着软件作者能够用一种可以在许多不同种类的计算机上使用的语言编写软件。网页上的许多动画和许多程序都是用Java写的，被叫做“小程序”。例如，利息计算器可以被写为Java小程序。当你点击网页上的计算器超链接时，计算器程序就发送到你的计算机，然后在你的计

算机上运行。

*知识管理*。就知识管理并没有被普遍接受的定义，尽管本书第 2 章提供了各种定义。我个人的定义是：知识管理是一群人增加其个人和集体可用知识进行竞争、提高绩效和创新并降低风险的行为和过程。

*Kworld*。Kworld 是毕马威会计师事务所的行动计划，于 1999 年启动。它是一个全球性的知识管理系统，一个在线发布信息、合作和知识共享平台。它是这类的完全建立在标准微软组件基础上的系统，这些组件包括 Microsoft Exchange、Site Server 和 Microsoft Office、Outlook，以及 Internet Explorer。Kworld 源于毕马威会计师事务所的国际执行团队就下列事项作出的决定，即毕马威会计师事务所需要创建一个单一的、动态的和全球共享的知识环境。

*学习型组织*。“学习型组织”一词是 Peter Senge 在其著作《第五项修炼》中创造的。他把学习型组织定义为“这样的组织，即人们继续扩展其创造其真的想要的结果的能力，新的思维扩张模式在培育，集体梦想在放飞，人们在继续学习如何一起学习”（第 3 页）。

*杠杆率*。杠杆率是用来描述合伙人构建非合伙律师团队的方式，以便能够移交工作，利用合伙人的技能和经验承担更多的工作，更具盈利性的术语。杠杆率通常是定量的，这样杠杆率 1∶3 意味着一个合伙人有三名律师在为他工作。杠杆率是四个驱动者或者变量之一，它们的乘积就是 PPEP。其他驱动者是平均实现率、使用率和利润率。

*Lotus Notes*。Notes 是 Lotus（现在是 IBM 的一部分）在 1990 年创立的一种软件程序，它创造的软件类型现在叫做“群组软件”。群组软件包括电子邮件、日记簿、日程安排资源和信息发布。Notes 是一个突破性的电子邮件平台，得到了早期采用者（包括会计和咨询公司、保险公司、制药公司和大型律师事务所）的大力支持。Notes 能很便利地创建文件数据库，对此可以检索并复制到其他计算机上。许多年来，Notes 是唯一羽翼丰满的群组软件解决方案。随着互联网的突然流行，特别是内部网，新的群组软件解决方案出现了。由于在 Notes 中创制文件数据库很容易，这会导致信息过载。大型会计师和律师事务所有着超过 2 000个包含知识内容的不同 Notes 数据库的情况并不罕见。关于进一步信息，参见 lotus. com。

*宏*。律师事务所通常是在 Word 处理程序背景下遇到宏的。在这一背景下，宏是命令脚本，链接到存储的键盘敲击汇总，使用户能很快处理常规和复杂的工作。在 Microsoft Word 中很容易创建宏，可以用于文件组合工作。然而，使用专门的文件组合产品，重要的文件组合活动更容易创建，维护起来也更便宜。

*利润率*。“利润率”是用来描述律师事务所保留为利润收入的百分比的术语。它是这样计算的，即确定利润（收入减去费用），并将该利润除以全部收入。利润率表现为百分比，例如 38%。利润率是四个驱动者或者变量之一，这些驱动者的乘积就是 PPEP。其他驱动者是杠杆率、使用率和平均实现率。

*事务管理系统*。事务管理系统是委托人用于管理关于事务信息的数据库。主要的事务管理系统包括 Corprasoft 公司（corprasoft. com）的 Chief Legal Officer。律师事务所的事务管理系统通常被称为业务管理系统，或者 PMS。

*事务利润率*。事务利润率是对某个事务利润率的评估。在计算事务利润率（不同于事务的利润）时，要评估合伙人的业务仅仅包含被分析的这种事务时所

实现的PPEP。按照这种方式，很大或者很小的事务要变成可比较的PPEP值，从而可以就办理这些事务的利润率进行比较。例如，很大的事务，如果杠杆率很小，则与事务更小但是杠杆率更高的情况相比，事务利润率更低。律师事务所可以创建事务利润率计算器，这可以根据律师事务所的开支和薪酬结构定制。

*元数据*。元数据是关于信息的信息。例如，文件配置（关于文件的信息）是一种元数据。关于名称、作者、文件类型等的信息，是关于电子文件的信息，而不是关于内容的信息。在文件管理系统中，文件配置中的元数据的存储独立于文件。然而，元数据也可以存储在它所描述的文件内，例如，网页内嵌入的元数据并没有展示在屏幕上，但是搜索引擎可以访问，文件属性中的元数据可以用微软Word文件保存。

*一体化事务所*。"一体化事务所"是David Maister于1995年在分析出色的职业服务公司时创造的概念。"一体化事务所"方法的关键因素是管理层要强调对公司的忠诚和团队合作。

*在线文件组合*。在线文件组合是一个程序，在使用者回答了互联网或者内部网网页上的一系列问题后创建文件。问题和所形成的文件可能会很复杂，但是展示给使用者的是一系列友好型的提问框。当使用者回答了所有问题后，网络服务器上的一个特殊软件就创建文件，该文件随后展示给使用者，或者用电子邮件发送到具体的地址。重要的在线文件汇编产品也将提供一个问题与回答的清单。关于进一步的信息，参见capsoft. com，ghostfill. com和statutelegal. com。还请参见文件汇编。

*在线指示*。在线指示是一个程序，委托人通过回答网页上的一系列问题，对其律师事务所作出指示。在通常情况下，创建在线指示网页是为了更有效率地提供指示（以便能够重复使用常用的组成部分，例如地址和当事人姓名）。当所有问题都回答完毕后，信息就存储在律师事务所的数据库中，在通常情况下发出电子邮件信息，并创建文件供律师审阅。与在线文件汇编不同的是，在回答了所有相关问题后，并不向委托人提供文件。在通常情况下，委托人将收到确认电子邮件，确认所有信息已被收悉，相关律师很快会与他们联系。

*在线学习*。参见E—学习。

*PDF*。PDF是便携式文件格式（portable document format）的首字母缩略词，是Adobe Systems开发的一种电子文档格式。PDF文档使人们得以准确复制高度样式化的文件，不同于HTML页面的低样式能力。PDF文档的优势是，它们在屏幕和打印品上的样子与原来想要的样子是一样的。为了查看以PDF格式制作的文档，你需要在您的计算机上安装免费的Adobe Acrobat Reader。为了创建PDF文档（在Word中，这是一个很容易的"另存为"程序），你需要就Adobe Acrobat商业产品获得许可。PDF文档支持内部和外部超链接、弹出窗口、复杂的索引结构和书签。有效率地使用PDF文档要求使用Acrobat Reader工具栏和菜单，这是律师很重要也很容易学到的技能。大量法律和非法律信息是以PDF形式公布的，以保留文档的格式。

*插件*。插件是一种软件，它能提高浏览器的功能。插件通常是由其制作者免费发布的，可以从公司的网站上下载后安装。最常见的插件是Adobe Acrobat Reader和Macromedia Flash。

*PMS*。PMS是业务管理系统（practice management system）的首字母缩略

词。这是律师事务所使用的时间和收费系统。“业务管理系统”是基于“案件和事务管理系统”发展而来的，包括时间记录、开具账单、利益冲突查核和越来越多的营销活动，并与律师事务所其他数据库和信息整合在一起。

*门户网站*。参见 EIP（企业信息门户网站的首字母缩略词）。

Powerpacks。“Powerpacks”是 Ernst & Young 发明的，是指用于收集与特定领域的专门知识有关的电子文件的 Notes 数据库。Powerpacks 是提炼后的信息（例如规章和标准、营销信息、公司专家的简历和热点新闻），打包进在线教程材料，可以为任何雇员所访问。编辑过的 Powerpacks 速战存储空间不到 50 兆，因此雇员可以把它们下载到其笔记本电脑上。

*PPEP*。PPEP 是每个股权合伙人的利润（Profit per Equity Partner）的首字母缩略词，是律师事务所经济成功与否的主要量度。可以用两种方式计算 PPEP：（1）律师事务所全部利润除以股权合伙人数量；或者（2）将 David Maister 所称的杠杆率、平均实现率、使用率和利润率这四个驱动者乘在一起。

*先例*。先例是律师事务所用于重复使用的文件形式或者模板。先例常常把重要的经营或者法律诀窍嵌入文件中，包括变量和使用说明。先例通常是存储在文件管理系统中的文字处理软件。建议律师事务所的律师通过使用定制的工具栏和使用 VBA 创建的屏幕访问先例。创建和维护律师事务所的先例，是律师事务所对知识管理投资的重要组成部分。

*SQL*。SQL 是结构化查询语言（Structured Query Language）的首字母缩略词，这是一种标准的互动和编程语言，用于数据库信息存取。尽管 SQL 是标准性的，许多数据库产品——例如，Microsoft 的 SQL 服务器产品——支持 SQL，对标准语言进行了专用扩展。其他数据库，例如 Microsoft Access，能够依附机构的 SQL 数据库，在报告和更新方面提供灵活性。

*静态网页*。静态网页是一种按照文件编写的网页，也就是说，在互联网上展示文档时，并不涉及编制程序。在同一信息存在于多个静态网页的情况下，每个页面必须分别编辑以更改信息，相比之下，更改动态网页，你可以更改网页所据以建立的数据库信息，而不用分解修改使用该信息的所有网页。

*讲故事*。讲故事就是讲述故事，这是一种艺术，即讲述者以一种愉悦的方式向听者传达信息、真理、知识或者智慧，这常常是潜意识性的，使用任何技巧（音乐的、艺术的、创造性的）或者他选择的小道具，提高听众的愉悦感、记忆力，并理解所传达的信息。故事作为组织内一种交流信息的方式，因 Stephen Denning 的工作及其关于跳板性故事的著作，已经变得越来越流行。

*样式手册*。样式手册是律师事务所创建的文件，规定了律师事务所创建的文件所使用的各种结构、样式和惯例。应当提供有形的或者电子的样式手册。

*样式（Word）*。微软公司说，样式可能是 Microsoft Word 最重要的特点，对于律师而言，它们是绝对正确的。样式是你在你的文件中反复使用的格式指令的定义，通过使用你创建的样式名，而不是必须每次用手工设置各种字体、页边距、颜色和其他属性。样式允许快速进行通篇格式修改，能与编号方式联系在一起，由此使用大纲编号列表更加容易。

*隐性知识*。隐性知识存在于人们的头脑中，主要是通过经验获得的。它常常是个人性的，难以抓取，但是极具价值。隐性知识通常有别于显性知识。

*分类标准*。分类标准是一种为特定需求制定的结构性的分类系统。它是一种

分类系统，所形成的分类用于为讨论、分析或者信息检索提供一个概念框架。为律师事务所开发适当的分类标准，是律师事务所知识战略的关键战略之一。

*模板（Word）*。Word 中的模板文档的特点是有文档扩展名“.dot”。新的 Word 文件是基于适当模板创建的，从模板继承了各种属性和功能，包括布局和文本、自动化技术、样式和编号方案。

*工具栏（Word）*。工具栏是律师事务所创建的按钮汇总，将文字处理环境中的重复功能自动化，并提供对律师事务所创建的公用程序的访问，使对关键文件和其他材料的访问更为容易。建议所有的律师事务所定制其律师和辅助人员的 Word 文件，提高劳动生产率将总是涉及适当的工具栏和按钮架构。

*使用率*。使用率是其乘积形成 PPEP 的四个驱动者之一，是律师事务所利润率的主要测量方法。使用率是一群收费人 1 年内记录的收费小时数。律师事务所通常就每个律师的使用率设定目标。在通常情况下，美国的使用率预算大大高于英国和澳大利亚的使用率预算。使用率是这样计算的，即将所有收费人的全部收费小时数加在一起，除以律师的数量。

*VBA*。VBA 是应用程序视觉化（Visual Basic for Applications）的首字母缩略词，这是一种编程语言，打包在 Office 办公套件的每个组成部分之内。对于 Word 而言，VBA 是基于 Word Basic 发展而来的。

*Viewlets*。Viewlets 是创建和组合在线软件模拟和其他在线培训的创新方式。参见 qarbon. com。

*WinHelp*。Windows Help 是一种帮助程序，最初是微软为内部记录其 Windows 开发进程而创建的。这一思想是有效的，因此 Windows 3. x 发布了 WinHelp 3。WinHelp 4（与 Windows NT 4 和 95 一起发布的）仍然是广泛普及的最有力的超文本系统。在 Windows 98 中它被 HTML Help 所取代。

*XML*。XML 是可扩展标记语言（Extensible Markup Language）的首字母缩略词，是一种设计规格，允许将文件内的信息结构化和标签化，以便文件内的各项信息可以为不同的软件所适当识别、提取和使用。

*黄页*。参见专门知识数据库。

# 附录 4：原则、"神话"和错误：来自大师的清单

以下清单提供了各种关于知识管理的免费重要文章的互联网网址。这个清单并没有试图穷尽所有可得的知识管理文章。这是一个精选的清单，限于我认为很重要的文章，如果你在考虑或者负责知识战略或者行动计划，你应当看看。

你应当访问每个链接，把文章打印出来，阅读并思考，然后将其适当归档，便于以后参考。这些链接可以在线访问：users. adelphia. net/～parsonsmt/mtp/mustread. html。

## 原则

Verna Allee，"12 Principles of knowledge Management"

http://www. vernaallee. com/library articles/A Delightful Dozen Principles of knowledge Management. pdf

Thomas Davenport，"Some (10) Principles of knowledge Management"

www. bus. utexas. edu/kman/kmprin. htm

Brook Manville and Nathaniel Foote，"Strategy As If knowledge Mattered，" McKinsey & Company

www. fastcompany. com/online/02/stratsec. html

LaVern A. Pritchard，"Some Principles (10) of knowledge Management，" Pritchard Law Webs

www. priweb. com/ knowledgeprinciples. htm

## "神话"和错误

Johanna Ambrosio，"knowledge Mistakes"，Computerworld

www. computerworld. com/industrytopics/energy/story/0，10801，46693，00. html

Kathy Curley，"10 Myths about knowledge"，Computerworld

www. computerworld. com/careertopics/careers/training/story/0，10801，55870，00. html

Thomas Davenport，"The Seven Deadly Syndromes of knowledge Management：Repent and Save Your Company from Its Witless Ways"

www. cio. com/archive/061597 _ think _ content. html

# 重要译名对照表

Access　近用
Accessibility　可近用性　可达性
Accessible　可近用的
Actionable knowledge　可用知识
After-action review　事后回顾
Artifact　器物
Attention deficit　注意力缺损
Balance sheet　资产负债表
Basic assumption　基本假设
Book value　账面价值
Boolean logic　布尔逻辑
Bottom-line effect　底线效应
Brief bank　书状库
Chief executive partner　首席执行合伙人
CIO　首席信息官
Circulation　传阅
CKO　首席知识官
Clause library　条款库
Cohesion　凝聚力
Commitment　忠信
Community of practice　业务共同体
Dealroom　交易室
Delegation　交办　移交
Digital dashboard　数字仪表板
Document assembly　文件组合
Document management system　文件管理系统
Document profile　文件配置
Document property　文件属性
E-learning　E—学习　在线学习
Executive director　行政主管
Explicit knowledge　显性知识
Fee earner　收费人
Hourly rate　小时费率
Human knowledge　人类知识
Human resources information system　人力资源信息系统
Information overload　信息过载

Initiative 行动计划
Intellectual capital　智力资本
Institutional knowledge　机构性知识
Interconnectivity　互联性
Jones Day　众达律师事务所
Knowledge economy　知识经济
Knowledge management　知识管理
Knowledge projection　知识投射
Knowledge pull　知识拉动
Knowledge sharing culture　知识共享文化
Knowledge worker　知识工作者　知识工人
Knowledge-based　以知识为基础的　以知识为据的
Knowledge-intensive business　知识密集型行业　知识密集型企业
Law firm　律师事务所
Leading lawyer　领导律师　重要律师
Learning organization　学习型组织
Metadata　元数据
Most Admired Knowledge Enterprise (MAKE)　最佳知识型企业
One-firm firm　一体化事务所　一体化公司
Opinion leader　舆论领袖　舆论导向人
Organizational culture　组织文化　组织性文化
Physical asset　物理资产
Practice group　业务团队
Practice management system　业务管理系统
Precedents lawyer　先例律师
Professional support lawyer　职业辅助律师
Projection　投射
Relational capital　关系资本
Social capital　社会资本
Steering group　指导委员会
Tacit knowledge　隐性知识
Tangibal asset　有形资产
Viscosity　黏度
Wetware　湿件

**图书在版编目（CIP）数据**

律师事务所的有效知识管理/（美）马修·帕森斯（Matthew Parsons）著；王进喜译．—北京：中国人民大学出版社，2017.7

（中国律师实训经典）

书名原文：Effective Knowledge Management for Law Firms

ISBN 978-7-300-24436-5

Ⅰ.①律…　Ⅱ.①马…　②王…　Ⅲ.①律师事务所—知识管理　Ⅳ.①D916.5

中国版本图书馆 CIP 数据核字（2017）第 115368 号

国家社科基金项目“律师法实施问题研究”成果

国家“2011 计划”司法文明协同创新中心研究成果

中国律师实训经典

**律师事务所的有效知识管理**

［美］马修·帕森斯（Matthew Parsons）　著

王进喜　译

Lüshi Shiwusuo de Youxiao Zhishi Guanli

| | | | |
|---|---|---|---|
| **出版发行** | 中国人民大学出版社 | | |
| **社　　址** | 北京中关村大街 31 号 | **邮政编码** | 100080 |
| **电　　话** | 010－62511242（总编室） | | 010－62511770（质管部） |
| | 010－82501766（邮购部） | | 010－62514148（门市部） |
| | 010－62515195（发行公司） | | 010－62515275（盗版举报） |
| **网　　址** | http://www.crup.com.cn | | |
| | http://www.ttrnet.com（人大教研网） | | |
| **经　　销** | 新华书店 | | |
| **印　　刷** | 北京玺诚印务有限公司 | | |
| **规　　格** | 185 mm×260 mm　16 开本 | **版　　次** | 2017 年 7 月第 1 版 |
| **印　　张** | 12.25 插页 2 | **印　　次** | 2017 年 7 月第 1 次印刷 |
| **字　　数** | 266 000 | **定　　价** | 45.00 元 |

## 中国律师实训经典——锻造中国律师实战的“西点军校”

### 中国律师实训经典·美国法律判例故事系列

**环境法故事** ISBN：978-7-300-17451-8
作　　者：［美］理查德·拉撒路斯　　定价：￥39.80　　出版时间：2013-06-30

**宪法故事（第二版）** ISBN：978-7-300-15548-7
作　　者：［美］迈克尔·C·道夫　　定价：￥49.80　　出版时间：2012-08-31

**审判故事** ISBN：978-7-300-15004-8
作　　者：［美］迈克尔·E·泰戈　　定价：￥49.80　　出版时间：2012-03-31

**刑事程序故事** ISBN：978-7-300-14807-6
作　　者：［美］卡罗尔·S·斯泰克　　定价：￥59.00　　出版时间：2012-03-31

**证据故事** ISBN：978-7-300-14661-4
作　　者：［美］理察德·伦伯特　　定价：￥39.80　　出版时间：2012-03-31

### 中国律师实训经典·庭辩技巧系列

**美国庭审宝典（第四版）** ISBN：978-7-300-16274-4
作者：［美］詹姆斯·W·麦克尔哈尼
定价：￥88.00　　出版时间：2012-10-31

**庭审制胜（第七版）** ISBN：978-7-300-14782-6
作者：［美］托马斯·A·马沃特
定价：￥88.00　　出版时间：2012-05-30

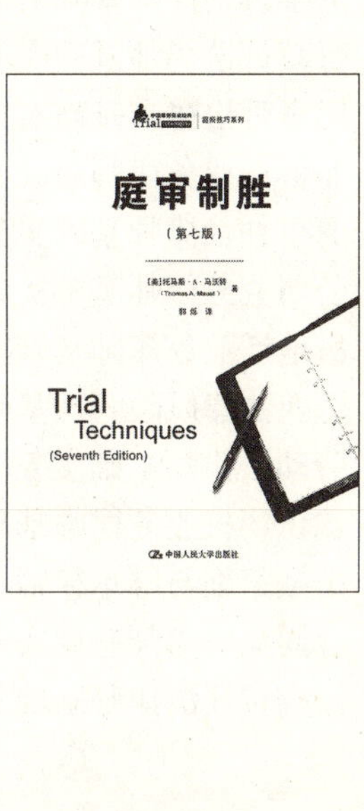


**对方证人——芝加哥著名刑辩律师论交叉询问与人生的经验教训**
作者：［美］史蒂文·F·莫罗　　ISBN：978-7-300-15154-0
定价：￥49.00　　出版时间：2013-04-24

## 中国律师实训经典·律师职场系列

**律师的职业责任与规制（第二版）**

ISBN：978-7-300-17357-3

作者：［美］黛博拉·L·罗德

定价：￥39.80　　出版时间：2013-05-31

**践行正义：一种关于律师职业道德的理论**

ISBN：978-7-300-16985-9

作者：［美］威廉·西蒙

定价：￥30.00　　出版时间：2014-05-01

## 中国律师实训经典·高端业务系列

**公司兼并与收购教程**　　ISBN：978-7-300-19028-0

主　　编：肖　微　　定价：￥68.00

出版时间：2014-04-30

**中国企业境内首次公开发行及上市业务教程**

ISBN：978-7-300-19027-3

主　　编：靳庆军　　定价：￥58.00

出版时间：2014-04-30

**中英商务合同精选与解读（第二版）**　　ISBN：978-7-300-24558-4

作　　者：林克敏　　定价：￥45.00

出版时间：2017-07-01

## 中国律师实训经典·基础实务系列

| | | |
|---|---|---|
| 律师执业基础 | 黄士林主编 | 出版时间：2014-04-30 |
| 刑事诉讼律师基础实务 | 钱列阳主编 | 出版时间：2014-04-30 |
| 行政诉讼律师基础实务 | 吕立秋主编 | 出版时间：2014-04-30 |
| 民事诉讼律师基础实务 | 翟雪梅主编 | 出版时间：2014-04-30 |
| 非诉讼业务律师基础实务 | 李大进主编 | 出版时间：2014-04-30 |
| 商事仲裁律师基础实务 | 韩　健主编 | 出版时间：2014-04-30 |
| 公司业务律师基础实务 | 龚志忠主编 | 出版时间：2014-04-30 |
| 房地产业务律师基础实务 | 李晓斌主编 | 出版时间：2014-04-30 |
| 企业法律风险管理基础实务 | 徐永前主编 | 出版时间：2014-04-30 |
| 劳动法律师基础实务 | 姜俊禄主编 | 出版时间：2014-04-30 |
| 知识产权业务律师基础实务 | 温　旭主编 | 出版时间：2014-04-30 |
| 婚姻家庭与继承律师基础实务 | 王　芳主编 | 出版时间：2014-04-30 |
| 合同业务律师基础实务 | 吴江水　著 | 出版时间：2014-04-30 |
| 侵权责任法律师基础实务 | 杨立新等著 | 出版时间：2014-04-30 |